MARTINS PENA
COMÉDIAS
(1833-1844)

Martins Pena (1815-1848)

MARTINS PENA
COMÉDIAS
(1833-1844)

Edição preparada por
VILMA ARÊAS

SÃO PAULO 2007

Copyright © 2007, Livraria Martins Fontes Editora Ltda.,
São Paulo, para a presente edição.

1ª edição *2007*

Acompanhamento editorial
Helena Guimarães Bittencourt
Revisões gráficas
Ivani Aparecida Martins Cazarim
Solange Martins
Dinarte Zorzanelli da Silva
Produção gráfica
Geraldo Alves
Paginação
Moacir Katsumi Matsusaki

Dados Internacionais de Catalogação na Publicação (CIP)
(Câmara Brasileira do Livro, SP, Brasil)

Martins Pena : comédias (1833-1844) / edição preparada
por Vilma Arêas . – São Paulo : WMF Martins Fontes, 2007. –
(Coleção dramaturgos do Brasil)

ISBN 978-85-60156-21-4

1. Comédia brasileira 2. Dramaturgos 3. Pena, Martins,
1815-1848 – Crítica e interpretação 4. Teatro brasileiro I. Arêas,
Vilma. II. Série.

07-2385   CDD-869.92

Índices para catálogo sistemático:
1. Teatro : Literatura brasileira   869.92

Todos os direitos desta edição reservados à
Livraria Martins Fontes Editora Ltda.
Rua Conselheiro Ramalho, 330 01325-000 São Paulo SP Brasil
Tel. (11) 3241.3677 Fax (11)) 3101.1042
e-mail: info@martinsfontes.com.br http://www.martinsfontes.com.br

COLEÇÃO "DRAMATURGOS DO BRASIL"

Vol. XV – Martins Pena

Esta coleção tem como finalidade colocar ao alcance do leitor a produção dramática dos principais escritores e dramaturgos brasileiros. Os volumes têm por base as edições reconhecidas como as melhores por especialistas no assunto e são organizados por professores e pesquisadores no campo da literatura e dramaturgia brasileiras.

Coordenador da coleção: João Roberto Faria, professor titular de Literatura Brasileira da Universidade de São Paulo.

Vilma Arêas, que preparou o presente volume, é autora de livros de ficção (*Aos trancos e relâmpagos*, Scipione, 1987, prêmio Jabuti; *A terceira perna*, Brasiliense, 1992, prêmio Jabuti; *Trouxa frouxa*, Companhia das Letras, 2000, entre outros), ensaísta (*Na tapera de Santa Cruz*, Martins Fontes, 1988; *Clarice Lispector com a ponta dos dedos*, Companhia das Letras, 2005, prêmio APCA e Jabuti) e titular de literatura brasileira pela Unicamp.

ÍNDICE

Introdução IX
Cronologia XXVII
Nota sobre a presente edição XXXIII

COMÉDIAS
(1833-1844)

O juiz de paz da roça. 3
Um sertanejo na corte 49
A família e a festa da roça 71
Os dois ou O inglês maquinista 139
O Judas em sábado de Aleluia 221
Os irmãos das almas 283
O diletante 347
Os três médicos. 411

INTRODUÇÃO

RELENDO MARTINS PENA

...há na vida ordinária, na metamorfose incessante das coisas exteriores, um movimento rápido que exige do artista idêntica velocidade de execução.

Baudelaire

É de nossos dias uma reavaliação da obra de Martins Pena, já iniciada por Sílvio Romero e Artur Azevedo e facilitada pela publicação de seus *Folhetins*. Acrescenta-se a isso o que hoje se conhece da cenografia e dos espetáculos populares da época. Tais circunstâncias acabaram por negar uma série de lugares-comuns sobre o comediógrafo, principalmente as afirmações de que escrevia mal e desleixadamente, que era indiferente a questões sociais e interessado somente em fazer rir com suas farsas, supostamente ingênuas. Hoje podemos dizer com segurança que as comédias e farsas estão longe da simplicidade, compostas que são de vários fios da tradição teatral, incluindo-se aí o universo popular, e que seu autor não escrevia mal. Estava apenas, como Alencar ou Mário de Andrade, interessado na prosódia brasileira, fazendo-a soar no palco. Além disso, não podemos esquecer de que ele era antes de mais nada um homem de teatro. A linguagem e os recursos cênicos usados foram testados e aperfeiçoados com vistas à sua eficácia dramática e não literária.

Pena também não se colocava à parte em relação aos problemas da época. Ao contrário da indiferença, podemos de saída observar sua posição avançada em relação à escravidão. Várias vezes também se mostrou atento a movimentos reivindicativos, como a greve dos coristas em 1847, documentada por ele em *O Jornal do Comércio*, quando então afirmou que a imparcialidade era "fazenda que não se conhecia no mundo". E acrescentou: "tudo é parcialidade". Sua postura simpática aos grevistas valeu-lhe uma vigorosa campanha movida contra ele pelo jornal *O Mercantil*, indignado diante do "princípio inadmissível de que eles" (os cantores) podiam "unir-se e exigir" (edição de 8 de julho de 1847).

A controvérsia acabou sendo-nos útil por fornecer dados biográficos do comediógrafo. Sabíamos de seus estudos das artes, inclusive de música e de línguas, mas pelos ataques do jornal tomamos conhecimento de que era tenor, que cantava em teatros particulares, ao lado de artistas do "público salão", e que também compunha árias, como a que inseriu na ópera *Gemma de Vergi*, entre outras.

O período em que Martins Pena viveu foi palco de grandes modificações na Colônia. Nosso autor nasceu pouco depois da chegada da corte portuguesa ao Brasil, afugentada pelos exércitos napoleônicos, o que nos faz concluir que também somos filhos da Revolução Francesa, pois essa época não deixa de constituir uma espécie de Iluminismo brasileiro. Houve a abertura dos portos, o adensamento do meio cultural, a fundação da Imprensa Régia e dos primeiros jornais, incluindo-se aí o *Correio Braziliense* (1808-1822), nosso periódico inaugural fundado em Londres por Hipólito da Costa, e que significou a primeira publicação em língua portuguesa que circulou independentemente da censura.

Surgiram também a primeira livraria, a Biblioteca Pública, teatros, algumas escolas superiores e a vinda da missão francesa em 1816. Em 1829, D. Pedro I contratou em Lisboa uma companhia teatral completa e com ela veio o entremez, que nos interessa particularmente, pois marcou o início da carreira de Martins Pena, transformando-se em campo de pesquisa para o comediógrafo. O entremez (do latim *intermissus*, isto é, posto no meio) significa uma breve peça teatral, com personagens populares e tom gracioso, intercalada nas peças dramáticas. Nos programas muito extensos da época, entremezes e números musicais se tornaram imprescindíveis para arejar os espetáculos.

Se excluirmos os dramas escritos por Martins Pena[1], extraordinariamente medíocres, cheios de retórica empolada e inconsciência dos recursos cênicos, percebemos que suas três primeiras comédias,

---

1. *Fernando ou O cinto acusador*, 1837, *D. João de Lira ou O repto*, 1838, *Itaminda ou O guerreiro de Tupã*, 1838, refundido em 1846, *D. Leonor Teles*, 1839, e *Vitiza ou O Nero de Espanha*, 1840 ou 1841.

O juiz de paz da roça, *A família e a festa na roça* e *Um sertanejo na corte*, inacabada, traem a influência do entremez, com seus tipos de convenção (o velho, o galã, damas e graciosos), a construção frouxa, a improvisação, a chamada musical ao fim, usada como atrativo. Mas nessas primeiras peças já existe a observação acurada de tipos brasileiros, sem esquecer a violência do meio e das relações familiares e sociais. As relações entre as classes principais do Brasil colônia, que eram o escravo e o dono do escravo, são expostas de forma crua. Basta-nos observar Aninha, na primeira peça, pedindo ao pai o presente de "uma negrinha só para ela". Observamos também nesta peça a corrupção da justiça, tema sempre reiterado no teatro, e a mistura escandalosa do público com o privado. Se tudo isso é levado ao palco de forma ainda canhestra e experimental, por conta do descosido do entremez, já notamos abalos fortes em relação à generalidade e automatismo desse gênero.

Em seguida, a elaboração do enredo e o processo de teatralização se aperfeiçoam rapidamente e já observamos a construção elaborada de *Os dois ou O inglês maquinista*, peça situada numa encruzilhada de caminhos. Além de colocar no palco o problema do contrabando de escravos, expondo publicamente essa nódoa social, e fazer a peça girar ao redor de dois pólos importantes da economia brasileira – o contrabandista e o inglês espoliador – Martins Pena já esboça em vários momentos uma comédia de meios-tons, que poderia ser uma escolha para trabalhos futuros.

O diálogo abaixo, sempre citado, é uma prova da leveza de toque impossível de se encontrar no teatro palavroso da época.

Mariquinha: ...Primo?
Felício: Priminha?
Mariquinha: Aquilo?
Felício: Vai bem.
Cecília: O que é?
Mariquinha: Uma coisa. (cena X)

Ao mesmo tempo nesta peça acontecem as primeiras cenas de pancadaria, inspiradas principalmente no circo, tão importante na época que João Caetano pedia a proibição de espetáculos circenses em dias de representação teatral; em seguida, os espetáculos de rua, fossem trechos da *Commedia dell'Arte*, segundo depoimento de viajantes, fosse o teatro de bonecos, popular em todas as partes do mundo, referido pelo cronista dos *Folhetins*. Ao lado disso, em *Os dois* os progressos do autor são evidentes: já existe a concentração espacial, e não a mudança contínua de cenas como se tratasse de cinema, o que acontecia nas peças anteriores. Em vez disso, há o uso de recursos de aprofundamento e alargamento do palco, a preparação das cenas e a funcionalidade do espaço, onde tudo é utilizado, portas de entrada e saída, mobiliário etc. A partir da cena XVII, surge o primeiro esconderijo da obra de nosso autor, uma cortina. Pela primeira vez também, Martins Pena utiliza o cruzamento de enredos: o tema clássico (casal jovem em luta com os mais velhos pelo amor contrariado) e o melodrama, representado pelas emocionantes e jocosas cenas finais, em que o marido, julgado morto pela família, retorna da guerra.

As rubricas também já são precisas, dirigindo os atores com clareza e sublinhando a violência contra os escravos. A essa altura Martins Pena já se mostra seguro da ordem das cenas, "uma ordem que marcha", segundo os especialistas. Ela é necessária para produzir o ritmo da peça ao alternar cenas de conjunto com cenas isoladas para os confrontos necessários.

A peça foi censurada e discutida de modo inflamado na Câmara dos Deputados, inaugurando a série de trabalhos de Martins Pena com o mesmo destino.

Cinco peças foram escritas em 1844 e todas demonstram a perícia alcançada pelo autor. *O Judas em sábado de Aleluia* é uma obra-prima em apenas 12 cenas, com um manuscrito cheio de cortes e emendas, evidência do trabalho que exigiu do autor. A peça possui um movimento complexo e delirante, apesar da concentração absoluta do espaço. Seu achado fundamental é a dinamização do esconderijo, que se transforma na figura do próprio personagem, ao tomar o lugar de um boneco fantasiado de Judas a um canto da sala. A partir desse disfarce o protagonista age, puxa o vestido de uma jovem, mia como o gato, denuncia crimes de corrupção etc., confundindo os demais personagens. A festa popular também não se encontra num quadro separado, conforme acontecia nos primeiros trabalhos. Em vez disso, fornece à peça todos os requisitos da trama. O final é cômico e claro, seguindo as pegadas de Molière e da *Commedia dell'Arte*.

Os irmãos das almas, que tem como sonoplastia o contínuo e fúnebre dobrar dos sinos de Finados, significa um progresso em relação à anterior. Em primeiro lugar quanto às rubricas que já trazem indicações como "recomendo toda a atenção neste jogo de cena", em segundo lugar quanto à funcionalidade do disfarce: se em *Judas* a festa popular forneceu o "mascarado", nesta peça é a própria instituição da Igreja e a maçonaria que fornecem os "atores", com suas opas, à grande *mascarada* da sociedade brasileira, a quem o próprio Deus vira as costas.

> Deus não se ocupa com coisinhas tão pequeninas nem com indivíduos como eu. Lá com essas coisas de grande vulto, é outro caso. Um cometa /.../, um terremoto /.../ um temporal, que afunda navios, uma eleição, isso sim![2]

O protagonista é fraco, grotesco e irritante – quase roça o patético. "Tudo muito ordinário", diz a primeira rubrica, marcação apropriada à farsa, que tudo espatifa e tudo multiplica (são quatro irmãos das almas, quatro bacias etc.). Mas existem outros dados, o que faz a peça também ser outra coisa: esvaziamento do conflito amoroso, deslocado para a luta pelo controle familiar, e o reforço do tema (três pares em idades diferentes e em diferentes fases do relacionamento amoroso) que desliza para a crítica às instituições brasileiras.

O diletante é uma paródia competente da ópera *Norma*, trançando e destrançando os fios da farsa e da tragédia lírica, e duplicando papéis. Corte e sertão são confrontados, com ênfase para a falsa cultura dos pedantes (Merenciana denuncia que José Antônio, o maníaco pela ópera, ainda há um mês só

---

2. Cf. *Manuscrito A* de "Os irmãos das almas", in Martins Pena, *Comédias*, ed. crítica de Darcy Damasceno. Rio de Janeiro, MEC/INL, 1956.

gostava da viola), acrescentando-se a isso o dano familiar causado pelo vilão Gaudêncio, que passa despercebido, pois José Antônio só conhece a tragédia na ópera e não na realidade.

A peça seguinte, *Os três médicos*, reflete um assunto candente na época – a briga de homeopatas, alopatas e hidropatas – e reforça a dívida de Martins Pena com Molière, manipulando de forma competente numerosos fios no enredo. Paradoxalmente, contudo, a peça oferece um resultado um pouco mecânico, com reduplicações excessivas (três médicos, três protetores, três amantes, dois planos mirabolantes, duas cartas, duas mortes, sendo uma fingida, outra verdadeira etc.). Mas a fragilidade da peça depende menos da competência – a essa altura Martins Pena dominava completamente o ofício – do que da impaciência quanto aos aspectos meramente mecânicos da trama, semelhante ao que acontece nos desfechos das comédias shakespearianas. A observação é de Bárbara Heliodora[3]: "O que Martins Pena queria colocar em cena, a ridícula rivalidade do homeopata, do alopata e do hidropata, já estava definido, realizado, completo, e portanto não fazia mal que o final da obra fosse um tanto arbitrário..."

Acrescentamos que o desfecho não deixa de constituir um grande achado cômico, pois o final feliz é conseguido, não pelo saber, mas pela incompetência médica, que, em vez de salvar, mata o doente (sabe-se então ser ele o vilão).

---

3. Bárbara Heliodora, "A evolução de Martins Pena", em *Dyonisos*, X, ano 13. Rio de Janeiro, MEC/INL, 1966.

A última peça de 1844, *O namorador ou A noite de S. João*, é das mais bem urdidas e das mais cuidadosamente trabalhadas por Martins Pena, conjugando também três fios: o enredo amoroso, a farsa rústica portuguesa, com palavras chulas e pancadaria, e a linha da farsa propriamente dita, focalizando o velho amoroso, João Félix, em suas investidas sexuais em relação a Maria, que possui também outros admiradores.

No entanto a peça desmancha com extrema habilidade a qualidade dos próprios fios que urde. Em primeiro lugar, não se trata de uma peça de amor, pois não há cenas amorosas entre os casais. Martins Pena parece interessado em desenvolver uma dialética amorosa observada em suas diferentes fases, entre velhos e moços, ricos e pobres, envolvendo sexo, amor etc.

Observe-se o seguinte diálogo:

> *Luís*: Não a amo mais porque há já três meses que ela me ama.
> *Clementina*: Boa razão! Não a ama porque ela ainda o ama!

Temos de convir que essa dialética amorosa comumente surge em peças mais desenvolvidas; aqui entretanto ela é discutida, e de forma competente, numa peça de apenas um ato. Ao mesmo tempo, esses aspectos pretendem ser submetidos à prova da realidade, pois tais relações verdadeiras ou pretensamente amorosas se dão a partir do jogo dos diferentes estratos sociais, sublinhando-se o rancor dos pobres contra os ricos, o que abala certa arbitrariedade da farsa. Na cena VI, um personagem explorado lastima-se: "Oh! Quem me dera viver sem trabalhar. Cresce-me água à boca quando vejo um rico. São os felizes..."

As relações examinadas abrem um leque de lugares sociais: elas se dão entre pessoas da mesma condição econômica, ou entre velhos casados e ricos, entre serviçais, entre patrão, moço ou velho, com empregadas, entre moço rico e vários tipos de mulher: velha, moça, bonita, feia, branca, cabocla ou escrava, e assim por diante. Ao mesmo tempo, de maneira magistral, todos os fios da trama são amarrados nos elementos encontrados numa noite de S. João, como a fogueira metaforizada no "fogo do amor", com a escuridão ao redor, facilitando os qüiproquós do gênero, as "pistolas de lágrimas", marcando os infortúnios pessoais e sociais dos personagens etc.

O ano de 1845 nos apresenta oito peças, embora *As casadas solteiras* seja mera tradução de uma peça francesa[4]. *O noviço*, em três atos, obteve a classificação de "a melhor comédia de Martins Pena", certamente pelo enraizado preconceito contra trabalhos de curta extensão. Sem anular as qualidades da peça, percebemos que, nela, Martins Pena multiplica por três os recursos das peças de um só ato, nas quais era *expert*.

De *O usurário* só nos resta o primeiro ato, excepcional, de um projeto de peça de três atos, enquanto em *O cigano* não é difícil perceber o tom hesitante e artificial. Talvez Martins Pena tenha querido repetir a proeza atingida em *O namorador*, quando

---

4. Cf. *Les trois dimanches*, dos irmãos Cogniard e de Jules Cordier, no acervo da Biblioteca Nacional do Rio de Janeiro.

conseguiu equilibrar a farsa com elementos estranhos a ela, mas agora falha na mesma tentativa. É evidente seu desejo de fazer uma crítica ácida à sociedade do tempo, mas não encontrou a passagem, sempre estreita, entre reflexão e clima farsesco. O efeito geral é fraco e confuso.

Usando alguns procedimentos da peça anterior, *Os meirinhos* encontra o ponto de equilíbrio, abandonando os recursos comuns de pancadaria e esconderijos. A cena é cuidadosamente marcada, com seu cenário desdobrado, e a conjunção de comédia e melodrama mais uma vez retrata eticamente o Brasil ao descrever os meirinhos, representantes da justiça, como bêbados, jogadores e mulherengos.

Retomando recursos de *Os meirinhos*, como o desdobramento do palco e o entrelaçamento de comédia e melodrama, *O caixeiro da taverna* aprofunda o jogo cômico, que se transforma num cálculo de probabilidades a partir de uma espécie de querela de aparências: a verdade/mentira dos personagens, três triângulos amorosos (falsos) desequilibrados a todo instante pelo único par verdadeiro, mas escondido (o casamento oculto de Manuel e Deolinda) –, tudo sustentado pelo tom que descobrimos em *O namorador*, isto é, o desejo de enriquecer dos pobres. Mas existe um acréscimo. Este personagem oprimido já sabe que o trabalho honesto a nada conduz (confiram-se protestos de Francisco, derrotado artesão brasileiro). Além disso, e antecipando a loucura do Pedestre, Manuel enlouquece ao ser despedido: "Caixeiro, sempre caixeiro! Oh, afastem-se de mim, que estou louco, desesperado, furibundo! Para longe! Serei sempre caixeiro, caixeiro, caixeiro!" Etc.

Nos *Folhetins*, Martins Pena confessará enviesadamente o desejo de escrever a ópera-cômica brasileira. Podemos encarar *Quem casa, quer casa*, peça-provérbio que voltara à moda na época, como um ensaio para sua execução, pois é uma obra marcada segundo compassos, organizando-se como uma verdadeira farsa musical, com grande rapidez e alternância de cenas. A pretexto da gagueira de um personagem, que fala cantando, seus interlocutores o acompanham, segundo três ritmos: a polca, o miudinho e o "muquirão".

Embora criticada, *Quem casa, quer casa* talvez seja a peça mais funcional de Martins Pena, com perfeita unidade de ação, um só enredo, com sua proposição e demonstração, e a primeira cena perfeitamente acoplada à última. No aspecto crítico de uma certa concepção de arte e de prática religiosa, a peça retoma traços de *O diletante* e de *Os irmãos das almas*. Basta-nos conferir, quanto ao primeiro aspecto, a crítica à insuficiente formação musical do personagem, que confunde originalidade artística com acrobacia (Eduardo quer tocar a rabeca NO arco e não COM o arco – invenção, diz ele "que há de cobrir-me de glória e nomeada e levar meu nome à imortalidade" – cena XIII); quanto ao segundo aspecto, fundamental é o *solo* de Fabiana na cena V, criticando a carolice do marido.

As desgraças de uma criança, comédia de situação, apresenta duas novidades. A primeira é a presença da *criada ladina* da tradição clássica, na figura de Madalena, ama-de-leite branca – perdera um filho recém-nascido – que se aluga a patroas que "embirravam com amas pretas". Pobreza e necessidade, "criar filho alheio, para ao depois tomar-lhe amor e viver separados", investidas sexuais de patrões, racismo e as distorções causadas pela exploração são aspectos tematizados na obra.

Outro dado importante é a conexão entre estas *Desgraças* e *Punch and Judy*, ligada à *Commedia dell'Arte* e representada nas ruas do Rio de Janeiro, segundo testemunho de Thomas Ewbank[5]. O *Punch* inglês, no começo do século XIX representado diariamente nas ruas de Londres, é uma variante de *Pulcinella*, ou seja, Polichinelo, boneco da comédia popular desde o século XVI. A trama principal manteve-se a mesma: a enfiada de mortes sucessivas que Punch, criatura corcunda e nariguda, causa a seu bebê, a sua mulher, ao cão, ao médico, ao carrasco que ia executá-lo por todos esses crimes, e, finalmente, ao próprio Diabo.

Ora, é fácil ver similitudes desse enredo com *As desgraças de uma criança*, que se resumem em surras ou maldades com um bebê. Martins Pena não chega ao excesso de matar a criança, mas enfileira minuciosamente um rosário de crueldades infligidas pelo personagem-soldado à criança: embala o berço cada vez com mais força, grita muito, dá à criança água embebida num pano de chão, arremeda seu pranto, dá-lhe palmadas, oferece-lhe vinho no gargalo de uma garrafa, dá-lhe uma espora para brincar, o que acaba por ferir o bebê, e assim por diante. Mas a ameaça da morte ocorre atabalhoadamente ao final, quando o velho Abel atira o neto ao chão, cain-

---

5. Cf. Thomas Ewbank, *Vida no Brasil*. Trad. Jamil Almansur Haddad. São Paulo, Edusp/Itatiaia, 1976, p. 255.

do por cima dele. Fecha a peça o modelo de *O barbeiro de Sevilha*, evocado pela marcação. Abel, diz a rubrica, "fica estático como D. Bartolo".

Devo dizer que este resumo não esgota a complexidade das máscaras tradicionais manipuladas pelo autor neste trabalho – a criada ladina, o sacristão, o *senex*, o parzinho romântico, o soldado fanfarrão – que se misturam a tipos nacionais, funcionando a relação de classes no Brasil como uma espécie de cunha que sustenta a delicada armação do enredo.

Finalmente *Os ciúmes de um pedestre*, a última desse ano, foi a peça que maiores polêmicas causou na época, não só pela paródia jocosa do respeitado João Caetano, como por referências contextuais – tentativa de sedução de uma jovem por um homem conhecido no Rio de Janeiro e assassinato de um escravo cujo corpo fora encontrado em um saco. Portanto, em sua composição temos referências ao *fait-divers* da época ao lado de paródias de *Otelo* e de *Pedro-Sem*, representações melodramáticas muito famosas, rebaixadas sem cerimônias por nosso comediógrafo. As palavras do pedestre, oficial subalterno da polícia, à mulher queixosa ("Até agora tenho te tratado como um fidalgo, nada te tem faltado, a não ser a liberdade...") é o fulcro ao redor do qual giram as paródias. Embora haja malhas soltas nesta peça tão complexa, podemos concluir que sua intenção crítica ao melodrama e à máquina escravista é realizada com equilíbrio.

As peças de 1846 (cf. Cronologia) ficaram incompletas, mas de setembro a outubro do ano seguinte Martins Pena escreveu os *Folhetins* líricos, críticas das óperas que subiram ao palco no Rio de Janeiro, só interrompidas pela viagem sem retorno de nosso autor a Londres. Publicados em livro somente em 1965, os *Folhetins* contêm informações preciosas sobre a dramaturgia da época, ao mesmo tempo em que nos revela um autor profundamente conhecedor do palco e da ópera, com uma postura artística e política bastante clara, em certos aspectos avançados para a época.

Manipulando a tradição teatral a seu alcance, e limitado pelo acanhamento do meio, do qual aliás era consciente ("...se nós não estamos bem constituídos, a culpa não é minha", afirma em *O Judas em sábado de Aleluia*), Martins Pena reelaborou formalmente a comédia farsesca, pois transferiu a responsabilidade da ação cômica dos criados tradicionais para outros tipos de situações, fugindo ao mesmo tempo da comédia centrada no amor, o que era comum, à semelhança da Comédia Nova. Sua inovação mais importante, todavia, foi ter introduzido, na organização simétrica da comédia, a assimetria básica da figura do escravo. O lugar deste personagem cria realmente uma situação teatral nova, longe da tradição que o associava ao simples palhaço. Sua presença no palco funciona como uma espécie de elemento retardador em meio às cores e vertigens do jogo cômico.

A invenção, que não foi compreendida nem aproveitada pelos teatrólogos que se seguiram, é uma prova do talento do autor, pois dá conta da figuração do escravismo na sociedade brasileira, aproximando formação retórica de formação histórica. Com tudo isso, não deixa de ser curioso que raramente Martins Pena tenha sido representado por atores brasileiros em sua época, e sim por portugueses, o que não deixa de criar uma situação "um pouco estranha", conforme observa Décio de Almeida Prado[6].

Pouco a pouco a situação foi se transformando. Quando em 1898 Melo Morais publicou uma antologia de Martins Pena, causou impacto em Artur Azevedo, outro extraordinário homem de teatro, que afirmou: "É preciso que a atual geração brasileira percorra essas páginas, para ficar sabendo que o nosso país produziu um escritor dramático de grande originalidade, cujos trabalhos, longe de serem simples produtos de assimilação, revelam um talento criador, uma individualidade única."[7]

Não há como discordar dessas palavras. Mais tarde Artur Azevedo escolheu Martins Pena como patrono de sua cadeira na Academia Brasileira de Letras, de que foi um dos fundadores.

VILMA ARÊAS

---

6. Décio de Almeida Prado, *João Caetano*. São Paulo, Perspectiva, 1972, p. 124.

7. Apud Raimundo Magalhães Júnior, *Martins Pena e sua época*. São Paulo, LISA, 1971, p. 251.

Bibliografia de referência

ARÊAS, Vilma. *Na tapera de Santa Cruz*. São Paulo, Martins Fontes, 1987.

BEIGUELMAN, Paula. "Análise literária e investigação sociológica". In: *Viagem sentimental a D. Guidinha do Poço*. São Paulo, Editora Centro Universitário, 1966.

HELIODORA, Bárbara. "A evolução de Martins Pena". In: *Dyonisos*, X, ano 13. Rio de Janeiro, MEC/INL, 1966.

JÚNIOR, Raimundo de Magalhães. *Martins Pena e sua época*. São Paulo, LISA, 1971.

MAGALDI, Sábato. *Panorama do teatro brasileiro*. 2ª ed. Rio de Janeiro, MEC/Dac/Funarte/INL/Serviço Nacional de Teatro, s/d.

MEYER, Marlyse. "O inglês nas *Comédias* de Martins Pena". In: *Pirineus, caiçaras...* 2ª ed. São Paulo, Editora da Unicamp, 1991.

PRADO, Décio de Almeida. *João Caetano*. São Paulo, Perspectiva, 1972.

———. *História concisa do teatro brasileiro*. São Paulo, Edusp/Imprensa Oficial, 1999.

CRONOLOGIA

1815. Nascimento no Rio de Janeiro, em 5 de novembro, filho do juiz João Martins Pena (natural de Minas Gerais) e de Francisca de Paula Julieta Pena (fluminense).

1816. Órfão de pai.

1822. Independência do Brasil. Martins Pena conta 7 anos de idade.

1825. Órfão de mãe. Passa a ser tutelado pelo avô e depois por um tio materno, ambos homens de comércio.

1827. Estréia de João Caetano no Teatro de Itaboraí, com *O Carpinteiro de Livônia*.

1831. Abdicação de D. Pedro I em 7 de abril. Martins Pena conta 16 anos incompletos; o episódio político é tema de seu conto de estréia na literatura, "Um episódio de 1831", publicado em 8 de abril de 1838 na revista *Gabinete de Leitura*.

1832. Matricula-se em março na Aula de comércio, encaminhado pelos tutores comerciantes. Termina o curso com brilho, mas não sente vocação pelo comércio.

XXVII

1833. Data provável da escrita de *O juiz de paz da roça*, que teve três redações, com revisões, cópias e acrescentamento de cenas: 1833, 1837 e 1838.

1833-37. Provável período em que escreveu *Um sertanejo na corte*, nunca impressa e sem notícias de representação. Restou cópia incompleta.

1834. Sua irmã Carolina se casa com o alto funcionário de Alfândega, Joaquim Francisco Viana, que nesse mesmo ano se elege deputado geral pela Província do Rio de Janeiro pelo Partido Conservador, ao lado de Joaquim José Rodrigues Torres (futuro Visconde de Itaboraí) e de Paulino José Soares de Sousa (futuro Visconde do Uruguai).

1835. Inicia-se a revolução farroupilha no Rio Grande do Sul, citada nas primeiras comédias.

1835-37. *Fernando ou O cinto acusador*, drama jamais publicado ou representado na época.

1837. Plano e escrita de *Uma família roceira*, depois *A família e a festa da roça*.

1838. Certamente amparado pelo cunhado, Martins Pena se liberta da tutela do tio e ingressa na Escola Imperial de Belas-Artes, fundada por D. João VI. Segue os cursos dos professores franceses que ainda lecionavam no Brasil. Estuda pintura, estatuária e arquitetura, mas abandona essas cadeiras e passa a estudar música e canto, aperfeiçoando sua voz de tenor. Estuda inglês, francês e italiano, idiomas que chega a falar fluentemente. Aplicado na leitura dos clássicos.

Nomeado, em 17 de setembro, amanuense da Mesa do Consulado da corte, cargo em que permanece até 1843; a 4 de outubro é levada anonimamente à cena do Teatro Constitucional Fluminense (antigo Teatro de São Pedro de Alcântara), pela companhia de João Caetano, sua primeira comédia *O juiz da roça*, depois intitulada *O juiz de paz da roça*. Estela Sezefreda, mulher de João Caetano, faz o papel de Aninha. Em novembro a pecinha atravessa a baía e é levada no Teatro Niteroiense, com grande aplauso. No mesmo ano, escrita do drama *D. João de Lira*, nunca representado ou publicado. A esta mesma fase talvez pertença *Itaminda ou O guerreiro de Tupã*, revisado em 1846, segundo data em manuscrito autógrafo.

1839. Publica pequenas narrativas, como "A sorte grande", "Minhas aventuras numa viagem de ônibus", "O poder da música" e "Uma viagem na barca a vapor" no *Correio das Modas*, dos irmãos Eduardo e Henrique Laemmert, de cuja redação supõe-se que participou. Publica também traduções e adaptações de textos estrangeiros na mesma revista. Escrita do drama *D. Leonor Teles*, nunca publicado ou representado.

1840. Representação de *A família e a festa da roça*, já agora com o nome do autor, ainda em benefício de Estela Sezefreda. Apresenta-se pela primeira vez no Brasil uma companhia francesa que apresenta Molière no Teatro São Januário e é provável que Martins Pena tenha assistido às peças.

1840-41. Datas prováveis da escrita de *Vitiza ou O Nero de Espanha*, drama em verso. Não foi publicado.

1842. Data provável da escrita de *Os dois ou O inglês maquinista*, comédia representada em 1845.

XXIX

1843. Martins Pena é nomeado amanuense da Secretaria de Estado dos Negócios Estrangeiros. Funda-se o Conservatório Dramático Brasileiro, encarregado de exercer a censura nos teatros públicos. Dois anos depois, pelo decreto 425, a censura é instituída, passando em 1897 ao encargo da polícia, pelo decreto 2558.

1844. Datas da composição de *O Judas em sábado de Aleluia*, *Os irmãos das almas*, *O diletante*, *Os três médicos* e *O namorador ou A noite de S. João*.

1845. Escrita de *O noviço*, comédia em três atos, *O cigano*, *O caixeiro da taverna*, *As casadas solteiras*, *Os meirinhos*, *Quem casa, quer casa*, *Os ciúmes de um pedestre ou O terrível capitão-do-mato* e *As desgraças de uma criança*.

1846. Escrita de *O usurário*, comédia em três atos, nunca representada ou publicada. O manuscrito é incompleto, o mesmo sucedendo com *O jogo de prendas*. Ao mesmo ano pertence o plano de uma comédia em três atos, *A barriga de meu tio*. Existe ainda o manuscrito de uma comédia e o de um drama sem títulos.

1846-47. Entre setembro de 1846 e outubro de 1847, publica folhetins sobre espetáculos líricos no *Jornal do Comércio*, republicados em 1965 no Rio de Janeiro com o título *Folhetins – a Semana Lírica*, pelo Ministério da Educação e Cultura/ Instituto Nacional do Livro. Nessas crônicas confessa o desejo de escrever a ópera-cômica brasileira. Embora nunca tenha se casado, talvez seja dessa época a filha (Julieta) que teve com uma atriz.

1847. Em outubro, Martins Pena embarca para Londres na galera *Amélie*. Deixa a filha aos cuidados da irmã e do cunhado.

Em agosto, é nomeado adido de 1ª classe à Legação Brasileira em Londres.

1848. Tendo piorado da tuberculose, em novembro volta ao Brasil; retorna a Portugal, falecendo em Lisboa, no Hotel de France, cais do Sodré, a 7 de dezembro do mesmo ano. Foi sepultado no Cemitério dos Prazeres da mesma cidade.

1850. Em 11 de dezembro, seus restos mortais foram exumados e remetidos ao Brasil, onde se encontram no Cemitério de S. João Batista. É patrono da cadeira nº 29 da Academia Brasileira de Letras, escolhido por Artur Azevedo.

1898. 7 de dezembro, comemoração do cinqüentenário de morte de Martins Pena, promovida por Artur Azevedo, a que compareceu Julieta Pena de Araújo Guimarães, filha do comediógrafo.

NOTA SOBRE A PRESENTE EDIÇÃO

Esta edição, em três volumes, reproduz, com mínimas alterações, todos os textos que foram incluídos no volume *Comédias*, de Martins Pena, edição crítica de Darcy Damasceno, com a colaboração de Maria Filgueiras (Rio de Janeiro, MEC/INL, 1956). Algumas formas de expressão oralizadas foram mantidas, seguidas do advérbio *sic*. A grafia foi atualizada e a pontuação original foi preservada.

COMÉDIAS
(1833-1844)

O JUIZ DE PAZ DA ROÇA

Comédia em 1 ato

[1833 – data provável]

PERSONAGENS

JUIZ DE PAZ
ESCRIVÃO DO JUIZ [DE PAZ]
MANUEL JOÃO, *lavrador, guarda nacional*
MARIA ROSA, *sua mulher*
ANINHA, *sua filha*
JOSÉ DA FONSECA, *amante de Aninha*
INÁCIO JOSÉ
JOSÉ DA SILVA
FRANCISCO ANTÔNIO
MANUEL ANDRÉ
SAMPAIO   } *lavradores*
TOMÁS
JOSEFA JOAQUINA
GREGÓRIO
NEGROS

A cena é na roça.

ATO ÚNICO

Cena I

Sala com uma porta no fundo. No meio uma mesa, junto à qual estarão cosendo MARIA ROSA *e* ANINHA.

MARIA ROSA
Teu pai tarda muito.

ANINHA
Ele disse que tinha hoje muito que fazer.

MARIA ROSA
Pobre homem! Mata-se com tanto trabalho! É quase meio-dia e ainda não voltou. Desde as quatro horas da manhã que saiu; está só com uma xícara de café.

ANINHA
Meu pai quando principia um trabalho não gosta de o largar, e minha mãe sabe bem que ele tem só a Agostinho.

MARIA ROSA

É verdade. Os meias-caras agora estão tão caros! Quando havia valongo eram mais baratos.

ANINHA

Meu pai disse que quando desmanchar o mandiocal grande há de comprar uma negrinha para mim.

MARIA ROSA

Também já me disse.

ANINHA

Minha mãe, já preparou a jacuba para meu pai?

MARIA ROSA

É verdade! De que me ia esquecendo! Vai aí fora e traz dois limões. (*Aninha sai*) Se o Manuel João viesse e não achasse a jacuba pronta, tínhamos campanha velha. Do que me tinha esquecido! (*entra Aninha*)

ANINHA

Aqui estão os limões.

MARIA ROSA

Fica tomando conta aqui, enquanto eu vou lá dentro. (*sai*)

ANINHA
(*só*)

Minha mãe já se ia demorando muito. Pensava que já não poderia falar co (sic) senhor José, que está esperando-me debaixo dos cafezeiros. Mas como minha mãe está lá dentro, e meu pai não entra nesta meia hora, posso fazê-lo entrar aqui. (*chega à porta e acena com o lenço*) Ele aí vem.

Cena II

Entra José *com calça e jaqueta branca.*

JOSÉ
Adeus, minha Aninha! (*quer abraçá-la*)

ANINHA
Fique quieto. Não gosto destes brinquedos. Eu quero casar-me com o senhor, mas não quero que me abrace antes de nos casarmos. Esta gente quando vai à Corte, vem perdida. Ora diga-me, concluiu a venda do bananal que seu pai lhe deixou?

JOSÉ
Concluí.

ANINHA
Se o senhor agora tem dinheiro, por que não me pede a meu pai?

JOSÉ
Dinheiro? Nem vintém!

ANINHA
Nem vintém! Então o que fez do dinheiro? É assim que me ama? (*chora*)

JOSÉ

Minha Aninha, não chores. Oh, se tu soubesses como é bonita a Corte! Tenho um projeto que te quero dizer.

ANINHA

Qual é?

JOSÉ

Você sabe que eu agora estou pobre como Jó, e então tenho pensado em uma coisa. Nós nos casaremos na freguesia, sem que teu pai o saiba; depois partiremos para a Corte e lá viveremos.

ANINHA

Mas como? Sem dinheiro?

JOSÉ

Não te dê isso cuidado: assentarei praça nos Permanentes.

ANINHA

E minha mãe?

JOSÉ

Que fique raspando mandioca, que é ofício leve. Vamos para a Corte, que você verá o que é bom.

ANINHA

Mas então o que é que há lá tão bonito?

JOSÉ

Eu te digo. Há três teatros, e um deles maior que o engenho do capitão-mor.

ANINHA

Oh, como é grande!

JOSÉ

Representa-se todas as noites. Pois uma mágica... Oh, isto é coisa grande!

ANINHA

O que é mágica?

JOSÉ

Mágica é uma peça de muito maquinismo.

ANINHA

Maquinismo?

JOSÉ

Sim, maquinismo. Eu te explico. Uma árvore se
vira em uma barraca; paus viram-se em cobras, e um
homem vira-se em macaco.

ANINHA

Em macaco! Coitado do homem!

JOSÉ

Mas não é de verdade.

ANINHA

Ah, como deve ser bonito! E tem rabo?

JOSÉ

Tem rabo, tem.

ANINHA

Oh, homem!

JOSÉ

Pois o curro dos cavalinhos! Isto é que é coisa grande! Há uns cavalos tão bem ensinados, que dançam, fazem mesuras, saltam, falam, etc. Porém o que mais me espantou foi ver um homem andar em pé em cima do cavalo.

ANINHA

Em pé? E não cai?

JOSÉ

Não. Outros fingem-se bêbados, jogam os socos, fazem exercício – e tudo isto sem caírem. E há um macaco chamado o macaco Major, que é coisa de espantar.

ANINHA

Há muitos macacos lá?

JOSÉ

Há, e macacas também.

ANINHA

Que vontade tenho eu de ver todas estas coisas!

JOSÉ

Além disto há outros muitos divertimentos. Na Rua do Ouvidor há um cosmorama, na Rua de São Francisco de Paula outro, e no Largo uma casa onde se vêem muitos bichos cheios, muitas conchas, cabritos com duas cabeças, porcos com cinco pernas, etc.

ANINHA

Quando é que você pretende casar-se comigo?

JOSÉ

O vigário está pronto para qualquer hora.

ANINHA

Então, amanhã de manhã.

JOSÉ

Pois sim. (*cantam dentro*)

ANINHA

Aí vem meu pai! Vai-te embora antes que ele te veja.

JOSÉ

Adeus, até amanhã de manhã.

ANINHA

Olhe lá, não falte! (*sai José*)

Cena III

ANINHA

(*só*)

Como é bonita a Corte! Lá é que a gente se pode divertir, e não aqui, onde não se ouve senão os sapos e as intanhas cantarem. Teatros, mágicos, cavalos que dançam, cabeças com dois cabritos, macaco major... Quanta coisa! Quero ir para a Corte!

Cena IV

Entra MANUEL JOÀO *com uma enxada no ombro, vestido de calças de ganga azul, com uma das pernas arregaçada, japona de baeta azul e descalço. Acompanha-o um negro com um cesto na cabeça e uma enxada no ombro, vestido de camisa e calça de algodão.*

ANINHA

Abença, meu pai.

MANUEL JOÀO

Adeus, rapariga. Onde está tua mãe?

ANINHA

Está lá dentro preparando a jacuba.

MANUEL JOÀO

Vai dizer que traga, pois estou com muito calor. (*Aninha sai. M. João, para o negro*) Olá, Agostinho, leva estas enxadas lá para dentro e vai botar este café no sol. (*o preto sai. Manuel João senta-se*) Estou que não posso comigo; tenho trabalhado como um burro!

Cena V

Entra MARIA ROSA *com uma tigela na mão, e* ANINHA *a acompanha.*

MANUEL JOÀO

Adeus, senhora Maria Rosa.

MARIA ROSA

Adeus, meu amigo. Estás muito cansado?

MANUEL JOÃO

Muito. Dá-me cá isso.

MARIA ROSA

Pensando que você viria muito cansado, fiz a tigela cheia.

MANUEL JOÃO

Obrigado. (*bebendo*) Hoje trabalhei como gente... Limpei o mandiocal, que estava muito sujo... Fiz uma derrubada do lado de Francisco Antônio... Limpei a vala de Maria do Rosário, que estava muito suja e encharcada, e logo pretendo colher café. Aninha?

ANINHA

Meu pai?

MANUEL JOÃO

Quando acabares de jantar, pega em um samburá e vai colher o café que está à roda da casa.

ANINHA

Sim senhor.

MANUEL JOÃO

Senhora, a janta está pronta?

MARIA ROSA

Há muito tempo.

MANUEL JOÃO

Pois traga.

MARIA ROSA

Aninha, vai buscar a janta de teu pai. (*Aninha sai*)

MANUEL JOÃO

Senhora, sabe que mais? É preciso casarmos esta rapariga.

MARIA ROSA

Eu já tenho pensado nisto; mas nós somos pobres, e quem é pobre não casa.

MANUEL JOÃO

Sim senhora, mas uma pessoa já me deu a entender que logo que puder abocar três ou quatro meias-caras destes que se dão, me havia de falar nisso... Com mais vagar trataremos deste negócio. (*entra Aninha com dois pratos e os deixa em cima da mesa*)

ANINHA

Minha mãe, a carne-seca acabou-se.

MANUEL JOÃO

Já?!

MARIA ROSA

A última vez veio só meia arroba.

MANUEL JOÃO

Carne boa não faz conta, voa. Assentem-se e jantem. (*assentam-se todos e comem com as mãos. O*

14

jantar consta de carne-seca, feijão e laranjas) Não há carne-seca para o negro?

ANINHA
Não senhor.

MANUEL JOÃO
Pois coma laranja com farinha, que não é melhor do que eu. Esta carne está dura como um couro... Irra! Um dia destes eu... Diabo de carne!... hei de fazer uma plantação... Lá se vão os dentes!... Deviam ter botado esta carne de molho no corgo... Que diabo de laranjas tão azedas! (*batem à porta*) Quem é? (*logo que Manuel João ouve bater na porta, esconde os pratos na gaveta e lambe os dedos*)

ESCRIVÃO
(*dentro*)
Dá licença, Senhor Manuel João?

MANUEL JOÃO
Entre quem é.

ESCRIVÃO
(*entrando*)
Deus esteja nesta casa.

MARIA ROSA *e* MANUEL JOÃO
Amém.

ESCRIVÃO
Um criado da Senhora Dona e da Senhora Doninha.

MARIA ROSA *e* ANINHA
Uma sua criada. (*cumprimentam*)

MANUEL JOÃO
O senhor por aqui a estas horas é novidade.

ESCRIVÃO
Venho da parte do senhor juiz de paz intimá-lo para levar um recruta à cidade.

MANUEL JOÃO
Ó homem, não há mais ninguém que sirva para isto?

ESCRIVÃO
Todos se recusam do mesmo modo, e o serviço no entanto há de se fazer.

MANUEL JOÃO
Sim, os pobres é que o pagam.

ESCRIVÃO
Meu amigo, isto é falta de patriotismo. Vós bem sabeis que é preciso mandar gente para o Rio Grande; quando não, perdemos esta província.

MANUEL JOÃO
E que me importa eu com isso? Quem as armou que as desarme.

ESCRIVÃO
Mas, meu amigo, os rebeldes têm feito por lá horrores!

MANUEL JOÃO

E que quer o senhor que se lhe faça? Ora é boa!

ESCRIVÃO

Não diga isto, Senhor Manuel João, a rebelião...

MANUEL JOÃO
(*gritando*)

E que me importa eu com isso?... E o senhor a dar-lhe...

ESCRIVÃO
(*zangado*)

O senhor juiz manda dizer-lhe que se não for, irá preso.

MANUEL JOÃO

Pois diga com todos os diabos ao senhor juiz que lá irei.

ESCRIVÃO
(*à parte*)

Em boa hora o digas. Apre! custou-me achar um guarda... Às vossas ordens.

MANUEL JOÃO

Um seu criado.

ESCRIVÃO

Sentido nos seus cães.

MANUEL JOÃO

Não mordem.

ESCRIVÃO

Senhora Dona, passe muito bem. (*sai o Escrivão*)

MANUEL JOÃO

Mulher, arranja esta sala, enquanto me vou fardar. (*sai M. João*)

Cena VI

MARIA ROSA

Pobre homem! Ir à cidade somente para levar um preso! Perder assim um dia de trabalho...

ANINHA

Minha mãe, pra que é que mandam a gente presa para a cidade?

MARIA ROSA

Pra irem à guerra.

ANINHA

Coitados!

MARIA ROSA

Não se dá maior injustiça! Manuel João está todos os dias vestindo a farda. Ora pra levar presos, ora pra dar nos quilombos... É um nunca acabar.

ANINHA

Mas meu pai pra que vai?

MARIA ROSA
Porque o juiz de paz o obriga.

ANINHA
Ora, ele podia ficar em casa; e se o juiz de paz cá viesse buscá-lo, não tinha mais que iscar a Jibóia e a Boca-Negra.

MARIA ROSA
És uma tolinha! E a cadeia ao depois?

ANINHA
Ah, eu não sabia.

Cena VII

Entra MANUEL JOÃO *com a mesma calça e jaqueta de chita, tamancos, barretina da Guarda Nacional, cinturão com baioneta e um grande pau na mão.*

MANUEL JOÃO
(*entrando*)
Estou fardado. Adeus, senhora, até amanhã. (*dá um abraço*)

ANINHA
Abença, meu pai.

MANUEL JOÃO
Adeus, menina.

ANINHA

Como meu pai vai à cidade, não se esqueça dos sapatos franceses que me prometeu.

MANUEL JOÃO

Pois sim.

MARIA ROSA

De caminho compre carne.

MANUEL JOÃO

Sim. Adeus, minha gente, adeus.

MARIA ROSA *e* ANINHA

Adeus! (*acompanham-no até a porta*)

MANUEL JOÃO
(*à porta*)

Não se esqueça de mexer a farinha e de dar que comer às galinhas.

MARIA ROSA

Não. Adeus! (*sai Manuel João*)

Cena VIII

MARIA ROSA

Menina, ajuda-me a levar estes pratos para dentro. São horas de tu ires colher o café e de eu ir mexer a farinha... Vamos.

ANINHA

Vamos, minha mãe. (*andando*) Tomara que meu pai não se esqueça dos meus sapatos... (*saem*)

Cena IX

Sala em casa do JUIZ DE PAZ. *Mesa no meio com papéis; cadeiras. Entra o* JUIZ DE PAZ *vestido de calça branca, rodaque de riscado, chinelas verdes e sem gravata.*

JUIZ

Vamo-nos preparando para dar audiência. (*arranja os papéis*) O escrivão já tarda; sem dúvida está na venda do Manuel do Coqueiro... O último recruta que se fez já vai me fazendo peso. Nada, não gosto de presos em casa. Podem fugir, e depois dizem que o juiz recebeu algum presente. (*batem à porta*) Quem é? Pode entrar. (*entra um preto com um cacho de bananas e uma carta, que entrega ao Juiz. Juiz, lendo a carta*) "Ilmo. Sr. – Muito me alegro de dizer a V. Sa. que a minha ao fazer desta é boa, e que a mesma desejo para V. Sa. pelos circunlóquios com que lhe venero". (*deixando de ler*) Circunlóquios... Que nome em breve! O que quererá ele dizer? Continuemos. (*lendo*) "Tomo a liberdade de mandar a V. Sa. um cacho de bananas-maçãs para V. Sa. comer com a sua boca e dar também a comer à Sra. Juíza e aos Srs. Juizinhos. V. Sa. há de reparar na insignificância do presente; porém, Ilmo. Sr., as reformas da Constituição permitem a cada um fazer o que quiser, e mesmo fazer presentes; ora, mandando assim as ditas reformas, V. Sa. fará o favor de aceitar as ditas bananas, que diz minha Teresa Ova serem muito boas. No mais, receba as ordens de quem é seu venerador e tem a honra de ser – Manuel André de Sapiruruca." – Bom, tenho bananas para a sobremesa. Ó pai, leva estas bananas para dentro e entrega à senhora. Toma lá um vintém para teu tabaco. (*sai o negro*) O certo é que é bem bom ser juiz de paz cá pela roça. De vez em quando temos nossos presentes de galinhas, bananas, ovos, etc., etc. (*batem à porta*) Quem é?

ESCRIVÃO
(*dentro*)

Sou eu.

JUIZ

Ah, é o escrivão. Pode entrar.

Cena X

ESCRIVÃO

Já intimei Manuel João para levar o preso à cidade.

JUIZ

Bom. Agora vamos nós preparar a audiência. (*assentam-se ambos à mesa e o Juiz toca a campainha*) Os senhores que estão lá fora no terreiro podem entrar. (*entram todos os lavradores vestidos como roceiros; uns de jaqueta de chita, chapéu de palha, calças brancas de ganga, de tamancos, descalços; outros calçam os sapatos e meias quando entram, etc. Tomás traz um leitão debaixo do braço*) Está aberta a audiência. Os seus requerimentos?

Cena XI

INÁCIO JOSÉ, FRANCISCO ANTÔNIO, MANUEL ANDRÉ *e* SAMPAIO *entregam seus requerimentos.*

Juiz

Sr. Escrivão, faça o favor de ler.

Escrivão
(lendo)

Diz Inácio José, natural desta freguesia e casado com Josefa Joaquina, sua mulher na face da Igreja, que precisa que Vossa Senhoria mande a Gregório degradado para fora da terra, pois teve o atrevimento de dar uma embigada em sua mulher, na encruzilhada do Pau-Grande, que quase a fez abortar, da qual embigada fez cair a dita sua mulher de pernas para o ar. Portanto pede a Vossa Senhoria mande o dito Gregório degradado para Angola. E.R.M.

Juiz

É verdade, Sr. Gregório, que o senhor deu uma embigada na senhora?

Gregório

É mentira, Sr. Juiz de paz, eu não dou embigadas em bruxas.

Josefa Joaquina

Bruxa é a marafona de tua mulher, malcriado! Já não se lembra que me deu uma embigada, e que me deixou uma marca roxa na barriga? Se o senhor quer ver, posso mostrar.

Juiz

Nada, nada, não é preciso; eu o creio.

JOSEFA JOAQUINA

Sr. Juiz, não é a primeira embigada que este homem me dá; eu é que não tenho querido contar a meu marido.

JUIZ

Está bom, senhora, sossegue. Sr. Inácio José, deixe-se destas asneiras, dar embigadas não é crime classificado no Código. Sr. Gregório, faça o favor de não dar mais embigadas na senhora; quando não, arrumo-lhe com as leis às costas e meto-o na cadeia. Queiram-se retirar.

INÁCIO JOSÉ
(*para Gregório*)

Lá fora me pagarás.

JUIZ

Estão conciliados. (*Inácio José, Gregório e Josefa* [*Joaquina*] *saem*) Sr. Escrivão, leia outro requerimento.

ESCRIVÃO
(*lendo*)

"O abaixo-assinado vem dar os parabéns a V. Sa. por ter entrado com saúde no novo ano financeiro. Eu, Ilmo. Sr. Juiz de paz, sou senhor de um sítio que está na beira do rio, onde dá muito boas bananas e laranjas, e como vem de encaixe, peço a V. Sa. o favor de aceitar um cestinho das mesmas que eu mandarei hoje à tarde. Mas, como ia dizendo, o dito sítio foi comprado com o dinheiro que minha mulher ganhou nas costuras e outras coisas mais; e, vai senão quando, um meu vizinho, homem da raça do Judas, diz que metade do sítio é dele. E então, que lhe parece, Sr. Juiz, não é desaforo? Mas, como ia dizendo, peço a V. Sa. para vir assistir à marcação do sítio. Manuel André. E.R.M."

JUIZ

Não posso deferir por estar muito atravancado com um roçado; portanto, requeira ao suplente, que é o meu compadre Pantaleão.

MANUEL ANDRÉ

Mas, Sr. Juiz, ele também está ocupado com uma plantação.

JUIZ

Você replica? Olhe que o mando para a cadeia.

MANUEL ANDRÉ

Vossa Senhoria não pode prender-me à toa; a Constituição não manda.

JUIZ

A Constituição!... Está bem!... Eu, o Juiz de paz, hei por bem derrogar a Constituição! Sr. Escrivão, tome termo que a Constituição está derrogada, e mande-me prender este homem.

MANUEL ANDRÉ

Isto é uma injustiça!

JUIZ

Ainda fala? Suspendo-lhe as garantias...

Manuel André

É desaforo…

Juiz
(*levantando-se*)

Brejeiro!… (*Manuel André corre; o Juiz vai atrás*) Pega… Pega… Lá se foi… Que o leve o diabo. (*assenta-se*) Vamos às outras partes.

Escrivão
(*lendo*)

Diz João de Sampaio que, sendo ele "senhor absoluto de um leitão que teve a porca mais velha da casa, aconteceu que o dito acima referido leitão furasse a cerca do Sr. Tomás pela parte de trás, e com a sem-cerimônia que tem todo o porco, fossasse a horta do mesmo senhor. Vou a respeito de dizer, Sr. Juiz, que o leitão, carece agora advertir, não tem culpa, porque nunca vi um porco pensar como um cão, que é outra qualidade de alimária e que pensa às vezes como um homem. Para V. Sa. não pensar que minto, lhe conto uma história: a minha cadela Tróia, aquela mesma que escapou de morder a V. Sa. naquela noite, depois que lhe dei uma tunda nunca mais comeu na cuia com os pequenos. Mas vou a respeito de dizer que o Sr. Tomás não tem razão em querer ficar com o leitão só porque comeu três ou quatro cabeças de nabo. Assim, peço a V. Sa. que mande entregar-me o leitão. E.R.M."

Juiz

É verdade, Sr. Tomás, o que o Sr. Sampaio diz?

Tomás

É verdade que o leitão era dele, porém agora é meu.

Sampaio

Mas se era meu, e o senhor nem mo comprou, nem eu lho dei, como pode ser seu?

Tomás

É meu, tenho dito.

Sampaio

Pois não é, não senhor. (*agarram ambos no leitão e puxam, cada um para sua banda*)

Juiz

(*levantando-se*)

Larguem o pobre animal, não o matem!

Tomás

Deixe-me, senhor!

Juiz

Sr. Escrivão, chame o meirinho. (*os dois apartam-se*) Espere, Sr. Escrivão, não é preciso. (*assenta-se*) Meus senhores, só vejo um modo de conciliar esta contenda, que é darem os senhores este leitão de presente a alguma pessoa. Não digo com isso que mo dêem.

Tomás

Lembra Vossa Senhoria bem. Peço licença a Vossa Senhoria para lhe oferecer.

JUIZ

Muito obrigado. É o senhor um homem de bem, que não gosta de demandas. E que diz o Sr. Sampaio?

SAMPAIO

Vou a respeito de dizer que se Vossa Senhoria aceitar, fico contente.

JUIZ

Muito obrigado, muito obrigado! Faça o favor de deixar ver. Ó homem, está gordo, tem toucinho de quatro dedos. Com efeito! Ora, Sr. Tomás, eu que gosto tanto de porco com ervilha!

TOMÁS

Se Vossa Senhoria quer, posso mandar algumas.

JUIZ

Faz-me muito favor. Tome o leitão e bote no chiqueiro quando passar. Sabe onde é?

TOMÁS
(tomando o leitão)

Sim senhor.

JUIZ

Podem se retirar, estão conciliados.

SAMPAIO

Tenho ainda um requerimento que fazer.

JUIZ

Então, qual é?

SAMPAIO

Desejava que Vossa Senhoria mandasse citar a Assembléia Provincial.

JUIZ

Ó homem! Citar a Assembléia Provincial? E para quê?

SAMPAIO

Pra mandar fazer cercado de espinhos em todas as hortas.

JUIZ

Isto é impossível! A Assembléia Provincial não pode ocupar-se com estas insignificâncias.

TOMÁS

Insignificância, bem! Mas os votos que Vossa Senhoria pediu-me para aqueles sujeitos não era insignificância. Então me prometeu mundos e fundos.

JUIZ

Está bom, veremos o que poderei fazer. Queiram-se retirar. Estão conciliados; tenho mais que fazer (*saem os dois*) Sr. Escrivão, faça o favor de... (*levanta-se apressado e, chegando à porta, grita para fora*) Ó Sr. Tomás! Não se esqueça de deixar o leitão no chiqueiro!

TOMÁS
(*ao longe*)

Sim senhor.

JUIZ
(assentando-se)

Era muito capaz de esquecer. Sr. Escrivão, leia o outro requerimento.

ESCRIVÃO
(lendo)

Diz Francisco Antônio, natural de Portugal, porém brasileiro, que tendo ele casado com Rosa de Jesus, trouxe esta por dote uma égua. "Ora, acontecendo ter a égua de minha mulher um filho, o meu vizinho José da Silva diz que é dele, só porque o dito filho da égua de minha mulher saiu malhado como o seu cavalo. Ora, como os filhos pertencem às mães, e a prova disto é que a minha escrava Maria tem um filho que é meu, peço a V. Sa. mande o dito meu vizinho entregar-me o filho da égua que é de minha mulher".

JUIZ
É verdade que o senhor tem o filho da égua preso?

JOSÉ DA SILVA
É verdade; porém o filho me pertence, pois é meu, que é do cavalo.

JUIZ
Terá a bondade de entregar o filho a seu dono, pois é aqui da mulher do senhor.

JOSÉ DA SILVA
Mas, Sr. Juiz...

JUIZ

Nem mais nem meios mais; entregue o filho, senão, cadeia.

JOSÉ DA SILVA

Eu vou queixar-me ao Presidente.

JUIZ

Pois vá, que eu tomarei a apelação.

JOSÉ DA SILVA

E eu embargo.

JUIZ

Embargue ou não embargue, embargue com trezentos mil diabos, que eu não concederei revista no
auto do processo!

JOSÉ DA SILVA

Eu lhe mostrarei, deixe estar.

JUIZ

Sr. Escrivão, não dê anistia a este rebelde, e man-
de-o agarrar para soldado.

JOSÉ DA SILVA
(*com humildade*)

Vossa Senhoria não se arrenegue! Eu entregarei
o piquira.

JUIZ

Pois bem, retirem-se; estão conciliados. (*saem os
dois*) Não há mais ninguém? Bom, está fechada a ses-
são. Hoje cansaram-me!

MANUEL JOÃO
(*dentro*)

Dá licença?

JUIZ

Quem é? Pode entrar.

MANUEL JOÃO
(*entrando*)
Um criado de Vossa Senhoria.

JUIZ

Oh, é o senhor? Queira ter a bondade de esperar um pouco, enquanto vou buscar o preso. (*abre uma porta do lado*) Queira sair para fora.

Cena XII

Entra JOSÉ.

JUIZ

Aqui está o recruta; queira levar para a cidade. Deixe-o no quartel do Campo de Santana e vá levar esta parte ao general. (*dá-lhe um papel*)

MANUEL JOÃO

Sim senhor. Mas, Sr. Juiz, isto não podia ficar para amanhã? Hoje já é tarde, pode anoitecer no caminho e o sujeitinho fugir.

JUIZ

Mas onde há de ele ficar? Bem sabe que não temos cadeias.

MANUEL JOÃO

Isto é o diabo!

JUIZ

Só se o senhor quiser levá-lo para sua casa e prendê-lo até amanhã, ou num quarto, ou na casa da farinha.

MANUEL JOÃO

Pois bem, levarei.

JUIZ

Sentido que não fuja.

MANUEL JOÃO

Sim senhor. Rapaz, acompanha-me. (*saem Manuel João e José*)

Cena XIII

JUIZ

Agora vamos nós jantar. (*quando se dispõem para sair, batem à porta*) Mais um! Estas gentes pensam que um juiz é de ferro! Entre quem é!

Cena XIV

Entra JOSEFA JOAQUINA *com três galinhas penduradas na mão e uma cuia com ovos.*

JUIZ

Ordena alguma coisa?

JOSEFA JOAQUINA

Trazia este presente para o Sr. Juiz. Queira perdoar não ser coisa capaz. Não trouxe mais porque a peste deu lá em casa, que só ficaram estas que trago, e a carijó que ficou chocando.

JUIZ

Está bom; muito obrigado pela sua lembrança. Quer jantar?

JOSEFA JOAQUINA

Vossa Senhoria faça o seu gosto, que este é o meu que já fiz em casa.

JUIZ

Então, com sua licença.

JOSEFA JOAQUINA

Uma sua criada. (*sai*)

Cena XV

JUIZ

(*com as galinhas nas mãos*)

Ao menos com esta visita lucrei. Sr. Escrivão, veja como estão gordas! Levam a mão abaixo. Então, que diz?

ESCRIVÃO

Parecem uns peruns (sic).

JUIZ

Vamos jantar. Traga estes ovos. (*saem*)

Cena XVI

Casa de MANUEL JOÃO. *Entram* MARIA ROSA *e* ANINHA
com um samburá na mão.

MARIA ROSA
Estou moída! Já mexi dois alqueires de farinha.

ANINHA
Minha mãe, aqui está o café.

MARIA ROSA
Bota aí. Onde estará aquele maldito negro?

Cena XVII

Entram MANUEL JOÃO *e* JOSÉ.

MANUEL JOÃO
Deus esteja nesta casa.

MARIA ROSA
Manuel João!…

ANINHA
Meu pai!…

MANUEL JOÃO
(*para José*)
Faça o favor de entrar.

ANINHA
(*à parte*)
Meu Deus, é ele!

MARIA ROSA

O que é isto? Não foste para a cidade?

MANUEL JOÃO

Não, porque era tarde e não queria que este sujeito fugisse no caminho.

MARIA ROSA

Então quando vais?

MANUEL JOÃO

Amanhã de madrugada. Este amigo dormirá trancado naquele quarto. Donde está a chave?

MARIA ROSA

Na porta.

MANUEL JOÃO

Amigo, venha cá. (*chega à porta do quarto e diz*) Ficará aqui até amanhã. Lá dentro há uma cama; entre. (*José entra*) Bom, está seguro. Senhora, vamos para dentro contar quantas dúzias temos de bananas para levar amanhã para a cidade. A chave fica em cima da mesa; lembrem-me, se me esquecer. (*saem Manuel João e Maria Rosa*)

Cena XVIII

ANINHA

(*só*)

Vou dar-lhe escapula... Mas como se deixou prender?... Ele me contará; vamos abrir. (*pega na chave que está sobre a mesa e abre a porta*) Saia para fora.

JOSÉ

(*entrando*)

Oh, minha Aninha, quanto te devo!

ANINHA

Deixemo-nos de cumprimentos. Diga-me, como se deixou prender?

JOSÉ

Assim que botei os pés fora desta porta, encontrei com o juiz, que me mandou agarrar.

ANINHA

Coitado!

JOSÉ

E se teu pai não fosse incumbido de me levar, estava perdido, havia ser soldado por força.

ANINHA

Se nós fugíssemos agora para nos casarmos?

JOSÉ

Lembras muito bem. O vigário a estas horas está na igreja, e pode fazer-se tudo com brevidade.

ANINHA

Pois vamos, antes que meu pai venha.

JOSÉ

Vamos. (*saem correndo*)

Cena XIX

MARIA ROSA
(*entrando*)

Ó Aninha! Aninha! Onde está esta maldita? Aninha! Mas o que é isto? Esta porta aberta? Ah! Sr. Manuel João! Sr. Manuel João!

MANUEL JOÃO
(*dentro*)

O que é lá?

MARIA ROSA

Venha cá depressa. (*entra Manuel João em mangas de camisa*)

MANUEL JOÃO

Então, o que é?

MARIA ROSA

O soldado fugiu!

MANUEL JOÃO

O que dizes, mulher?!

MARIA ROSA
(*apontando para a porta*)

Olhe!

MANUEL JOÃO

Ó diabo! (*chega-se para o quarto*) É verdade, fugiu! Tanto melhor, não terei o trabalho de o levar à cidade.

MARIA ROSA

Mas ele não fugiu só...

MANUEL JOÃO

Hem?!

MARIA ROSA

Aninha fugiu com ele.

MANUEL JOÃO

Aninha?!

MARIA ROSA

Sim.

MANUEL JOÃO

Minha filha fugir com um vadio daqueles! Eis aqui o que fazem as guerras do Rio Grande!

MARIA ROSA

Ingrata! Filha ingrata!

MANUEL JOÃO

Dê-me lá minha jaqueta e meu chapéu, que quero ir à casa do juiz de paz fazer queixa do que nos sucede. Hei de mostrar àquele melquitrefe quem é Manuel João... Vá, senhora, não esteja a choramingar.

Cena XX

Entram JOSÉ *e* ANINHA *e ajoelham-se aos pés de* MANUEL JOÃO.

AMBOS

Senhor!

MANUEL JOÃO

O que é lá isso?

ANINHA

Meu pai, aqui está o meu marido.

MANUEL JOÃO

Teu marido?!

JOSÉ

Sim senhor, seu marido. Há muito tempo que nos amamos, e sabendo que não nos daríeis o vosso consentimento, fugimos e casamos na freguesia.

MANUEL JOÃO

E então? Agora peguem com um trapo quente. Está bom, levantem-se; já agora não há remédio. (*Aninha e José levantam-se. Aninha vai abraçar a mãe*)

ANINHA

E minha mãe, me perdoa?

MARIA ROSA

E quando é que eu não hei de perdoar-te? Não sou tua mãe? (*abraçam-se*)

MANUEL JOÃO

É preciso agora irmos dar parte ao juiz de paz que você já não pode ser soldado, pois está casado. Senhora, vá buscar minha jaqueta. (*sai Maria Rosa*)

Então o senhor conta viver à minha custa, e com o meu trabalho?

JOSÉ

Não senhor, também tenho braços para ajudar; e se o senhor não quer que eu aqui viva, irei para a Corte.

MANUEL JOÃO

E que vai ser lá?

JOSÉ

Quando não possa ser outra coisa, serei ganhador da Guarda Nacional. Cada ronda rende mil-réis e cada guarda três mil-réis.

MANUEL JOÃO

Ora, vá-se com os diabos, não seja tolo. (*entra Maria Rosa com a jaqueta e chapéu, e de xale*)

MARIA ROSA

Aqui está.

MANUEL JOÃO
(*depois de vestir a jaqueta*)
Vamos pra casa do juiz.

TODOS

Vamos. (*saem*)

Cena XXI

Casa do Juiz. Entra o JUIZ DE PAZ *e* [o] ESCRIVÃO

JUIZ

Agora que estamos com a pança cheia, vamos trabalhar um pouco. (*assentam-se à mesa*)

ESCRIVÃO

Vossa Senhoria vai amanhã à cidade?

JUIZ

Vou, sim. Quero me aconselhar com um letrado para saber como hei de despachar alguns requerimentos que cá tenho.

ESCRIVÃO

Pois Vossa Senhoria não sabe despachar?

JUIZ

Eu? Ora essa é boa! Eu entendo cá disso? Ainda quando é algum caso de embigada, passe; mas casos sérios, é outra coisa. Eu lhe conto o que me ia acontecendo um dia. Um meu amigo me aconselhou que, todas as vezes que eu não soubesse dar um despacho, que desse o seguinte: "Não tem lugar." Um dia apresentaram-me um requerimento de certo sujeito, queixando-se que sua mulher não queria viver com ele, etc. Eu, não sabendo que despacho dar, dei o seguinte: "Não tem lugar." Isto mesmo é que queria a mulher; porém [o marido] fez uma bulha de todos os diabos; foi à cidade, queixou-se ao Presidente, e eu estive quase não quase suspenso. Nada, não me acontece outra.

ESCRIVÃO

Vossa Senhoria não se envergonha, sendo um juiz de paz?

JUIZ

Envergonhar-me de quê? O senhor ainda está muito de cor. Aqui para nós, que ninguém nos ouve, quantos juízes de direito há por estas comarcas que não sabem onde têm sua mão direita, quanto mais juízes de paz... E além disso, cada um faz o que sabe. (*batem*) Quem é?

MANUEL JOÃO
(*dentro*)
Um criado de Vossa Senhoria.

JUIZ

Pode entrar.

Cena XXII

Entram MANUEL JOÃO, MARIA ROSA, ANINHA *e* JOSÉ

JUIZ
(*levantando-se*)
Então, o que é isto? Pensava que já estava longe daqui!

MANUEL JOÃO
Não senhor, ainda não fui.

JUIZ

Isso vejo eu.

MANUEL JOÃO
Este rapaz não pode ser soldado.

JUIZ

Oh, uma rebelião? Sr. Escrivão, mande convocar a Guarda Nacional e oficie ao Governo.

MANUEL JOÃO

Vossa Senhoria não se aflija, este homem está casado.

JUIZ

Casado?!

MANUEL JOÃO

Sim senhor, e com minha filha.

JUIZ

Ah, então não é rebelião… Mas vossa filha casada com um biltre destes?

MANUEL JOÃO

Tinha-o preso no meu quarto para levá-lo amanhã para a cidade; porém a menina, que foi mais esperta, furtou a chave e fugiu com ele.

ANINHA

Sim senhor, Sr. Juiz. Há muito tempo que o amo, e como achei ocasião, aproveitei.

JUIZ

A menina não perde ocasião! Agora, o que está feito está feito. O senhor não irá mais para a cidade, pois já está casado. Assim, não falemos mais nisso. Já que estão aqui, hão de fazer o favor de tomar uma xícara de café comigo, e dançarmos antes disto uma tirana. Vou mandar chamar mais algumas pessoas para fazerem a roda maior. (*chega à porta*) Ó Antônio! Vai à venda do Sr. Manuel do Coqueiro e dize aos senhores que há pouco saíram daqui que façam o favor de chegarem até cá. (*para José*) O senhor queira perdoar se o chamei de biltre; já aqui não está quem falou.

JOSÉ
Eu não me escandalizo; Vossa Senhoria tinha de algum modo razão, porém eu me emendarei.

MANUEL JOÃO
E se não se emendar, tenho um reio.

JUIZ
Senhora Dona, queira perdoar se ainda a não cortejei. (*cumprimenta*)

MARIA ROSA
(*cumprimentando*)
Uma criada de Sua Excelência.

JUIZ
Obrigado, minha senhora… Aí chegam os amigos.

Cena última

Os mesmos e os que estiveram em cena.

JUIZ
Sejam bem-vindos, meus senhores. (*cumprimentam-se*) Eu os mandei chamar para tomarem uma xí-

cara de café comigo e dançarmos um fado em obséquio ao Sr. Manuel João, que casou sua filha hoje.

TODOS
Obrigado a Vossa Senhoria.

INÁCIO JOSÉ
(*para Manuel João*)
Estimarei que sua filha seja feliz.

OS OUTROS
Da mesma sorte.

MANUEL JOÃO
Obrigado.

JUIZ
Sr. Escrivão, faça o favor de ir buscar a viola. (*sai
o Escrivão*) Não façam cerimônia; suponham que estão em suas casas... Haja liberdade. Esta casa não é
agora do juiz de paz – é de João Rodrigues. Sr. Tomás,
faz-me o favor? (*Tomás chega-se para o Juiz e este o
leva para um canto*) O leitão ficou no chiqueiro?

TOMÁS
Ficou, sim senhor.

JUIZ
Bom. (*para os outros*) Vamos arranjar a roda. A
noiva dançará comigo, e o noivo com sua sogra. Ó
Sr. Manuel João, arranje outra roda... Vamos, vamos!
(*arranjam as rodas; o Escrivão entra com uma viola*)
Os outros senhores abanquem-se. Sr. Escrivão, ou

toque, ou dê a viola a algum dos senhores. Um fado bem rasgadinho... bem choradinho...

MANUEL JOÃO

Agora sou eu gente!

JUIZ

Bravo, minha gente! Toque, toque! (*um dos atores toca a tirana na viola; os outros batem palmas e caquinhos, e os mais dançam*)

TOCADOR
(*cantando*)
Ganinha, minha senhora,
Da maior veneração;
Passarinho foi-se embora.
Me deixou penas na mão.

TODOS
Se me dás que comê,
Se me dás que bebê,
Se me pagas as casas,
Vou morar com você. (*dançam*)

JUIZ
Assim, meu povo! Esquenta, esquenta!...

MANUEL JOÃO

Aferventa!

TOCADOR
(*cantando*)
Em cima daquele morro
Há um pé de ananás;

Não há homem neste mundo
Como o nosso juiz de paz.

TODOS
Se me dás que comê,
Se me dás que bebê,
Se me pagas as casas,
Vou morar com você.

JUIZ
Aferventa, aferventa!...

UM SERTANEJO
NA CORTE

Comédia em 1 ato

[1833-1837 – datas prováveis]

PERSONAGENS

TOBIAS, *mineiro*
PEREIRA, *negociante na Corte*
INÊS, *sua filha*
GUSTAVO, *amante de Inês*
DOIS CIGANOS
UM TRAFICANTE DE ESCRAVOS
UM MULATO, *escravo de Tobias*
UM MEIRINHO
D. INÁCIA, *tia de Gustavo*

A cena se passa no Rio de janeiro.

N.B.: A pessoa que fizer a parte de Tobias deve dar a acentuação que dão os mineiros da classe baixa.

ATO ÚNICO

Parte primeira

Cena I

O teatro representa uma rua. De um lado a casa de
Pereira, *a qual é de sobrado e tem uma janela.*
Dois ciganos.

Primeiro cigano
Hoje nada temos feito.

Segundo Cigano
É verdade, os melros já estão mais espertos.

Primeiro cigano
Porém caro lhes tem custado. Que belas lições
lhes temos nós dado! Eles têm razão de não caírem
mais como patinhos, pois as lições que mais retemos
são aquelas que adquirimos à custa de nossa bolsa.

SEGUNDO CIGANO

O negócio não vai bem. Nesta última semana temos apenas feito quarenta mil-réis, e a não ser algum tapiocano ou algum mineiro, eu não sei o que havia ser de nós.

PRIMEIRO CIGANO

O que havia ser de nós! Ora esta é boa! Não há gazuas, e o sol não entra? Ainda estás muito criança!

SEGUNDO CIGANO

Criança! E se nos pilharem?

PRIMEIRO CIGANO

Ah, ah, ah! Está dito, é preciso que tenhas ainda uma ama por seis meses.

SEGUNDO CIGANO

Deixa-te de graças! Vamos ao que importa: o que faremos nós hoje?

PRIMEIRO CIGANO

Eu te digo. Tu irás passear naquela travessa; logo que vires que eu converso com algum sujeito, vem te aproximando, porém como quem não quer a coisa; neste tempo eu estarei oferecendo este anel, que eu comprei na Cruz (*mostra um anel*) por uma pataca, ao sujeito. Como por acaso eu te chamo para avaliar o anel; tu aproxima-te e avalia-o em cinqüenta mil-réis. Porém cuidado que ele não desconfie que tu me conheces.

SEGUNDO CIGANO

Não tenhas medo.

PRIMEIRO CIGANO

E enquanto eu estiver oferecendo o anel, vê lá se podes arranjar alguma coisa pelas algibeiras do sujeito.

SEGUNDO CIGANO

Este é o meu forte. Ainda me lembro da carteira que roubei àquele mineiro no Campo de Santana. E o pateta no outro dia pôs anúncios no *Diário*, oferecendo alvíssaras a quem lhe levasse a carteira. Tomara eu cá muitos destes.

PRIMEIRO CIGANO

Cala-te, alguém se aproxima! (*vai espiar*) Oh, que fortuna, que fortuna! Aí vem um patrício. Temos pechincha hoje. Anda, anda, vai-te embora; não te esqueças da lição. (*vai-se o Segundo Cigano*)

Cena II

PRIMEIRO CIGANO *e depois* TOBIAS

PRIMEIRO CIGANO

(*olhando por onde deve entrar Tobias*)

O baeta traz tropa, que felicidade! Não esperava hoje ter chelpa. Ó baeta, baeta, tu verás como custa caro vir-se à Corte! Caluda, ele chega! (*entra Tobias montado em um cavalo e vestido de calça de ganga azul com as pernas da calça metidas dentro das botas, ponche de pano azul, chapéu branco de abas largas, esporas de prata, e precedido de duas bestas carregadas com jacases (sic) e conduzidas pelo mulato, que virá vestido de camisa e ceroulas de algodão de Minas, muito sujo de barro vermelho, e chapéu branco de abas largas. Logo que chegam em frente do teatro Tobias desmonta e dá o cavalo ao mulato para segurar)*

TOBIAS
(ao mulato)
Leva estes burros para algum pouso e cuidado que o patrão lhe dê bastante sal. Eu aqui fico. (*o mulato conduz os burros*) A viagem estropiou-me; quase que fiquei dentro de algum caldeirão na serra. Já estava arrenegado por chegar.

PRIMEIRO CIGANO
(chegando-se para Tobias)
Deus lhe dê muito bom dia, patrício.

TOBIAS
Deus lhe dê o mesmo.

PRIMEIRO CIGANO
Pelo que vejo, chegou agora mesmo da serra?

TOBIAS
É verdade, trouxe mês e meio de jornada.

PRIMEIRO CIGANO
Neste caso o patrício não é nem do Ouro Preto, nem de São João-del-Rei.

TOBIAS
O senhor adivinha; eu sou do Curral-del-Rei, adiante de Sabará.

Primeiro cigano

Do Curral-del-Rei? Ah, dê-me cá este abraço! (*abraça a Tobias, o qual recua espantado*)

Tobias

Que diabo é isto?

Primeiro cigano

Deixe-me matar as saudades que tenho desta bela terra. Ah, meu amigo, que belos dias passei eu no Curral-del-Rei!

Tobias

O senhor já esteve no Curral-del-Rei?

Primeiro cigano

Já, meu amigo. Que saudades tenho! Ora diga-me, como é o seu nome?

Tobias

Tobias da Encarnação, para vos servir.

Primeiro cigano

Ah, é o senhor Tobias! Quanto me alegro de o ver. Quando eu estive no Curral-del-Rei, ouvi falar muito no senhor, porém não esperava ter a felicidade de o encontrar cá no Rio.

Tobias

Muito obrigado ao seu obséquio. (*enquanto assim falam, o Segundo Cigano passeia no fundo do teatro*)

PRIMEIRO CIGANO

Apesar de não ter sido feliz na minha viagem, tenho muita vontade de lá voltar.

TOBIAS

Oh, senhor, não foi feliz?

PRIMEIRO CIGANO

Oh, não, eu levei algumas obras de pedras preciosas e ouro para lá vender, porém não fiz negócios. E se o patrício quer comprar alguma coisa para fazer presente lá por cima a alguma pessoa, eu estou às suas ordens. Parece-me que tenho aqui um anel. Conhece brilhantes?

TOBIAS

Eu, não senhor; o meu negócio é toucinhos e queijos.

PRIMEIRO CIGANO
(*à parte*)

Bom. (*a Tobias*) Veja que belo brilhante; tem dois quilates. (*dá-lhe o anel*)

TOBIAS

Está tão leve!

PRIMEIRO CIGANO

Assim mesmo é que é a moda em Paris.

TOBIAS

Em quê?

PRIMEIRO CIGANO

Em Paris.

TOBIAS

Não conheço este homem.

PRIMEIRO CIGANO
(*à parte*)

Forte asno! (*a Tobias*) Se o patrício quer ficar com o anel, eu o deixarei em conta. Ele vale cento e cinqüenta mil-réis, mas como é para o senhor Tobias, eu o deixarei por cinqüenta.

TOBIAS
(*depois de ter olhado muito para o anel*)

Talvez não seja ouro de lei.

PRIMEIRO CIGANO

Se duvida, eu chamarei alguma outra pessoa para avaliá-lo. (*chamando pelo Segundo Cigano*) O senhor faz o favor?

SEGUNDO CIGANO
(*chegando-se*)

Deseja alguma coisa?

PRIMEIRO CIGANO

O senhor conhece pedras preciosas?

SEGUNDO CIGANO

Como não hei de conhecer, se meu pai é ourives?

PRIMEIRO CIGANO

Oh, estimo muito!

TOBIAS

(*dando o anel ao Segundo Cigano*)

Faça o obséquio de ver quanto vale isto.

SEGUNDO CIGANO

(*examinando o anel*)

Oh, que excelente brilhante! É seu?

TOBIAS

Não senhor, pertence aqui ao patrão.

SEGUNDO CIGANO

(*puxando Tobias à parte*)

Então o patrício quer comprá-lo?

TOBIAS

É verdade.

SEGUNDO CIGANO

E quanto pede ele?

TOBIAS

Cinqüenta mil-réis.

SEGUNDO CIGANO

Oh, isto é uma pechincha. Compre, compre quanto antes, talvez que ele se arrependa. Oh, um anel que vale duzentos mil-réis, vendido por cinqüenta! Isto não se encontra todos os dias.

TOBIAS

(*voltando-se para o Primeiro Cigano*)

Está dito, eu fico com a memória; tome lá o dinheiro. (*Tobias puxa por uma carteira, tira bilhetes de dentro e paga ao Primeiro Cigano. Logo que ele bota a carteira no bolso da jaqueta e antes que tenha abaixado o ponche, o Segundo Cigano furta-lhe)*

SEGUNDO CIGANO

Deseja mais alguma coisa?

PRIMEIRO CIGANO *e* TOBIAS

Não senhor.

SEGUNDO CIGANO

Então às suas ordens. (*vai-se*)

PRIMEIRO CIGANO

O patrício queira desculpar-me se me retiro, porém tenho muito que fazer.

TOBIAS

Sem mais. (*vai-se o Primeiro Cigano*)

Cena III

TOBIAS

(*só*)

Que coisa de boa é vir à Corte! Cheguei neste mesmo momento e já fiz uma boa compra: eu posso vender esta memória lá em cima por cem mil-réis e ganhar cinqüenta mil-réis. Oh, que coisa de boa! Vamos nos recolhendo... A casa é esta; entremos. (*vai-se pela porta da casa de Pereira*)

Parte segunda

Cena I

Casa de Pereira, *com mesa, cadeiras e um piano que estará aberto.*

Inês
(*entrando*)

Nesta casa já não há sossego para mim; perseguem-me em toda a parte. (*assenta-se*) Oh, meu Deus, quando deixarei eu de ser espreitada! Se eu estou no sótão, meu pai diz que estou namorando; se na janela, pior! Eu já não saio a passeio, já não vou aos bailes. Oh, eu não sei o que me falta mais! Ah, Gustavo, Gustavo, quanto custa amar, e amar com privações! Meu pai se engana, quando pensa que a reclusão a que ele me sujeita extinguirá o meu amor. Oh, não, o amor vive de obstáculos e quanto mais fortes são estes, mais intensa é a chama. Gustavo, eu serei tua, custe o que custar. (*batem palmas*) Quem é? (*Inês levanta-se*)

Tobias
(*dentro*)

Um criado da casa.

Inês

Pode entrar quem é.

Cena II

Tobias *e* Inês

TOBIAS

Um criado da casa.

INÊS

Uma sua criada. Deseja alguma coisa?

TOBIAS

Eu trazia este escrito para o senhor Pereira. (*mostra uma carta*)

INÊS

Eu o vou chamar. Tenha a bondade de esperar um pouco. (*sai*)

Cena III

TOBIAS

(*só, olhando espantado para as paredes
e trastes da casa*)

Que coisas de bonitas! (*examinando a mesa*) Que mesa de rica! (*examinando as cadeiras*) Oh, homem, que tamboretes tão bonitos! Senhor Pereira é bem rico! Lá por riba não há disto. (*aproxima-se do piano e o examina*) O que é isto? Tem um regimento de coisinhas brancas e pretas! (*toca em uma, e ouvindo o som recua espantado*) Oh, é um bicho! Ele canta tão bonito! (*examina com interesse, porém de longe*) Eu quero levar um destes bichos lá para riba, pra cantar no meu quarto.

Cena IV

Entra PEREIRA *vestido de casaca, chapéu e bengala.*

PEREIRA
O senhor deseja falar-me?

TOBIAS
Sim senhor. Eu trago este escrito que lhe manda o Sr. Capitão-mor Antônio da Costa. (*dá-lhe a carta. Enquanto Pereira lê a carta para si, Tobias quer chegar-se para o piano, porém não se atreve*)

PEREIRA
Eu tenho muito prazer em receber em minha casa o senhor Tobias da Encarnação, primo de meu amigo, o Capitão-mor. Queira considerar-se como em sua casa.

TOBIAS
Muito obrigado.

PEREIRA
Todos ficaram bons lá por cima?

TOBIAS
Todos, sim senhor, com a graça de Deus.

PEREIRA
É a primeira vez que vem ao Rio?

TOBIAS
É a primeira, senhor sim.

PEREIRA
Tem gostado?

TOBIAS

Muito. Eu gostei muito de uma casinha que encontrei em riba de umas rodas.

PEREIRA

Como é?

TOBIAS

De uma casinha em riba de umas rodas e puxada por dois burros com umas cangalhas muito bonitas.

PEREIRA

Oh, homem, isto é uma sege!

TOBIAS

Sege! Ah, chama-se sege! E como chama-se aquele bicho que está dentro daquele caixão? (*aponta para o piano*)

PEREIRA

O que está o senhor dizendo? De que bicho fala?

TOBIAS

Ora, o patrão não entende? Aquele bicho que canta tão bonito e que está dentro daquele caixão.

PEREIRA

Ah, ah, ah! Quem poderia adivinhar que um piano era bicho! Ah, ah, ah, ora esta é boa! Ah, ah, ah!

TOBIAS

O patrão manga comigo? Eu desconfio.

PEREIRA

Não desconfie, senhor Tobias, o caso não é para isto. Venha cá. (*leva-o para junto do piano*) Isto é um piano, é um instrumento de corda, assim como uma viola, um machete, e não um bicho como o senhor pensa. (*toca à toa no piano*) Está ouvindo?

TOBIAS

(*muito admirado*)

Ah!

PEREIRA

Ora, agora veja. (*abre o piano e mostra-lhe o feitio por dentro*) Está vendo? São cordas.

TOBIAS

Como é bonito! Ó patrão, vamos breganhar?

PEREIRA

Breganhar como?

TOBIAS

Eu lhe dou um dos meus burros carregados por esta viola grande.

PEREIRA

Qual viola nem meia viola; já lhe disse que chama-se piano.

TOBIAS

Pois está bom. Pião, pião, seja lá como quiser! Quer ou não quer a breganha?

PEREIRA

Trataremos disto com mais vagar. Ali está o seu quarto; queira ter a bondade de entrar e ver se está a seu gosto.

TOBIAS

Com a sua licença. (*sai*)

Cena V

PEREIRA
(*só*)

E que tal o quadrúpede! Chamar seges casinhas e piano bicho! Há ainda muita estupidez! O que não vai por estes vastíssimos sertões que cobrem grande parte do Brasil! Não admira que este pense que o piano é um bicho, quando outros crêem em reino encantado de João Antônio em Pernambuco. Enquanto instituições sábias não amelhorarem (sic) a educação de grande parte dos brasileiros, os ambiciosos terão sempre onde se apoiar. Senão, diga-o o Rio Grande, diga-o a Bahia! Desgraçada da nação cujos povos vivem na mais crassa e estúpida ignorância! (*chamando*) Ó Inês, Inês?

Cena VI

INÊS, PEREIRA *e depois* TOBIAS

PEREIRA

Menina, tendo de passar o dia hoje fora, incumbo-te de fazeres as honras da casa. Trata bem o senhor Tobias e cuidado que nada lhe falte.

INÊS

Quem é o senhor Tobias? É este que há pouco saiu daqui?

PEREIRA

Sim, é ele mesmo.

INÊS

Pode ir descanchado (sic), que eu o tratarei bem. Meu pai, a que horas volta?

PEREIRA

Não sei. Adeus. Faça o favor de não ir pregar-se na janela como um papagaio e namorar a quantos badamecos passarem pela rua. O Rio de Janeiro está perdido; qualquer sujeitinho com uma sobrecasaca do Mr. Petrus, sapatinhos do Mr. Amourety e bengalinhas do Mr. Valestein já pensa que pode casar e ter casa. Que lhe parece? Não se dá maior descoco! Meus amiguinhos, casar não é dançar uma valsa no baile do Catete. Mas aí chega o senhor Tobias. (*entra Tobias, porém sem ponche e chapéu, e com uma jaqueta de chita*) Eu tenho a honra de apresentar ao senhor Tobias a minha filha. (*Tobias faz mesuras em recuando*) Eu lhe peço desculpas de o deixar só, porém os meus afazeres me chamam fora de casa.

TOBIAS

Sem mais.

PEREIRA

Com a sua licença. Menina, trata bem o senhor Tobias.

INÊS

Sim, meu pai.

Cena VII

TOBIAS *e* INÊS

TOBIAS

Então?

INÊS

Sim senhor. É esta a primeira vez que o senhor
vem ao Rio?

TOBIAS

Senhora sim, e estou arrependido de não ter vindo há mais tempo; há muitas coisas bonitas por cá.

INÊS

É verdade, porém o senhor ainda não viu nada.
Oh, se fosse ao baile dos Estrangeiros, então se ad-
miraria!

TOBIAS

Baile! O que é baile?

INÊS

É uma casa aonde a gente vai à noite dançar.

TOBIAS

Isto não se chama baile, chama-se batuque. Ora
diga-me, lá dança-se a curitiba?

INÊS

Não senhor, porém dançam-se contradanças francesas, valsas, galopes...

TOBIAS

Oh, oh, oh! Esta é boa! Então o meu cavalo também sabe dançar, e portanto pode ir a essa coisa.

INÊS

O galope é uma dança muito bonita.

TOBIAS

Oh, oh, oh! A falar-lhe a verdade, o que me tem mais admirado é ver mulheres sem pernas e barriga vivas.

INÊS

Mulheres sem pernas e barrigas, vivas! Onde viu o senhor isto?

TOBIAS

Em uma rua por onde passei quando para cá vim, onde havia muitas burgigangas penduradas pelas portas. Elas estavam dentro de uma vidraça e andavam à roda.

INÊS

Oh, senhor, isto são bonecas de cera!

TOBIAS

Qual cera! E os olhos de que são? São também de cera! Não pode ser; eles estão espiando a gente!

INÊS

Os olhos são de vidros. Estas bonecas servem para mostrar a moda dos penteados.

TOBIAS

Nessa não creio eu. Era preciso que o filho de meu pai não as tivesse visto. Eu não mais quisera ateimar convosco.

INÊS
(*à parte*)
Como é tolo! (*a Tobias*) Quando quiser algo, chame por alguma das pessoas desta casa, que será prontamente obedecido.

TOBIAS
Muito agardecido (sic) à senhora. (*Inês vai-se*)

Cena VIII

TOBIAS

[Interrompe-se neste ponto o texto do manuscrito.]

A FAMÍLIA E A FESTA DA ROÇA

Comédia em 1 ato

[1837]

PERSONAGENS

DOMINGOS JOÃO, *fazendeiro*
JOANA DA CONCEIÇÃO, *sua mulher*
QUITÉRIA, *sua filha*
JUCA, *estudante de medicina*
ANTÔNIO DO PAU-D'ALHO
ANGÉLICA, *curandeira*
INACINHO, *filho de Domingos João*
PEREIRA
SILVA
CAPITÃO-MOR
FILHA DO CAPITÃO-MOR
UM PREGOEIRO DE LEILÃO
IMPERADOR DO ESPÍRITO SANTO, *personagem muda*
LAVRADORES, etc.

A cena se passa na roça.

ATO ÚNICO

Quadro I

Cena I

O teatro representa uma sala de uma casa da roça, mesquinhamente mobiliada com mesa e cadeiras de pau. DOMINGOS JOÃO *sentado à mesa, estará vestido de calças de riscado e japona de baetão azul.*

DOMINGOS JOÃO

Muito mal vamos nós neste ano! As enchentes têm apodrecido as canas; o café tem morrido no pé e secado; o arroz, nisso não falemos! Está tudo alagado, entende o senhor? Não bastava para aflição de um pobre fazendeiro as enchentes, secas e o mais; era também preciso que sofresse a falta de pagamentos de seus foreiros. Os diabos os levem, juntos com as suas choradeiras. Não pagam o foro dois, três anos, e no fim das contas safa-se com um filhinho, que é mesmo uma lesma, e a senhora que seja madrinha! Não se dá maior desaforo. Minha comadre pra cá, minha comadre pra lá, seu afilhado pra aqui, seu afilhado pra acolá, e com estas e outras choromingadeiras, entremeadas com um ovo ou uma banana que trazem de presente, pagam-nos, e faça Deus bom tempo. Isto não vai bom, entende o amigo? Pretendo amanhã botar café pra baixo; porém o diabo das estradas estão mesmo como a cara de quem as fez. Na verdade há gente muito tola. Se agora temos estradas más, sendo elas de terra, quanto mais sendo elas de vapor! Ora, não se dá maior asneira... estrada de vapor! E dizem que também há carros! Os homens perderam o juízo. Por isso é que há tantas rusgas. (*levanta-se*) Meio-dia não tarda, e é tempo de chamar a gente do eito, pois os sóis de agora são do diabo! Mais vale trabalhar pouco, e são, que nada, e doente. Vamos dar meio-dia. (*chega-se para uma janela, na qual estará pendurado no meio um sino, e dá doze badaladas*) Bom; veremos o que se fez hoje. Já me vai faltando gente. É preciso ir um destes dias à cidade, pra ver se posso comprar alguns meias-caras. O mau é estarem eles tão caros. Não importa, o que não tem remédio, remediado está, entende o senhor?

Cena II

JOANA DA CONCEIÇÃO *e o mesmo*

JOANA
(*entrando*)
Não se dá maior desaforo! Não se dá maior desaforo!

DOMINGOS JOÃO

O que tem, senhora?

JOANA

Pois não é assim, Sr. Domingos João, pois não é assim?

DOMINGOS JOÃO

Assim o quê, Sra. Joana?

JOANA

Olhe, ontem botei duas galinhas no choco, e hoje – todos os ovos quebrados!

DOMINGOS JOÃO

E quem os quebrou?

JOANA

Quem havia de ser, senão o demoninho do moleque?

DOMINGOS JOÃO

Pois dê-lhe uma surra, entende a senhora?

JOANA

Isso já eu fiz.

DOMINGOS JOÃO

Pois então não grite tanto. Escute: as sacas que dei para fazer estão todas prontas?

JOANA

Só faltam dez.

DOMINGOS JOÃO

Pois apronte todas, que amanhã boto café pra baixo, entende a senhora?

JOANA

Quitéria as está acabando.

DOMINGOS JOÃO

Bom; já que estamos sós, quero lhe dizer uma coisa: não lhe parece que a Quitéria, depois que passou dois dias em S. João de Itaboraí, está tão cheia de flatos e medeixes?

JOANA

Assim é, Sr. Domingos.

DOMINGOS JOÃO

Já me vai aborrecendo tantos momos. Quando o Antônio do Pau-d'Alho voltar do destacamento, hei de concluir o casamento que há muito tempo desejo fazer.

JOANA

Ora, Sr. Domingos João, deixe-se disso. Pois Quitéria há de se casar com um homem tão feio?

DOMINGOS JOÃO

Feio ou não feio, tem um sítio com seis escravos e é muito trabalhador; assim, este casamento se há de fazer, entende a senhora?

JOANA

Entendo; porém…

DOMINGOS JOÃO
Qual porém, nem meio porém; nesta casa, graças a Deus, sou eu senhor, entende a senhora? Irra, ninguém me dá leis! Aqui sou senhor absoluto!

JOANA
Não estou fora disto. Mas olhe, se nossa filha fosse uma menina...

DOMINGOS JOÃO
(*interrompendo-a*)
Chitom! Ela aí vem, e um pai não deve dar confiança à filha.

Cena III

QUITÉRIA *e os mesmos. Entra* QUITÉRIA *vestida da maneira seguinte: vestido de riscadinho muito comprido e mangas muito justas, até os cotovelos; penteado em cima da cabeça e alto bastante, cachos à inglesa, desproporcionadamente compridos.*

QUITÉRIA
Minha mãe, o pano não chegou para acabar as sacas... O que vosmoncê (sic) deixou, só deu pra oito.

DOMINGOS JOÃO
O que falta nas sacas tem a menina no vestido.

QUITÉRIA
(*com temor*)
Mas, meu pai, isto é moda na Corte.

DOMINGOS JOÃO
Modas, modas! Não quero modas em minha casa. E estes cabelos, que parecem lingüiças, também é da moda?

QUITÉRIA
São, sim senhor. Quando estive em S. João de Itaboraí, vi duas moças assim.

DOMINGOS JOÃO
Viste, hem? O culpado fui eu em te deixar lá ir.

JOANA
Deixe ela, Sr. Domingos João, bem vê que é menina.

DOMINGOS JOÃO
Vejamos se esta trata de suas obrigações. (*para Quitéria*) A negra que está doente já tomou o purgante?

QUITÉRIA
Já, sim senhor.

DOMINGOS JOÃO
Os peruzinhos já comeram ovo?

QUITÉRIA
Duas vezes.

DOMINGOS JOÃO
Assim é que eu gosto de uma rapariga. Vá assim, que vai muito bem, e terá casa. Uma menina *economa*, com um marido como o que eu te quero dar, hão de fazer fortuna.

QUITÉRIA

Pois meu pai quer me casar?

DOMINGOS JOÃO

Que lhe importa?

JOANA

Está bom, não precisa zangar-se tanto. Sim, minha filha, teu pai quer te casar com o Antônio do Pau-d'Alho, que está agora destacado na Corte. Enfim, quando ele vier trataremos disto com mais vagar.

QUITÉRIA

Ora esta, meu Deus!

DOMINGOS JOÃO

Hem? Replicas?

Cena IV

INACINHO *e os mesmos e depois* JUCA. *Entra* INACINHO *vestido da seguinte maneira: calça de ganga azul arregaçada até o joelho em uma das pernas, jaqueta encarnada, chapéu de palha, tamancos, e um grande chiqueirá, ou chicote com cabo de pau.*

INACINHO

A bênção, meu pai.

DOMINGOS JOÃO

Adeus, Inacinho.

INACINHO

A bênção, minha mãe.

JOANA

Bênção te cubra.

INACINHO

Toma, Quitéria, estas duas goiabas que apanhei no caminho. (*dá duas goiabas*)

QUITÉRIA

Muito obrigada. A pomba-rola não caiu no laço?

INACINHO

Não.

DOMINGOS JOÃO

Dize, rapaz, o que se fez hoje?

INACINHO

Os dois carros de cana ficaram plantados, e também se colheu dez arrobas de café.

DOMINGOS JOÃO

Bom.

INACINHO

O pior foi morder uma cobra à Maria.

OS TRÊS

Uma cobra!

INACINHO

Porém não foi nada; botou-se logo remédio, e a cobra não era das mais venenosas.

QUITÉRIA

Coitada da Maria!

JOANA

Que susto me meteste!

DOMINGOS JOÃO

E onde mordeu a cobra?

INACINHO
(*mostrando*)

Aqui mesmo no peito do pé. Estava ela apanhando café, e quando mal se precatava, a cobra fez – *nhaco*!

JOANA

Pra onde foi a negra Maria?

INACINHO

Mandei que fosse para a sua senzala.

DOMINGOS JOÃO

Fizeste bem. Já sabes que amanhã bota-se café pra baixo?

INACINHO

Amanhã?

DOMINGOS JOÃO

Amanhã, sim. Manda apanhar os burros no cercado, para amanhã não custar tanto a sair.

JOANA

Quantos burros vão?

INACINHO

É verdade...

DOMINGOS JOÃO

Bastam dez; temos pouco café. Anda, vai dar ordem.

INACINHO

(*chega à porta e grita fortemente para dentro*)

Ó José? Ó José? (*dentro, ao longe:* Senhor?) Vai ao cercado, apanha dez burros e fecha-os na estrebaria. (*dentro:* Sim senhor.)

DOMINGOS JOÃO

(*para Inacinho*)

Agora vai descansar um pouco, entende o senhor?

INACINHO

Senhor sim. (*sai Inacinho*)

DOMINGOS JOÃO

(*para Quitéria*)

Menina, apronte a roupa para o seu irmão levar, entende a senhora?

QUITÉRIA

Sim, meu pai.

JOANA

Quantos dias vai ele lá ficar, pra saber-se que roupa é preciso?

DOMINGOS JOÃO

Poucos dias. Assim, é bastante uma camisa, uma calça e uma ceroula.

JOANA

Já ouviste, Quitéria?

QUITÉRIA

Já, minha mãe. Quer que vá já?

JOANA

Logo mais.

DOMINGOS JOÃO

Desta vez serei mais feliz na minha venda, que da outra. Tomara eu que o Inacinho não trouxesse de lá dinheiro de papel. Não há nada de que eu tenha mais raiva. Está um homem trabalhando, vem um aguaceiro, e está tudo perdido. E eu, senhora, que nunca pude entender esta história de câmbio! Uma hora é cinco por cento, outra hora dez; agora o papel vale mais, logo vale menos... Enfim, é uma coisa que eles lá sabem.

QUITÉRIA
(*muito espevitada*)

Eu sei, meu pai.

DOMINGOS JOÃO

Tu? Então o que é?

QUITÉRIA

Quando eu estive em S. João de Itaboraí, ouvi dizer que o papel-moeda era o mesmo que república.

DOMINGOS JOÃO

Cala a boca, tola. Senhora, não se esqueça de lembrar amanhã ao Inacinho que traga verdete e jalapa da cidade, pois a que tínhamos já acabou-se, e agora se precisa pra os doentes. (*entra Juca com calças pretas, fraque branco, boné, uma espingarda no ombro, polvorinho e chumbeiro*)

JUCA
(*entrando*)

Bons dias, minhas senhoras.

DOMINGOS JOÃO *e* JOANA

Quem é? Ah, é o Sr. Juca.

JUCA

Ele mesmo.

JOANA

Quando chegou?

JUCA

Ontem.

DOMINGOS JOÃO

Seu pai está bom?

JUCA

Achei-o com saúde.

DOMINGOS JOÃO
Sim, que ainda ontem estive com ele.

QUITÉRIA
Sr. Juca veio ficar muito cá?

DOMINGOS JOÃO
(*para Quitéria*)
Que te importa?

JUCA
Vim passar as férias do Espírito Santo.

DOMINGOS JOÃO
Então, como vamos de estudos?

JUCA
Bem; já estou no 2º ano de medicina.

JOANA
Então já é doutor?

JUCA
Um pouco... um pouco...

DOMINGOS JOÃO
Não era porém melhor que, em vez de ir estudar, ficasse cá ajudando a seu pai?

JUCA
Isso ao depois; o tempo não se acaba.

DOMINGOS JOÃO
É verdade; mas se...

JOANA

(*interrompendo-o*)

Diga-me, Senhor Doutor, quando é que volta de uma vez para cá?

JUCA

Não é tão cedo, Sra. D. Joana.

DOMINGOS JOÃO

Anda caçando? Mas tome sentido como anda no mato; armas de fogo não são pra brinquedos.

QUITÉRIA

Minha mãe, pergunte ao Sr. Juca se não está suado, e se quer tomar alguma coisa.

JOANA

O senhor quer um copo de licor?

JUCA

Se fizer o favor...

JOANA

Quitéria, vai buscar uma garrafa de licor que veio o ano passado da cidade.

QUITÉRIA

Eu vou. (*sai*)

DOMINGOS JOÃO

Sr. Juca, é preciso acabar os seus estudos quanto antes e vir ajudar a seu pai, que já está velho. Boa ocasião de saber eu uma coisa, já que o senhor é doutor.

JUCA

Diga o que é, Sr. Domingos João.

DOMINGOS JOÃO

Escute. No ano passado comprei um sítio a José Pinote por quatro doblas, pra pagar duas doblas no fim de seis meses e duas no fim de um ano. Ora, quando ele vendeu-me o sítio, disse-me que tinha cinqüenta braças de testada e cem de fundo; porém eu mandei medir pelo piloto e este só achou quarenta de testada e oitenta de fundo. Agora, quero que me diga se eu devo ou não pagar as quatro doblas por inteiro, entende o senhor?

JUCA

Mas eu não lhe posso dizer isto, porque não sou formado em leis.

DOMINGOS JOÃO

Pois o senhor não é doutor?

JUCA

Sim, porém eu estudo medicina para curar os doentes, e não para ser letrado.

DOMINGOS JOÃO

Então não é doutor, é licenciado. Ora, que doutor que não sabe dar um conselho!

JOANA

Mas, Sr. Juca, a Angélica sabe curar muito e nunca foi estudar.

JUCA

A Angélica é uma embusteira.

JOANA

Embusteira não senhor, que ainda ontem benzeu o filho da Senhorinha de quebranto e num instante ficou bom.

JUCA

Pois crê também em quebranto?

JOANA

Então!

QUITÉRIA

(*entrando*)

Minha mãe, não acho o licor.

JOANA

Essa é boa! Pois onde o procuraste?

QUITÉRIA

Na despensa e no armário grande.

JOANA

Não viste direito.

JUCA

Deixe estar, Sra. D. Joana, não se encomode (sic).

QUITÉRIA

Procurei bem. Na despensa não achei uma só garrafa, e no armário só estão duas com aguardente de cana e uma já pelo meio.

JOANA

Eu vou contigo e hei de achar.

JUCA

Não se encomode (sic).

DOMINGOS JOÃO

Não faça ceremônia (sic), entende o senhor? Vai, mulher.

JOANA

(*para Juca*)

Com sua licença. (*saem Joana e Quitéria*)

DOMINGOS JOÃO

Como vai aquilo lá por baixo? O café tem subido de preço ou não? E os açúcares como vão?

JUCA

Creio que bem.

DOMINGOS JOÃO

Crê... Esta não é má! Pois que faz o senhor?

JUCA

Estudo.

DOMINGOS JOÃO

Bom estudo, que nem ao menos sabe a principal coisa, que é o preço do café. Oh, lembro-me de uma coisa agora, por falar em café. Faça o favor de esperar aqui alguns instantes, enquanto eu vou lá dentro dar algumas ordens à tropa que desce amanhã. Não faça ceremônia (sic), pode estar a seu gosto, sem mais. (*sai*)

Cena V

JUCA
(*só, sentando-se*)

Estou enfim na roça! Muito gosto eu disto, depois de estar quatro ou cinco meses na cidade. E como não hei de gostar, se é aqui que vive Quitéria! Mas que diabo tinha ela na cabeça, que não estava tão bonita como nos outros dias? Ah, agora me lembro, eram as marrafas compridas e o penteado alto. Pode-se ver estas meninas cá da roça; em pilhando uma modazinha, vão, vão, vão, até darem no ridículo. De um vestido comprido são capazes de fazerem um de cauda, e de um penteado alto, um andor. Contudo, Quitéria é bem galante! Na cidade vi muita gente bonita, porém nenhuma me agradou tanto como ela; e demais, ela ama-me com sinceridade, pois só ama a minha pessoa, e não o meu dinheiro. Na cidade, isso se fia mais fino... Há meninórias finas como lã de cágado. Muitos agrados, carinhos, cartas cheias de ditinhos amorosos e tão eloqüentes, que fariam inveja ao maior literato; citações de Mme. de Genlis, Mme. de Staël, de Lamartine, porém amor verdadeiro... por um óculo! Principia um pobre rapaz a amar uma moça, e o que faz ela? Indaga se é empregado, quanto tem de ordenado, quanto de herança, e, sendo coisa que faça conta, aí a temos terna, carinhosa, chorosa, flatulenta; enfim, tudo quanto lhe vem à cabeça põem em prática, somente para mais nos prenderem. Porém se sabem que temos só por fortuna um coração amante e sincero, e quanto baste para viverem duas pessoas honestamente, mas sem luxo – adeus minhas encomendas! Leva tudo o diabo. Batem com as janelas na cara, voltam as costas, não respondem quando se lhes fala, e por que tudo isto? Porque o pobre coitado não tem dinheiro bastante para depois de casado levá-la ao baile dos Estrangeiros, do Catete, ao teatro, às partidas, e cada vez com um vestido novo, porque é feio e fica mal andar duas vezes com o mesmo vestido. Nada, não me pilham! Eu quero casar-me com uma moça que compreenda o meu coração, que me ame por mim mesmo, e que faça a minha felicidade. Já achei o que procurava, e se pudesse verificar o meu intento, ah, eu seria feliz e continuaria com mais vontade os meus estudos!

Cena VI

Entra JOANA *com um prato branco e um copo dentro, e* QUITÉRIA *com uma garrafa.*

JOANA
Sr. Juca, queira perdoar se me demorei tanto.

JUCA
(*levantando-se*)
Esta é boa, minha senhora!

JOANA
Tome um calizinho deste licor. Quitéria, despeja. (*Quitéria deita licor no copo e Joana oferece a Juca.*

Este bebe e agradece, e Joana e Quitéria fazem uma mesura e põem garrafa e copo sobre a mesa) Talvez não achasse bom?...

JUCA

Pelo contrário, estava excelente.

JOANA
(*olhando à roda*)
Onde está meu homem?

JUCA

Foi para dentro dar algumas ordens, segundo disse, a respeito da tropa de amanhã.

JOANA

Ah, já sei. Quitéria, fica fazendo companhia ao senhor enquanto eu volto, que tenho que falar com teu pai. (*sai*)

Cena VII

JUCA *e* QUITÉRIA

JUCA
(*pegando na mão de Quitéria*)
Enfim, Quitéria, estamos sós e posso perguntar-te como passaste, e se tiveste saudades minhas.

QUITÉRIA
(*com vergonha*)
Eu passei bem; saudades, tive muitas.

JUCA

Meu amor!

QUITÉRIA
(*no mesmo*)

Depois que você foi para a cidade no fim das férias, eu já estive em S. João de Itaboraí dois dias. Depois voltei e tenho sempre pensado em você, e o esperava com alegria; porém hoje já não tenho prazer. (*chora*)

JUCA

Choras? Que tens?

QUITÉRIA

Meu pai disse que está à espera do Antônio do Pau-d'Alho para casar comigo.

JUCA

Quê! Casar contigo aquele urso?

QUITÉRIA

Meu pai assim o quer.

JUCA

Veremos. Era o que faltava! Casares-te com um animal daqueles, que ainda há oito dias vi de sentinela na porta do quartel do Campo de Santana, que parecia mesmo um cágado.

QUITÉRIA

Mas que havemos fazer?

JUCA
(depois de pensar um momento)

Ouve: quando chegar o teu pretendido noivo, e falarem em casamento, finge-te doente, desmaia, treme; enfim, faze-te de doente, como uma mulher é capaz de fazer quando quer, e deixa o mais por minha conta.

QUITÉRIA

O que queres fazer?

JUCA

Já te disse que deixes tudo por minha conta. Olha: ficas doente; naturalmente mandam-me chamar, e então arranjarei tudo. Oh, que ia esquecendo... Toma sentido no que te vou dizer.

QUITÉRIA

Diga.

JUCA

Quando estiveres doente e eu te der um copo de água com açúcar, vai ficando melhor; porém, logo que eu coçar a cabeça, torna a desmaiar. Entendes?

QUITÉRIA

Entendo, sim. E depois?

JUCA

E depois... Eu te direi. Mas chega tua mãe, e é preciso ocultarmos o plano.

Cena VIII

Os mesmos, DOMINGOS JOÃO, JOANA *e* INACINHO

DOMINGOS JOÃO
(*entrando*)
Tomaste bem sentido no que te disse?

INACINHO
Senhor sim.

JUCA
(*para Domingos João*)
Com sua licença. Sr. Domingos João, até amanhã.

JOANA
Pois já?

JUCA
É tarde, minha senhora, e meu pai espera-me para jantar.

DOMINGOS JOÃO
Quando quiser, esta casa está às suas ordens.

JUCA
Obrigado. Com sua licença. (*sai*)

DOMINGOS JOÃO
(*para Inacinho*)
Quando chegares à cidade, vai à casa do nosso correspondente para que te dê o dinheiro nosso que lá tem; porque é moda agora quebrarem os nego-

ciantes assim sem mais nem menos. Quem lhes quebrara os ossos com um pau!

INACINHO

Vosmercê (sic) quer que traga todo?

DOMINGOS JOÃO

Sim, todo, entende o senhor?

JOANA

Não te esqueças do que te encomendei. [(*Inacinho sai*)]

Cena IX

ANTÔNIO DO PAU-D'ALHO *entra, vestido da seguinte maneira: farda de guarda nacional, barretina, calça branca, espingarda no ombro, na qual virá pendurado um par de botins, e uma trouxa de roupa amarrada em um lenço azul. Todo o seu vestuário estará muito sujo, e ele virá descalço.*

ANTÔNIO
(*entrando*)

Deus esteja nesta casa.

DOMINGOS JOÃO *e* JOANA

Oh, seja muito bem-vindo.

QUITÉRIA
(*à parte*)

Meu Deus!

ANTÔNIO

Viva Senhá Dona; Senhá Doninha, viva.

DOMINGOS JOÃO

Já o não esperava mais.

ANTÔNIO

Deixe-me, estou muito zangado, o senhor entende?

JOANA

Pode se assentar, descanse um pouco. (*Antônio assenta-se, depois de pôr sobre a mesa as botas, a trouxa de roupa e a espingarda*)

ANTÔNIO

Com sua licença.

DOMINGOS JOÃO

Conte-nos alguma coisa. Como vai aquilo por lá? Vai bem, ou ainda há rusgas? (*enquanto Domingos João assim fala, grupam-se todos à roda de Antônio*)

ANTÔNIO

Vai bem e não vai bem...

JOANA

Não lhe entendo.

ANTÔNIO

Escute a senhora. Vai bem porque a cidade está muito adiantada. Eu estive quatro meses destacado e posso dizer alguma coisa, porque quando não estava de guarda, passeava. Vá vendo quantas coisas boas. Lá, já se não tem dor de olhos.

DOMINGOS JOÃO

Então por quê?

ANTÔNIO

Há um homem que veio da Mourama que cega a qualquer com a maior facilidade do mundo, e cura assim a dor de olhos.

JOANA

Boa admiração! Isto qualquer faz.

ANTÔNIO

Nisso é que se engana, porque este cega, e ainda em cima quer dinheiro.

DOMINGOS JOÃO

Isto é velhacada!

ANTÔNIO

Dizem alguns, porém outros não, só porque o sujeito é das outras terras. Suponha que o senhor não vê muito bem: chega-se ele com um ferro – zist! – (*faz o acionado*) e fica logo cego; e se queixar-se, lhe diz logo que a doença de olhos estava tão adiantada que, se o não tivessem cegado, ficava cego em pouco tempo. E depois não pague, se é capaz!

DOMINGOS JOÃO

E consentem semelhante homem?

ANTÔNIO

Ele foi mais esperto, que se safou sem dizer nada a ninguém; e o pior foi deixar um sujeito na rabiosca. E um outro que corta a cabeça?

Domingos João
Ó homem, isto é o diabo!

Joana
Por que não prendem este homem?

Antônio
Aí é que está a habilidade do dito, porque, tão depressa corta a cabeça, como a conserta outra vez.

Joana
Como é isto?

Antônio
Como? Veja. Há um teatro aonde vai este homem, que é muito bonito, porque tem umas mesas bordadas de prata, luzes amarelas, vermelhas e de todas as cores. Chega ele, como ia dizendo, a este teatro, chama um homem, este vai para onde ele está, e trepando em cima de uma mesa, fica assim. (*ajoelha-se*) E depois, o mata-gente, levantando a espada, corta-lhe a cabeça e o homem cai assim. (*deita-se de bruços*) Faça agora de conta que eu não tenho cabeça, e que ela anda na mão do sujeitinho para ser mostrada a quem quer ver – pois é o que acontece.

Joana *e* Quitéria
Oh!

Domingos João
Uê!

Antônio
(*sempre deitado*)

Escutem, o melhor. Depois dele ter mostrado a cabeça, bota-a outra vez nos ombros do homem e sacudindo assim, (*sacode a cabeça com ambas as mãos*) torna a grudá-la, e o homem levanta-se meio espantado. (*faz o que diz*)

Domingos João

Isto é um milagre! Por que não mandam este homem para o Rio Grande, pra dar vida aos soldados que lá morrerem, pra não se recrutar tanto?

Antônio

Não sei, porque são coisas em que não me meto. Se quisessem mandar esta qualidade de gente para o Rio Grande, havia muito que mandar. Por exemplo, há também lá um outro que tem força como um boi e que levanta um varão de ferro que pesa quarenta arrobas, assim como eu levanto esta espingarda. (*pega na espingarda e levanta-a acima da cabeça*) Não acha que este também estava bom?

Domingos João

Muito bom, e melhor ainda para pegar no cabo de um machado. (*enquanto assim falam, entra um moleque de cinco para seis anos, vestido com uma camisola de baeta azul, que lhe chega até os pés, o qual se vem aproximando devagarzinho e, ficando mais atrás dos outros, principia a escutar com muita atenção o que se diz*)

Joana
Há coisas na cidade que espantam!

QUITÉRIA
E há muitas modas novas?

ANTÔNIO
Modas? Não faltarão enquanto houverem (sic) lojas de francesas e tolos.

DOMINGOS JOÃO
Tem razão, tem razão; isto é uma ladroeira.

JOANA
Muitas festas por lá, não é assim?

ANTÔNIO
Muitas.

DOMINGOS JOÃO
(*olha para trás, vê o moleque e grita*)
Salta pra dentro, brejeiro! (*o moleque sai correndo*) Estes moleques acostumam-se com os brancos e depois ficam desavergonhados! Ora diga-me, Sr. Antônio, como vão os meias-caras?

ANTÔNIO
Iiiiih! iiiih! Que bulha, que bulha!

DOMINGOS JOÃO
Então, por quê?

ANTÔNIO
Hum!

DOMINGOS JOÃO
E como vai o Rio Grande?

ANTÔNIO

Muito bem, porque já está bloqueado por mar e por terra.

DOMINGOS JOÃO

Bloqueado? Não lhe entendo.

ANTÔNIO

A falar-lhe a verdade, também eu não entendo; porém, como dizem que vai bem, também o digo. Eles lá se entendem.

JOANA

Muito nos conta o senhor.

ANTÔNIO

Isto ainda não é nada à vista do que tenho a contar. Com mais vagar, com mais vagar conversaremos.

DOMINGOS JOÃO

Já o esperava com impaciência para tratarmos daquele negócio, entende-me?

ANTÔNIO

Sim, senhor; fala da Senhora Doninha, penso.

DOMINGOS JOÃO

Justo. Como a acha?

ANTÔNIO

Cada vez mais bonita. (*para Quitéria*) Eu lhe trouxe uma tetéia. (*chega-se para ela, tira da patrona um anel de ouro e lhe dá*) É um anel de ouro que eu lhe trago.

QUITÉRIA
(*tomando-o meio envergonhada*)
Muito agradecida.

ANTÔNIO
Só tenho uma pena... (*hesita*)

JOANA
Então qual é, Sr. Antônio? Diga.

ANTÔNIO
É que este anel não seja de veludo, pra não machucar os dedos da Senhora Doninha.

DOMINGOS JOÃO
Bravo! Aproveitou o seu tempo na cidade!

ANTÔNIO
Pois então que pensava? Onde me vê, fui muitas vezes ao baile dos Estrangeiros.

JOANA *e* QUITÉRIA
Quê! Ao baile?

ANTÔNIO
Sim, mas ficava sempre da parte de fora escutando a música. Oh, esqueceu-me dizer que há agora um novo instrumento.

DOMINGOS JOÃO
Qual é ele?

ANTÔNIO
Chama-se... corneta a pistola.

QUITÉRIA
Que nome!

JOANA
Então a corneta a pistola dá tiro?

ANTÔNIO
Qual tiro! Faz assim. (*bota a mão à boca e arremeda do melhor possível o* cornet-à-piston)

TODOS
Bravo, bravo!

DOMINGOS JOÃO
Vamos ao que serve. Como tínhamos tratado há muito tempo, minha filha há de ser sua mulher.

QUITÉRIA
(*botando as mãos na cabeça*)
Ai, ai!

JOANA
(*espantada*)
Que tens, que tens, minha filha?

QUITÉRIA
Ai, eu morro!

DOMINGOS JOÃO
(*chegando-se para ela*)
O que é isto?

ANTÔNIO
Senhora Doninha, o que tem?

Cena X

INACINHO *e os mesmos*

INACINHO
(*entrando*)
Quitéria!

QUITÉRIA
Minha mãe, eu morro! (*cai assentada na cadeira*)

DOMINGOS JOÃO
Inacinho, corre, vai a casa da Angélica e dize-lhe que venha cá depressa. (*sai Inacinho correndo. Domingos João e Antônio andam de um lado para outro sem saberem o que fazem, e Joana estará perto de Quitéria*)

JOANA
Quitéria, Quitéria! O que tens, minha filha? Responde! Ó meu Deus, está desmaiada! Minha filha morre! (*chora*)

DOMINGOS JOÃO
O diabo da Angélica não chega!

ANTÔNIO
Senhora Doninha! Senhora Doninha! (*para Joana*) Senhora Dona, dê-lhe a cheirar este cartucho de pólvora; talvez faça bem. (*tira da patrona um cartucho de pólvora e o dá a Joana*)

JOANA

(*jogando no chão o cartucho*)

O senhor está doido! Pois minha filha há de cheirar pólvora?

ANTÔNIO

Está bom, não se zangue, a senhora entende?

JOANA

Minha filha morre, minha filha morre! Hi! hi! hi! (*chora fortemente*)

DOMINGOS JOÃO

Ora esta, ora esta!

ANTÔNIO

Não há de ser nada, não há de ser nada.

DOMINGOS JOÃO

(*chega à porta e grita*)

Ó Inacinho? Ó Inacinho?

INACINHO

(*ao longe*)

Lá vou!

DOMINGOS JOÃO

(*voltando para junto dos outros*)

Já aí vem a Angélica.

JOANA

Diga que venha depressa!

Cena XI

DOMINGOS JOÃO *vai andando para a porta
e ao mesmo tempo entra* INACINHO *com* ANGÉLICA,
*a qual virá vestida da seguinte maneira: saia de
lila preta, jaqueta de homem, de riscadinho,
baeta preta e chinelos.*

TODOS
Entre, entre, Sra. Angélica.

ANGÉLICA
Então, o que é isto?

JOANA
Deu um ataque em Quitéria e está sem fala!

ANGÉLICA
Vamos a ver. (*chega-se para Quitéria e examina-a*) Isto não é nada, são flatos.

JOANA
Flatos! Pois flatos fazem perder a fala?

ANGÉLICA
Mas a menina não tem só flatos.

DOMINGOS JOÃO
Então o que tem?

ANGÉLICA
Está com quebranto.

JOANA
Lá isto sim.

ANGÉLICA
Mande buscar um ramo de arruda. (*sai Inacinho*) Não se assustem, que não há de ser nada. Algum mau olhado que botaram na menina. Verão como a curo em um instante.

Cena XII

Entra INACINHO *com um ramo de arruda na mão e entrega-o a* ANGÉLICA. ANGÉLICA *benze a* QUITÉRIA, *e enquanto benze estarão os outros muito atentos.*

ANGÉLICA
(*vendo sem efeito o seu remédio*)
Com efeito o olhado foi mau.

JOANA
Minha filha! (*chora*)

INACINHO
Se meu pai quer, eu vou chamar o senhor doutor, filho do capitão-mor, que chegou ontem da cidade.

DOMINGOS JOÃO
Sim, vai depressa, ele não pode estar longe. (*sai Inacinho*)

ANGÉLICA
Quem sabe se a menina não tem o diabo no corpo?

JOANA

Jesus, Maria, José! O que diz, senhora? (*benzem-se todos*)

DOMINGOS JOÃO

Pois minha filha está endemoninhada?

ANGÉLICA

Quer me parecer que sim.

ANTÔNIO

Que desgraça!

ANGÉLICA

Ou talvez mesmo que esteja com a espinhela caída.

DOMINGOS JOÃO

Quanta coisa! Quebranto, diabo no corpo, espinhela caída...

Cena XIII

Entra JUCA *correndo, seguido de* INACINHO.

JUCA

O que há de novo?

JOANA

Senhor doutor, minha filha está pra morrer.

JUCA
(*chega-se para Quitéria e toma-lhe o pulso e diz*)
Não é nada; mande vir um copo com água. (*sai Joana*)

JUCA
(*para Domingos*)
Quando digo que não é nada, falto um pouco à verdade, porque sua filha tem uma inflamação de carbonato de potassa.

DOMINGOS JOÃO
(*muito espantado*)
Inflamação de quê?

JUCA
De carbonato de potassa.

ANTÔNIO
E isto é perigoso, senhor doutor?

JUCA
Muito; não só para ela, como para a pessoa que com ela se casar.

ANTÔNIO
(*à parte*)
Mau! (*entra Joana com um copo de água*)

JOANA
Aqui está a água. (*Juca toma o copo de água, faz que tira uma coisa da algibeira e a deita dentro do copo*)

JUCA

Este remédio vai curá-la imediatamente. (*dá a Quitéria, que logo que bebe o primeiro gole abre os olhos*)

DOMINGOS JOÃO

Viva o senhor licenciado!

QUITÉRIA
(*levantando-se*)

Minha mãe...

JOANA

Minha filha, o que tem?

JUCA

Esta menina é preciso ter muito cuidado na sua saúde, e eu acho que se ela casar com um homem que não entenda de medicina, está muito arriscada a sua vida.

DOMINGOS JOÃO

Mas isto é o diabo; já prometi-a ao senhor... (*apontando para Antônio*)

ANTÔNIO

Mas eu...

JUCA

Arrisca assim a vida de sua filha.

DOMINGOS JOÃO

Já dei minha palavra. (*Juca coça a cabeça*)

QUITÉRIA

Ai, ai, eu morro! (*cai na cadeira*)

TODOS

Acuda, acuda, senhor doutor!

JUCA

(*chegando-se*)

Agora é outra doença.

DOMINGOS JOÃO

Então o que é agora?

JUCA

É um eclipse.

DOMINGOS JOÃO

(*admirado*)

Ah! (*Juca esfrega as mãos e passa-as pela testa de Quitéria*)

QUITÉRIA

(*abrindo os olhos*)

Já estou melhor.

JUCA

Vê, Sra. D. Joana, se sua filha não tiver sempre quem trate dela, morrerá certamente. Não é assim, Sra. Angélica? (*quando diz estas últimas palavras dá, às escondidas, à Angélica, uma bolsa com dinheiro*)

ANGÉLICA

Senhor doutor, tem razão, a menina morre.

DOMINGOS JOÃO
Então o que havemos fazer?

JUCA
Se eu não estivesse estudando...

JOANA
O senhor licenciado bem podia...

JUCA
Se meu pai...

DOMINGOS JOÃO
Tenho uma boa fazenda, e o marido de minha filha fica bem aquinhoado.

JUCA
Se o Sr. Domingos quisesse...

DOMINGOS JOÃO
Explique-se.

JUCA
Conhecendo as boas qualidades de sua filha, e estimando muito a sua família, me ofereço...

JOANA
(*com presteza*)
E o consentimento de seu pai?

JUCA
Esse, o terei.

DOMINGOS JOÃO

Mas, a palavra que dei ao Sr. Antônio?

ANTÔNIO

Não se aflija, pois não desejo mais casar-me com uma mulher que tem eclipses.

JUCA

Visto isto, cede?

ANTÔNIO

De boa vontade.

JOANA

Sr. Domingos João, diga ao senhor que sim!

ANGÉLICA

Olhe que sua filha morre!

INACINHO

Meu pai, case-a, com os diabos! O senhor licenciado é boa pessoa.

DOMINGOS JOÃO

Já que todos o querem, vá feito. (*para Juca*) Minha filha será sua mulher. (*Quitéria levanta-se*)

JUCA

Como consente, quisera que se efetuasse isto o mais breve possível.

DOMINGOS JOÃO

Iremos agora mesmo falar ao vigário, e de caminho podemos ver a festa.

114

JOANA

Diz bem.

DOMINGOS JOÃO

Vão se vestir. (*saem as duas*)

JUCA

Quando eu acabar meus estudos voltarei para ajudar meu pai.

DOMINGOS JOÃO

Dê-me um abraço. (*para Inacinho*) Já agora não irás amanhã para cidade. Quem havia dizer que o Sr. Juca seria meu genro!

ANGÉLICA

Deus assim o quis.

DOMINGOS JOÃO

E o quebranto, não? Dizia esta mulher, Sr. Juca, que minha filha tinha quebranto, diabo no corpo, espinhela caída, quando ela não teve senão um carbonato de eclipse.

JUCA
(*rindo-se sem se poder conter*)
É verdade!

DOMINGOS JOÃO
(*desconfiado*)
De que se ri?

JUCA

Da asneira da senhora.

Cena XIV

Entra JOANA *com xale encarnado e chapéu de homem;* QUITÉRIA *do mesmo modo, e trarão o chapéu de palha e bengala de* DOMINGOS JOÃO.

JOANA
Estamos prontos. Toma o teu chapéu.

DOMINGOS JOÃO
Vamos.

TODOS
Vamos. (*saem todos*)

Quadro II

(*Arraial. No fundo, à esquerda, o frontispício de uma igreja, tendo uma torre e sinos; à porta, uma música de barbeiros, sentada em um banco. Defronte da igreja, porém um pouco mais para a rampa, o império; junto ao império, a porta de uma taverna, onde estarão pendurados diferentes objetos, como roupa feita, bacalhau, cordas, etc. Diante da porta da igreja, no chão, folhas de mangueira.*)

Cena I

Alguns lavradores espalhados pela cena.

PRIMEIRO LAVRADOR
Que bela festa!

SEGUNDO LAVRADOR

É verdade, o juiz é um barra.

PRIMEIRO LAVRADOR

Vamos tomar um godório antes de entrarmos.

SEGUNDO LAVRADOR

Vamos. (*vão para a porta da taverna*)

PRIMEIRO LAVRADOR

Ah, Sr. Pimenta, mande cá fora um copo da branca.

PIMENTA
(*dentro*)

Já vai.

SEGUNDO LAVRADOR

Assentemo-nos. (*assentam-se em um banco à porta da venda*)

TERCEIRO LAVRADOR
(*junto à igreja*)

Hi, que função! Tanta gente!

QUARTO LAVRADOR

Na cidade hão de ficar com inveja!

TERCEIRO LAVRADOR

É mesmo. (*entra pela porta da venda um menino com um copo grande com aguardente e dá aos dois*)

SEGUNDO LAVRADOR
(*bebendo*)

Bela pinga!

PRIMEIRO LAVRADOR

Dá-me. (*bebe*) Esta é do Engenho de Caribapeba. Tem boa prova. (*para o menino*) Toma o copo. (*o menino toma o copo e sai*)

SEGUNDO LAVRADOR
(*levantando-se*)

Agora podemos ir.

PRIMEIRO LAVRADOR
(*levantando-se*)

Vamos.

SEGUNDO LAVRADOR

Aquele que ali vem não é o capitão-mor?

PRIMEIRO LAVRADOR

É, sim.

Cena II

Entra o CAPITÃO-MOR *com a filha pelo braço. Virá ele vestido da seguinte maneira: farda de ordenança, chapéu armado, calça branca por dentro das botas e bengala. A filha terá um vestido muito curto e chapéu de palha.*

CAPITÃO-MOR
(*para dentro*)

Toma lá sentido nesses cavalos que não fujam.

SEGUNDO LAVRADOR

Um criado de Sua Senhoria.

CAPITÃO-MOR
Também por cá, Sr. Anselmo?

SEGUNDO LAVRADOR
É verdade, Vossa Senhoria, vim ver a festa.

FILHA DO CAPITÃO-MOR
Sabe me dizer se já principiou há muito tempo?

PRIMEIRO LAVRADOR
Está quase acabada.

CAPITÃO-MOR
Se o diabo do negro deixou fugir os cavalos do cercado... (*entram, enquanto assim falam, pelo fundo, Pereira e Silva, de calça, jaqueta branca e bonés, e tudo muito à moda*)

PEREIRA
(*para Silva, no fundo*)
Ó Silva, que judas ali está!

SILVA
Oh, que figurão! Ah, ah!

FILHA DO CAPITÃO-MOR
Vamos, meu pai. (*encaminham-se para a igreja e encontram-se com Pereira e Silva*)

SILVA
Um criado do digno Capitão-mor José Cumbuca.

CAPITÃO-MOR
(*cumprimentando-os*)
Meus senhores... (*entra na igreja, seguido dos dois lavradores*)

PEREIRA
Que me dizes deste original?

SILVA
É excelente e desfrutável; mas a filha não é má, tem boa lata.

PEREIRA
Deixa-te disso! Uma tapuia daquelas...

SILVA
(*olhando ao redor*)
Vê como isto está belo. Que festa, que caricaturas! Ah, ah! Os tapiocanos saíram fora do sério.

PEREIRA
Que diabo é aquilo que lá vem?

SILVA
O que é?

PEREIRA
Olha.

SILVA
(*saltando de contente*)
Bravo, bravo, temos comédia! Como vem enfeitado!

Cena III

Entram pelo fundo, além do império, todos os que estiveram em casa de Domingos João, *em um carro puxado por um boi e coberto com uma esteira, e todo enfeitado com ramos verdes. Um negro, em ceroulas e camisa de algodão, conduz o carro.* Juca *vem a cavalo. O carro entra pela direita, vai se cosendo com o pano de fundo, avança depois pelo lado esquerdo, atravessa pela frente do tablado e volta pelo lado esquerdo, parando quase junto do império. Depois de parado, ver-se-á as pessoas que estão dentro arranjando-se todas e questionando umas com as outras.* Antônio, *antes de saltar em terra, calça as botas. Saem todos do carro.* Juca *desmonta e dá o cavalo ao moleque de* Domingos João, *que vem também dentro do carro, e este o leva para dentro, acompanhando o carro, que também entra.*

Silva

Olha que cosmorama!

Pereira

Vê aquela sirigaita!

Silva

E a tartaruga!

Pereira

E o guarda nacional!

Ambos

Excelente!

SILVA

Bravo o coche!

PEREIRA

Isto é impagável!

SILVA

E na cidade vão ao teatro ver comédia! Isto é que é comédia! (*riem-se às gargalhadas. N.B.: Estas palavras dizem eles enquanto o carro anda pela cena*) Aquele calça as botas... Teve medo de as estragar no carro... (*risadas*)

ANTÔNIO
(*sentado no carro, calçando as botas*)
Os senhores de que se riem?

PEREIRA

Olha que cara!

SILVA

Ó ximango! (*risadas*)

ANTÔNIO
Malcriados, não sei onde estou...

SILVA

Está calçando botas.

DOMINGOS JOÃO
(*de dentro do carro*)
Sr. Antônio, saia e deixe os mais saírem. Com quem está o senhor questionando?

ANTÔNIO

Com aqueles dois badamecos, que pensam que isto aqui é o Largo do Rocio.

DOMINGOS JOÃO

Não faça caso.

ANTÔNIO
(*saltando do carro*)
Brejeiros! (*saem todos do carro*)

SILVA

Olha que ninhada! (*entra Juca a cavalo*)

PEREIRA

Ali vem o D. Quixote!

SILVA

Cavaleiro da Triste Figura e... Mas, que diabo, aquele é o Juca!

PEREIRA

É ele mesmo! (*Juca desmonta, dá o cavalo ao moleque da camisola, que vem também dentro do carro e que leva o cavalo para dentro, acompanhando o carro*)

JOANA

Aqui está o Sr. Juca.

JUCA

Já chegaram há muito?

DOMINGOS JOÃO

Neste instante.

SILVA

Ó Juca?

JUCA

Quem me chama? Oh, o Silva e o Pereira por cá! (*vai para eles e a família fica no mesmo lugar, arranjando um o chapéu, outro a calça, etc.*)

SILVA

Que diabo fazes tu aqui?

JUCA

Vim com esta gente.

SILVA

Onde achaste estes bichos?

JOANA

Sr. Juca, venha.

JUCA

Lá vou.

SILVA

Manda toda esta súcia para o cosmorama.

JUCA

Já tu principias…

JOANA

O senhor vem, ou não?

JUCA

Adeus, meus amigos, até logo. (*vai para junto da família, que se encaminha para a igreja*)

PEREIRA

Onde se foi meter o Juca!

SILVA

Hu! Ó ximango! Quiquiriqui!

PEREIRA

Larga a barretina!

ANTÔNIO

(*olhando para trás muito zangado*)
Brejeiros!

OS DOIS

Hu! Hu! Não há de casar! (*risadas. A família entra na igreja*)

SILVA

Isto está de se alugar camarote!

Cena IV

Entra pela direita um homem de braço dado com uma mulher. Virá o homem vestido da seguinte maneira: chapéu de copa muito alta, gravata encarnada e colarinho da camisa até acima das orelhas; colete e casaca muito antiga, calça branca muito curta, quase atrepada por cima dos botins, e uma presilha muito comprida. A mulher trará um vestido velho de cetim bordado de prata e duas plumas muito grandes na cabeça. O vestido estará muito mal arranjado. Estes dois entram e encaminham-se para a igreja.

PEREIRA

Oh, que casal de marrecos!

SILVA

Olá, senhor meu, vende-me uma vara de presilhas?

PEREIRA

Bravo à elegância!

SILVA

Foi Mme. Josefine quem fez o vestido? Responda, não se agaste. Adeus, amorzinho. (*os dois continuam sempre a andar, enquanto os dois rapazes falam, voltando-se às vezes para trás, zangados, e entram na igreja*) São dois cascavéis que fugiram do mato.

PEREIRA

É pena que não haja aqui um lázaro... (*principiam a repicar os sinos; os barbeiros tocam*) Acabouse a festa.

SILVA

Os negrinhos como brilham!

Cena V

Entra para a cena, pela porta da igreja, o seguinte cortejo:

1.º A folia do Espírito Santo, constando de oito rapazes vestidos de jardineiros, trazendo duas violas, um tambor e um pandeiro.
2.º O imperador do Espírito Santo, que será um homem muito grande e muito gordo, com calções e casaca de veludo, chapéu armado e espadim. Virá ele no meio de quatro homens, que o encerram dentro de um quadrado de quatro varas encarnadas.
3.º Todos os que estavam na igreja, isto é, uma população da roça. O imperador sobe para o império, seguido dos quatro homens; assenta-se e estes ficam dos lados. Os foliões ficam ao lado do império e o povo pela praça. Os barbeiros tocam durante todo este tempo.

PEREIRA

Bravo o cortejo!

SILVA

Que marmanjola feito imperador do Espírito Santo! Que garbo!

PEREIRA

Os surucucus se ajuntaram hoje!

SILVA

Espera, que temos leilão!

PEREIRA

Faltava mais esta!

SILVA

Temos matéria para desfrute. Olá, venha o leilão, o leilão!

PEREIRA

O leilão!

TODOS

O leilão!

UM DOS QUATRO HOMENS

Já vai, já vai!

PEREIRA

Pára a música, pára a música!

SILVA

Viva o digno leiloeiro!

TODOS

Viva!

UMA MULHER

Que divertimento tão belo!

SEGUNDO LAVRADOR

É verdade!

DOMINGOS JOÃO

Ó homem, na Corte não se faz uma festa tão bonita!

QUITÉRIA

Minha mãe!

O HOMEM

Silêncio!

TODOS

Psiu! Psiu! (*a música dos barbeiros pára. O homem do leilão descerá do império com um pão-de-ló em uma salva de prata*)

O HOMEM

Aqui está um pão-de-ló, meus senhores, muito fresquinho. Os ovos que o fizeram foram postos ontem. Quanto oferecem pelo pão-de-ló, quanto oferecem? Foi feito por Iaiá. Quanto oferecem?

PRIMEIRO LAVRADOR

Três mil-réis.

O HOMEM

Tenho três mil-réis pelo pão-de-ló. Três mil-réis, três mil-réis! Não há quem mais dê? Três mil-réis, três mil-réis pelo pão-de-ló. Três mil-réis!

ANTÔNIO

Três mil-réis e uma pataca.

O HOMEM

Três mil trezentos e vinte, três mil trezentos...

ANTÔNIO

Não senhor, é três mil-réis e uma pataca.

O HOMEM

É a mesma coisa. Três mil trezentos e vinte, três mil trezentos e vinte! Tão barato! Vejam como está saltando de fresco! Três mil trezentos e vinte! Como está fofo! Três mil trezentos e vinte!

Domingos João

E cinqüenta réis.

O homem

Três mil trezentos e cinqüenta. Não há quem mais dê? Senão se arremata. Três mil trezentos e cinqüenta! Dou-lhe uma, dou-lhe duas... Está queimando de fresco! Três mil trezentos e cinqüenta!

Juca

Seis mil-réis!

Algumas vozes

Bravo, bravo!

O homem

Seis mil-réis! Seis mil-réis! Dou-lhe uma, dou-lhe duas, dou-lhes três e esta, que é mais pequena. O pão-de-ló é do senhor.

Silva

O Juca como está brioso! Toca a música! (*os barbeiros tocam. O homem desce com o pão-de-ló na salva; Juca o recebe e bota o dinheiro na salva. O homem torna a subir e Juca dá o pão-de-ló a Quitéria*)

Juca

Isto é teu.

Quitéria
(*tomando*)

Obrigada.

SILVA

Bravo à fineza!

TODOS

Venha outra coisa, venha outra coisa! (*pára a música*)

O HOMEM

Lá vai. (*bota na salva uma galinha toda enfeitada de laços de fita*) Quanto oferecem pela galinha? Está gorda como um peru! Faz bom caldo. Quanto oferecem? Vejam, vejam!

DOMINGOS JOÃO

Duas patacas.

O HOMEM

Tenho seiscentos e quarenta, seiscentos e quarenta! Ó senhores, uma galinha destas, seiscentos e quarenta! Tenho seiscentos e quarenta! Boa poedeira, cinco ovos por dia... – seiscentos e quarenta!

SEGUNDO LAVRADOR

Novecentos e sessenta.

O HOMEM

Novecentos e sessenta, novecentos e sessenta! Tem ovo para amanhã. Novecentos e sessenta! Não há...

ANTÔNIO

Quatro patacas.

SEGUNDO LAVRADOR

Cinco patacas.

ANTÔNIO

Seis!

SEGUNDO LAVRADOR

Oito!

ANTÔNIO

Dez!

SILVA

Os carijós se atracaram!

SEGUNDO LAVRADOR

Doze!

ANTÔNIO

Quatorze!

O HOMEM

Quatro mil quatrocentos e oitenta! Quatro mil quatrocentos e oitenta!

SEGUNDO LAVRADOR

Dezasseis (sic) patacas!

ANTÔNIO

Meia dobla!

O HOMEM

Doze mil e oitocentos! Doze mil e oitocentos! Não há quem mais dê? Senão se arremata. Dou-lhe uma... é boa mãe de filho... dou-lhe duas, uma maior, outra mais pequena.

SEGUNDO LAVRADOR

Dezasseis man-réis (sic)!

ANTÔNIO

Vinte men-rés (sic)!

O HOMEM

Vinte mil-réis, vinte mil-réis! Dou-lhe uma, dou-lhe duas, dou-lhe três, e esta que é mais pequena.

TODOS

Hu, hu! Fora o tolo que cedeu! Hu! Toca a música! (*os barbeiros tocam*)

ANTÔNIO

(*vitorioso*)

Queria brincar com a pessoa!...

SILVA

O galo como está vitorioso! (*o homem entrega a galinha a Antônio, que a dá a Joana*)

ANTÔNIO

Está esta galinha para dar ovos para Senhora Dona comer moles e duros.

SILVA

Sentido que não volte o ovo!

TODOS

Mais, mais! Pára a musica! (*pára a música*)

O HOMEM

Aqui está um cartucho, que quem deu encomendou que não abrisse senão depois de arrematado. Quanto oferecem pelo cartucho de segredo?

PRIMEIRO LAVRADOR

O que é que tem dentro?

O HOMEM

Não sei.

PRIMEIRO LAVRADOR

Então não quero.

O HOMEM

Há mais quem queira. Quanto oferecem?

SILVA

Um chanchã!

TERCEIRO LAVRADOR

Fora o tolo!

SILVA

O boi falou!

O HOMEM

Quanto pelo cartucho? Este segredo é o segredo da abelha. Arrematem e verão! Não fazem idéia. Quanto, quanto pelo segredo? Vejam o cartucho: tão roliço, faz gosto, tão roliço!

A FILHA DO CAPITÃO-MOR

Arremate, meu pai, eu quero!

CAPITÃO-MOR

Trezentos e vinte.

O HOMEM

Trezentos e vinte pelo segredo... Que segredo tão barato! Trezentos e vinte, trezentos e vinte! Dou-lhe uma que é boa... Trezentos e vinte!

SILVA

Uma pataca.

O HOMEM

Isso já eu tenho.

SILVA

Cento e sessenta.

CAPITÃO-MOR

Trezentos e vinte, é meu.

O HOMEM

Não há quem mais dê? Trezentos e vinte, trezentos e vinte! Dou-lhe uma...

SILVA

E eu dou-lhe outra.

O HOMEM

Dou-lhe três...

SILVA

Vá dar ao diabo!

O homem

E esta, que é mais pequena.

Pereira

Venha o segredo! (*o homem desce com o cartucho para entregá-lo ao Capitão-mor. Todos grupam-se ao redor dele*)

Capitão-mor

Toma, menina.

A filha

(*tomando*)

Tenho medo...

Algumas vozes

Abra, abra!

Silva

Não abra, que é uma jararaca.

A filha

Ai, que medo!

Algumas vozes

Abra, que não é nada.

Pereira

Então de que serve abrir? (*a filha do Capitão abre com muito receio e sai de dentro uma pomba branca, fazendo-se o possível para que voe para os camarotes*)

TODOS

(*vendo sair a pomba*)

Pega, pega! Lá vai! A espingarda! Agarra! Pega! Lá se foi!

A FILHA DO CAPITÃO

Ora, voou!

SILVA

Não se aflija, que temos coisa melhor. Olá, bota a casaca e o chapéu armado daquele estafermo no leilão. (*diz isto apontando para o imperador*)

PRIMEIRO LAVRADOR

Cala a boca, patife!

SILVA

Miau! Cocorocó!

ANTÔNIO

Brejeiros!

SILVA *e* PEREIRA

Carijó! Marreco! (*botam os dedos na boca e asso-biam*)

DOMINGOS JOÃO

Ensinemos a estes capadócios!

ALGUMAS VOZES

Sim! sim! (*tumulto. Logo que os roceiros querem ir sobre os rapazes, os foliões tocam viola e tambor*) À folia!

TODOS
(*esquecendo-se dos rapazes*)
À folia! À folia! (*os foliões saem para a frente e,
fazendo todos um círculo, os metem no meio*)

UM FOLIÃO
(*cantando*)
A pombinha está voando
Pra fazê nossa folia,
Vai voando, vai dizendo:
Viva, viva esta alegria.

(*Dançam e todos aplaudem com palmas,
bravos e vivas*)

FOLIÃO
(*cantando*)
Esta gente que aqui está
Vem pra vê nosso leilão,
Viva, viva a patuscada
E a nossa devoção!

(*dançam. Os sinos repicam, os barbeiros tocam o
lundu e todos dançam e gritam, e abaixa o pano*)

OS DOIS
OU
O INGLÊS MAQUINISTA

Comédia em 1 ato

[1842 – data provável]

PERSONAGENS

CLEMÊNCIA
MARIQUINHA, *sua filha*
JÚLIA, *irmã de Mariquinha (10 anos)*
FELÍCIO, *sobrinho de Clemência*
GAINER, *inglês*
NEGREIRO, *negociante de negros novos*
EUFRÁSIA
CECÍLIA, *sua filha*
JUCA, *irmão de Cecília*
JOÃO DO AMARAL, *marido de Eufrásia*
ALBERTO, *marido de Clemência*
MOÇOS E MOÇAS

A cena passa-se no Rio de Janeiro, no ano de 1842.

TRAJES PARA AS PERSONAGENS

CLEMÊNCIA – Vestido de chita rosa, lenço de seda preto, sapatos pretos e penteado de tranças.

MARIQUINHA – Vestido branco de escócia, de mangas justas, sapatos pretos, penteado de bandó e uma rosa natural no cabelo.

JÚLIA – Vestido branco de mangas compridas e afogado, avental verde e os cabelos caídos em cachos pelas costas.

NEGREIRO – Calças brancas sem presilhas, um pouco curtas, colete preto, casaca azul com botões amarelos lisos, chapéu de castor branco, guarda-sol encarnado, cabelos arrepiados e suíças pelas faces até junto dos olhos.

FELÍCIO – Calças de casimira cor de flor de alecrim, colete branco, sobrecasaca, botins envernizados, chapéu preto, luvas brancas, gravata de seda de cor, alfinete de peito, cabelos compridos e suíças inteiras.

GAINER – Calças de casimira de cor, casaca, colete, gravata preta, chapéu branco de copa baixa e abas largas, luvas brancas, cabelos louros e suíças até o meio das faces.

ATO ÚNICO

(*O teatro representa uma sala. No fundo, porta de entrada; à esquerda, duas janelas de sacadas, e à direita, duas portas que dão para o interior. Todas as portas e janelas terão cortinas de cassa branca. À direita, entre as duas portas, um sofá, cadeiras, uma mesa redonda com um candeeiro francês aceso, duas jarras com flores naturais, alguns bonecos de porcelana; à esquerda, entre as janelas, mesas pequenas com castiçais de mangas de vidro e jarras com flores. Cadeiras pelos vazios das paredes. Todos estes móveis devem ser ricos*)

Cena I

CLEMÊNCIA, NEGREIRO, MARIQUINHA, FELÍCIO. *Ao levantar o pano, ver-se-á* CLEMÊNCIA *e* MARIQUINHA *sentadas no sofá; em uma cadeira junto destas* NEGREIRO, *e recostado sobre a mesa* FELÍCIO, *que lê o* Jornal do Comércio *e levanta às vezes os olhos, como observando a* NEGREIRO.

Clemência

Muito custa viver-se no Rio de Janeiro! É tudo tão caro!

Negreiro

Mas o que quer a senhora em suma? Os direitos são tão sobrecarregados! Veja só os gêneros de primeira necessidade. Quanto pagam? O vinho, por exemplo, cinqüenta por cento!

Clemência

Boto as mãos na cabeça todas as vezes que recebo as contas do armazém e da loja de fazendas.

Negreiro

Porém as mais puxadinhas são as das modistas, não é assim?

Clemência

Nisto não se fala! Na última que recebi vieram dois vestidos que já tinha pago, um que não tinha mandado fazer, e uma quantidade tal de linhas, colchetes, cadarços e retroses, que fazia horror.

Felício

(largando o Jornal sobre a mesa
com impaciência)
Irra, já aborrece!

Clemência

O que é?

FELÍCIO

Todas as vezes que pego neste jornal, a primeira coisa que vejo é: "Chapas medicinais e Ungüento Durand". Que embirração!

NEGREIRO
(*rindo-se*)

Oh, oh, oh!

CLEMÊNCIA

Tens razão, eu mesmo já fiz este reparo.

NEGREIRO

As pílulas vegetais não ficam atrás, oh, oh, oh!

CLEMÊNCIA

Por mim, se não fossem os folhetins, não lia o *Jornal*. O último era bem bonito; o senhor não leu?

NEGREIRO

Eu? Nada. Não gasto o meu tempo com essas ninharias, que são só boas para as moças.

VOZ NA RUA

Manuê quentinho! (*entra Júlia pela direita, correndo*)

CLEMÊNCIA

Aonde vai, aonde vai?

JÚLIA
(*parando no meio da sala*)

Vou chamar o preto dos manuês.

CLEMÊNCIA

E pra isso precisa correr? Vá, mas não caia. (*Júlia vai para janela e chama para rua dando psius*)

NEGREIRO

A pecurrucha (sic) gosta dos doces.

JÚLIA

(*da janela*)

Sim, aí mesmo. (*sai da janela e vai para a porta, onde momentos depois chega um preto com um tabuleiro com manuês, e descansando-o no chão, vende-os a Júlia. Os demais continuam a conversar*)

FELÍCIO

Sr. Negreiro, a quem pertence o brigue *Veloz Espadarte*, aprisionado ontem junto quase da Fortaleza de Santa Cruz pelo cruzeiro inglês, por ter a seu bordo trezentos africanos?

NEGREIRO

A um pobre diabo que está quase maluco... Mas é bem-feito, para não ser tolo. Quem é que neste tempo manda entrar pela barra um navio com semelhante carregação? Só um pedaço de asno. Há por aí além uma costa tão longa e algumas autoridades tão condescendentes!...

FELÍCIO

Condescendentes porque se esquecem de seu dever!

Negreiro

Dever? Perdoe que lhe diga: ainda está muito moço... Ora, suponha que chega um navio carregado de africanos e deriva em uma dessas praias, e que o capitão vai dar disso parte ao juiz do lugar. O que há de este fazer, se for homem cordato e de juízo? Responder do modo seguinte: Sim senhor, Sr. Capitão, pode contar com a minha proteção, contanto que V. Sa.... Não sei se me entende? Suponha agora que este juiz é um homem esturrado, destes que não sabem onde têm a cara e que vivem no mundo por ver os outros viverem, e que ouvindo o capitão, responda-lhe com quatro pedras na mão: Não senhor, não consinto! Isto é uma infame infração da lei e o senhor insulta-me fazendo semelhante proposta! – E que depois deste aranzel de asneiras pega na pena e oficie ao Governo. O que lhe acontece? Responda.

Felício

Acontece o ficar na conta de íntegro juiz e homem de bem.

Negreiro

Engana-se; fica na conta de pobre, que é menos que pouca coisa. E no entanto vão os negrinhos para um depósito, a fim de serem ao depois distribuídos por aqueles de quem mais se depende, ou que têm maiores empenhos. Calemo-nos, porém, que isto vai longe.

Felício

Tem razão! (*passeia pela sa'a*)

Negreiro

(*para Clemência*)

Daqui a alguns anos mais falará de outro modo.

Clemência

Deixe-o falar. A propósito, já lhe mostrei o meu meia-cara, que recebi ontem na Casa da Correção?

Negreiro

Pois recebeu um?

Clemência

Recebi, sim. Empenhei-me com minha comadre, minha comadre empenhou-se com a mulher do desembargador, a mulher do desembargador pediu ao marido, este pediu a um deputado, o deputado ao ministro e fui servida.

Negreiro

Oh, oh, chama-se isto transação! Oh, oh!

Clemência

Seja lá o que for; agora que tenho em casa, ninguém mo arrancará. Morrendo-me algum outro escravo, digo que foi ele.

Felício

E minha tia precisava deste escravo, tendo já tantos?

Clemência

Tantos? Quanto mais, melhor. Ainda eu tomei um só. E os que tomam aos vinte e aos trinta? Deixate disso, rapaz. Venha vê-lo, Sr. Negreiro. (*saem*)

Cena II

FELÍCIO *e* MARIQUINHA

FELÍCIO

Ouviste, prima, como pensa este homem com quem tua mãe pretende casar-te?

MARIQUINHA

Casar-me com ele? Oh, não, morrerei antes!

FELÍCIO

No entanto é um casamento vantajoso. Ele é imensamente rico... Atropelando as leis, é verdade; mas que importa? Quando fores sua mulher...

MARIQUINHA

E é você quem me diz isto? Quem me faz essa injustiça? Assim são os homens, sempre ingratos!

FELÍCIO

Meu amor, perdoa. O temor de perder-te faz-me injusto. Bem sabes quanto eu te adoro; mas tu és rica, e eu um pobre empregado público; e tua mãe jamais consentirá em nosso casamento, pois supõe fazer-te feliz dando-te um marido rico.

MARIQUINHA

Meu Deus!

FELÍCIO

Tão bela e tão sensível como és, seres a esposa de um homem para quem o dinheiro é tudo! Ah, não, ele terá ainda que lutar comigo! Se supõe que a fortuna que tem adquirido com o contrabando de africanos há de tudo vencer, engana-se! A inteligência e o ardil às vezes podem mais que a riqueza.

MARIQUINHA

O que pode você fazer? Seremos sempre infelizes.

FELÍCIO

Talvez que não. Sei que a empresa é difícil. Se ele te amasse, ser-me-ia mais fácil afastá-lo de ti; porém ele ama o teu dote, e desta qualidade de gente arrancar um vintém é o mesmo que arrancar a alma do corpo... Mas não importa.

MARIQUINHA

Não vá você fazer alguma coisa com que mamã se zangue e fique mal com você...

FELÍCIO

Não, descansa. A luta há de ser longa, pois que não é este o único inimigo. As assiduidades daquele maldito Gainer já também inquietam-me. Veremos... E se for preciso... Mas não; eles se entredestruirão; o meu plano não pode falhar.

MARIQUINHA

Veja o que faz. Eu lhe amo, não me envergonho de o dizer; porém se for preciso para nossa união que você faça alguma ação que... (*hesita*)

FELÍCIO

Compreendo o que queres dizer... Tranqüiliza-te.

JÚLIA

(*entrando*)

Mana, mamã chama.

MARIQUINHA

Já vou. Tuas palavras animaram-me.

JÚLIA

Ande, mana.

MARIQUINHA

Que impertinência! (*para Felício, à parte*) Logo conversaremos...

FELÍCIO

Sim, e não te aflijas mais, que tudo se arranjará. (*saem Mariquinha e Júlia*)

Cena III

FELÍCIO

(*só*)

Quanto eu a amo! Dois rivais! Um negociante de meia-cara e um especulador... Belo par, na verdade! Ânimo! Comecem-se hoje as hostilidades. Veremos, meus senhores, veremos! Um de vós sairá corrido desta casa pelo outro, e um só ficará para mim – se ficar... (*entra Mister Gainer*)

Cena IV

FELÍCIO *e* GAINER

GAINER

Viva, senhor.

FELÍCIO

Oh, um seu venerador…

GAINER

Passa bem? Estima muito. Senhora D. Clemência foi passear?

FELÍCIO

Não senhor, está lá dentro. Queria alguma coisa?

GAINER

Coisa não; vem fazer minhas comprimentos.

FELÍCIO

Não pode tardar. (*à parte*) Principie-se. (*para Gainer*) Sinto muito dizer-lhe que… Mas chega minha tia. (*à parte*) Em outra ocasião…

GAINER

Senhor, que sente?

Cena V

Entra D. CLEMÊNCIA, MARIQUINHA, JÚLIA *e* NEGREIRO.

D. CLEMÊNCIA
(*entrando*)
Estou contente com ele. Oh, o Sr. Gainer por cá! (*cumprimentam-se*)

GAINER

Vem fazer meu visita.

D. CLEMÊNCIA

Muito obrigada. Há dias que o não vejo.

GAINER

Tenha estado muita ocupado.

NEGREIRO
(*com ironia*)

Sem dúvida com algum projeto?

GAINER

Sim. Estou redigindo uma requerimento para as deputados.

NEGREIRO *e* CLEMÊNCIA

Oh!

FELÍCIO

Sem indiscrição: Não poderemos saber...

GAINER

Pois não! Eu peça na requerimento uma privilégio por trinta anos para fazer açúcar de osso.

TODOS

Açúcar de osso!

NEGREIRO

Isto deve ser bom! Oh, oh, oh!

CLEMÊNCIA

Mas como é isto?

FELÍCIO
(*à parte*)

Velhaco!

GAINER

Eu explica e mostra... Até nesta tempo não se tem feito caso das osso, estruindo-se grande quantidade delas, e eu agora faz desses osso açúcar superfina...

FELÍCIO

Desta vez desacreditam-se as canas.

NEGREIRO

Continue, continue.

GAINER

Nenhuma pessoa mais planta cana quando souberem de minha método.

CLEMÊNCIA

Mas os ossos plantam-se?

GAINER
(*meio desconfiado*)

Não senhor.

FELÍCIO

Ah, percebo! Espremem-se. (*Gainer fica indignado*)

JÚLIA

Quem é que pode espremer osso? Oh! (*Felício e Mariquinha riem-se*)

Cena VI

EUFRÁSIA

(*na porta do fundo*)
Dá licença, comadre?

CLEMÊNCIA

Oh, comadre, pode entrar! (*Clemência e Mariquinha encaminham-se para a porta, assim como Felício; Gainer fica no meio da sala. Entram Eufrásia, Cecília, João do Amaral, um menino de dez anos, uma negra com uma criança no colo e um moleque vestido de calça e jaqueta e chapéu de oleado. Clemência, abraçando Eufrásia*) Como tem passado?

EUFRÁSIA

Assim, assim.

CLEMÊNCIA

Ora esta, comadre!

JOÃO DO AMARAL

Senhora D. Clemência?

CLEMÊNCIA

Sr. João, viva! Como está?

155

MARIQUINHA
(*para Cecília, abraçando e dando beijo*)
Há quanto tempo!

CECÍLIA
Você passa bem? (*todos cumprimentam-se. Felício aperta a mão de João do Amaral, corteja as senhoras. João do Amaral corteja a Mariquinha*)

CLEMÊNCIA
Venham-se assentar.

EUFRÁSIA
Nós nos demoraremos pouco.

CLEMÊNCIA
É que faltava.

MARIQUINHA
(*pegando na criança*)
O Lulu como está bonito! (*cobre-o de beijo*)

CLEMÊNCIA
(*chegando-se para ver*)
Coitadinho, coitadinho! (*fazendo-lhe festas*) Psiu, psiu, negrinho! Como é galante!

EUFRÁSIA
Tem andado muito rabugento com a desinteria dos dentes.

MARIQUINHA
Pobrezinho! Psiu, psiu, bonito! (*Mariquinha toma a criança da negra*)

EUFRÁSIA

Olhe que não lhe faça alguma desfeita!

MARIQUINHA

Não faz mal. (*Mariquinha leva a criança para junto do candeeiro e, mostrando-lhe a luz, brinca com ele* ad libitum)

CLEMÊNCIA

Descanse um pouco, comadre. (*puxa-lhe pela saia para junto do sofá*)

JOÃO

Não podemos ficar muito tempo.

CLEMÊNCIA

Já o senhor principia com suas impertinências. Assentem-se. (*Clemência e Eufrásia assentam-se no sofá; João do Amaral, Felício, Gainer e o menino, nas cadeiras; Cecília e Júlia ficam em pé junto de Mariquinha, que brinca com a criança*)

EUFRÁSIA

(*assentando-se*)
Ai, estou cansada de subir suas escadas!

CLEMÊNCIA

Pois passe a noite comigo e faça a outra visita amanhã.

JOÃO DO AMARAL

Não pode ser.

CLEMÊNCIA

Deixe-se disso. (*batendo palmas*) Ó lá de dentro?

JOÃO

Desculpe-me, tenha paciência.

EUFRÁSIA

Não, comadre. (*chega um pajem pardo à porta*)

CLEMÊNCIA

Aprontem o chá depressa. (*sai o pajem*)

JOÃO

Não pode ser, muito obrigado.

FELÍCIO

Aonde vai com tanta pressa, minha senhora?

EUFRÁSIA

Nós?

JOÃO
(*para Felício*)

Um pequeno negócio.

EUFRÁSIA

Vamos à casa de D. Rita.

CLEMÊNCIA

Deixe-se de D. Rita. Que vai lá fazer?

EUFRÁSIA

Vamos pedir a ela para falar à mulher do Ministro.

CLEMÊNCIA
Pra quê?

EUFRÁSIA
Nós ontem ouvimos dizer que se ia criar uma repartição nova e queria ver se arranjávamos um lugar pra João.

CLEMÊNCIA
Ah, já não ateimo.

FELÍCIO
(*para João*)
Estimarei muito que seja atendido; é justiça que lhe fazem.

EUFRÁSIA
O senhor diz bem.

JOÃO
Sou empregado de repartição extinta; assim, é justo que me empreguem. Até mesmo é economia.

GAINER
Economia sim!

JOÃO
(*para Gainer*)
Há muito tempo que me deviam ter empregado, mas enfim...

CLEMÊNCIA
Não se vê senão injustiças.

EUFRÁSIA

Comadre, passando de uma coisa pra outra: a costureira esteve cá hoje?

CLEMÊNCIA

Esteve e me trouxe os vestidos novos.

EUFRÁSIA

Mande buscar.

CECÍLIA

Sim, sim, mande-os buscar, madrinha.

CLEMÊNCIA
(batendo palmas)
Pulquéria? (*dentro, uma voz:* Senhora?) Vem cá.

CECÍLIA
(para Mariquinha)
Quantos vestidos novos você mandou fazer?

MARIQUINHA *e* CLEMÊNCIA
Dois. (*entra uma rapariga*)

CLEMÊNCIA

Vai lá dentro no meu quarto de vestir, dentro do guarda-fato à direita, tira os vestidos novos que vieram hoje. Olha, não machuque os outros. Vai, anda. (*sai a rapariga*)

CECÍLIA
(para Mariquinha)
De que moda mandou fazer os vestidos?

MARIQUINHA

Diferentes e... Ora, ora, Lulu, que logro!

EUFRÁSIA *e* CECÍLIA

O que foi?

MARIQUINHA

Mijou-me toda!

EUFRÁSIA

Não lhe disse? (*os mais riem-se*)

MARIQUINHA

Marotinho!

EUFRÁSIA

Rosa, pega no menino.

CECÍLIA

Eu já não gosto de pegar nele por isso. (*a preta toma o menino e Mariquinha fica sacudindo o vestido*)

JOÃO

Foi boa peça!

MARIQUINHA

Não faz mal. (*entra a rapariga com quatro vestidos e entrega a Clemência*)

JOÃO
(*para Felício*)

Temos maçada!

161

FELÍCIO

Estão as senhoras no seu geral.

CLEMÊNCIA

(*mostrando os vestidos*)

Olhe. (*as quatro senhoras ajuntam-se à roda dos vestidos e examinam ora um, ora outro; a rapariga fica em pé na porta; o menino bole em tudo quanto acha e trepa nas cadeiras para bulir com os vidros; Felício e Gainer levantam-se e passeiam de braço dado pela sala, conversando. As quatro senhoras quase que falam ao mesmo tempo*)

CECÍLIA

Esta chita é bonita.

EUFRÁSIA

Olhe este riscadinho, menina!

CLEMÊNCIA

Pois custou bem barato; comprei à porta.

CECÍLIA

Que feitio tão elegante! Este é seu, não é?

MARIQUINHA

É, eu mesmo é que dei o molde.

CLEMÊNCIA

São todos diferentes. Este é de costa lisa, e este não.

CECÍLIA

Este há de ficar bem.

CLEMÊNCIA

Muito bem. É uma luva.

MARIQUINHA

Já viu o feitio desta manga?

CECÍLIA

É verdade, como é bonita! Olhe, minha mãe.

EUFRÁSIA

São de pregas enviesadas. (*para o menino*) Menino, fique quieto.

MARIQUINHA

Este cabeção fica muito bem.

CECÍLIA

Tenho um assim.

EUFRÁSIA

Que roda!

MARIQUINHA

Assim é que eu gosto.

CLEMÊNCIA

E não levou muito caro.

EUFRÁSIA

Quanto? (*para o menino*) Juca, desce daí.

CLEMÊNCIA

A três mil-réis.

Eufrásia

Não é caro.

Cecília

Parece seda esta chita. (*para o menino*) Juquinha, mamã já disse que fique quieto.

Clemência

A Merenciana está cortando muito bem.

Eufrásia

É assim.

Cecília

Já não mandam fazer mais na casa das francesas?

Mariquinha

Mandamos só os de seda.

Clemência

Não vale a pena mandar fazer vestidos de chita pelas francesas; pedem sempre tanto dinheiro! (*esta cena deve ser toda muito viva. Ouve-se dentro bulha como de louça que se quebra*) O que é isto lá dentro? (*voz, dentro:* Não é nada, não senhora.) Nada? O que é que se quebrou lá dentro? Negras! (*a voz, dentro:* Foi o cachorro.) Estas minhas negras!... Com licença. (*Clemência sai*)

Eufrásia

É tão descuidada esta nossa gente!

João do Amaral

É preciso ter paciência. (*ouve-se dentro bulha como de bofetadas e chicotadas*) Aquela pagou caro...

Eufrásia

(*gritando*)

Comadre, não se aflija.

João

Se assim não fizer, nada tem.

Eufrásia

Basta, comadre, perdoe por esta. (*cessam as chicotadas*) Estes nossos escravos fazem-nos criar cabelos brancos. (*entra Clemência arranjando o lenço do pescoço e muito esfogueada*)

Clemência

Os senhores desculpem, mas não se pode... (*assenta-se e toma respiração*) Ora veja só! Foram aquelas desavergonhadas deixar mesmo na beira da mesa a salva com os copos pra o cachorro dar com tudo no chão! Mas pagou-me!

Eufrásia

Lá por casa é a mesma coisa. Ainda ontem a pamonha da minha Joana quebrou duas xícaras.

Clemência

Fazem-me perder a paciência. Ao menos as suas não são tão mandrionas.

EUFRÁSIA

Não são? Xi! Se eu lhe contar não há de crer. Ontem, todo o santo dia a Mônica levou a ensaboar quatro camisas do João.

CLEMÊNCIA

É porque não as esfrega.

EUFRÁSIA

É o que a comadre pensa.

CLEMÊNCIA

Eu não gosto de dar pancadas. Porém, deixemo-nos disso agora. A comadre ainda não viu o meu africano?

EUFRÁSIA

Não. Pois teve um?

CLEMÊNCIA

Tive; venham ver. (*levantam-se*) Deixe os vestidos aí que a rapariga vem buscar. Felício, dize ao senhor *Mister* que se quiser entrar não faça cerimônia.

GAINER

Muito obrigada.

CLEMÊNCIA

Então, com sua licença.

EUFRÁSIA

(*para a preta*)

Traz o menino. (*saem Clemência, Eufrásia, Mariquinha, Cecília, João do Amaral, Júlia, o menino, a preta e o moleque*)

Cena VII

FELÍCIO *e* GAINER

FELÍCIO

Estou admirado! Excelente idéia! Bela e admirável máquina!

GAINER
(*contente*)

Admirável, sim.

FELÍCIO

Deve dar muito interesse.

GAINER

Muita interesse o fabricante. Quando este máquina tiver acabada, não precisa mais de cuzinheiro, de sapateira e de outras muitas ofícias.

FELÍCIO

Então a máquina supre todos estes ofícios?

GAINER

Oh, sim! Eu bota a máquina aqui no meio da sala, manda vir um boi, bota a boi na buraco da maquine e depois de meia hora sai por outra banda da maquine tudo já feita.

FELÍCIO

Mas explique-me bem isto.

GAINER

Olha. A carne do boi sai feita em *beef*, em *roast-beef*, em fricandó e outras muitas; do couro sai sapatas, botas...

FELÍCIO
(*com muita seriedade*)
Envernizadas?

GAINER

Sim, também pode ser. Das chifres sai bocetas, pentes e cabo de faca; das ossas sai marcas...

FELÍCIO
(*no mesmo*)
Boa ocasião para aproveitar os ossos para o seu açúcar.

GAINER

Sim, sim, também sai açúcar, balas da Porto e amêndoas.

FELÍCIO

Que prodígio! Estou maravilhado! Quando pretende fazer trabalhar a máquina?

GAINER

Conforme; falta ainda alguma dinheira. Eu queria fazer uma empréstima. Se o senhor quer fazer seu capital render cinqüenta por cento dá a mim para acabar a maquine, que trabalha depois por nossa conta.

FELÍCIO

(*à parte*)

Assim era eu tolo... (*para Gainer*) Não sabe quanto sinto não ter dinheiro disponível. Que bela ocasião de triplicar, quadruplicar, quintuplicar, que digo, centuplicar o meu capital em pouco! Ah!

GAINER

(*à parte*)

Destes tolas eu quero muito.

FELÍCIO

Mas veja como os homens são maus. Chamarem ao senhor, que é o homem o mais filantrópico e desinteressado e amicíssimo do Brasil, especulador de dinheiros alheios e outros nomes mais.

GAINER

A mim chama especuladora? A mim? *By God!* Quem é a atrevido que me dá esta nome?

FELÍCIO

É preciso, na verdade, muita paciência. Dizerem que o senhor está rico com espertezas!

GAINER

Eu rica! Que calúnia! Eu rica? Eu está pobre com minhas projetos pra bem do Brasil.

FELÍCIO

(*à parte*)

O bem do brasileiro é o estribilho destes malandros... (*para Gainer*) Pois não é isto que dizem. Muitos crêem que o senhor tem um grosso capital no Banco de Londres; e além disto, chamam-lhe de velhaco.

GAINER

(*desesperado*)

Velhaca, velhaca! Eu quero mete uma bala nos miolos deste patifa. Quem é estes que me chama velhaca?

FELÍCIO

Quem? Eu lho digo: ainda não há muito que o Negreiro assim disse.

GAINER

Negreira disse? Oh, que patifa de meia-cara... Vai ensina ele... Ele me paga. *Goddam!*

FELÍCIO

Se lhe dissesse tudo quanto ele tem dito...

GAINER

Não precisa dize; basta chama velhaca a mim pra eu mata ele. Oh, que patifa de meia-cara! Eu vai dize a *commander* do brigue *Wizart* que este patifa é meia-cara; pra segura nos navios dele. Velhaca! Velhaca! *Goddam!* Eu vai mata ele! Oh! (*sai desesperado*)

Cena VIII

FELÍCIO

(*só*)

Lá vai ele como um raio! Se encontra o Negreiro, temos salsada. Que furor mostrou por lhe dizer eu que o chamavam velhaco! Dei-lhe na balda! Vejamos no que dá tudo isto. Segui-lo-ei de longe até que se encontre com Negreiro; deve ser famoso o encontro. Ah, ah, ah! (*toma o chapéu e sai*)

Cena IX

Entra Cecília *e* Mariquinha.

Mariquinha
(*entrando*)
É como eu te digo.

Cecília
Tu não gostas nada dele?

Mariquinha
Aborreço-o.

Cecília
Ora, deixa-te disso. Ele não é rico?

Mariquinha
Dizem que muito.

Cecília
Pois então? Casa-te com ele, tola.

Mariquinha
Mas, Cecília, tu sabes que eu amo o meu primo.

CECÍLIA

E o que tem isso? Estou eu que amo a mais de um, e não perderia um tão bom casamento como o que agora tens. É tão belo ter um marido que nos dê carruagens, chácara, vestidos novos pra todos os bailes... Oh, que fortuna! Já ia sendo feliz uma ocasião. Um negociante, destes pé-de-boi, quis casar comigo, a ponto de escrever-me uma carta, fazendo a promessa; porém logo que soube que eu não tinha dote como ele pensava, sumiu-se e nunca mais o vi.

MARIQUINHA

E nesse tempo amavas a alguém?

CECÍLIA

Oh, se amava! Não faço outra coisa todos os dias. Olha, amava ao filho de D. Joana, aquele tenente, amava aquele que passava sempre por lá, de casaca verde; amava...

MARIQUINHA

Com efeito! E amavas a todos?

CECÍLIA

Pois então?

MARIQUINHA

Tens belo coração de estalagem!

CECÍLIA

Ora, isto não é nada!

MARIQUINHA

Não é nada?

CECÍLIA

Não. Agora tenho mais namorados que nunca; tenho dois militares, um empregado do Tesouro, o cavalo rabão...

MARIQUINHA

Cavalo rabão?

CECÍLIA

Sim, um que anda num cavalo rabão.

MARIQUINHA

Ah!

CECÍLIA

Tenho mais outros dois que eu não conheço.

MARIQUINHA

Pois também namoras a quem não conheces?

CECÍLIA

Pra namorar não é preciso conhecer. Você quer ver a carta que um destes dois mandou-me mesmo quando estava me vestindo para sair?

MARIQUINHA

Sim, quero.

CECÍLIA

(*procurando no seio a carta*)

Não tive tempo de deixá-la na gaveta; minha mãe estava no meu quarto. (*abrindo a carta, que estava muito dobrada*) Foi o moleque que me entregou. Escute. (*lendo*) "Minha adorada e crepitante estrela..." (*deixando de ler*) Hem?

MARIQUINHA

Continua.

CECÍLIA

(*lendo*)

"Os astros, que brilham nas chamejantes esferas de teus sedutores e atrativos olhos, ofuscaram em tão subido e sublimado ponto o meu amatório discernimento, que por ti me enlouqueceu. Sim, meu bem, um general quando vence uma batalha não é mais feliz do que eu! Se receberes os meus sinceros sofrimentos, serei ditoso; se não, ficarei louco e irei viver na Hircânia, no Japão, nos sertões de Minas, enfim, em toda parte onde possa encontrar desumanas feras, e lá morrerei. Adeus deste que jura ser teu, apesar da negra e fria morte. O mesmo". (*deixando de ler*) Não está tão bem escrita? Que estilo! Que paixão, hem? Como estas, ou melhores ainda, tenho lá em casa muitas!

MARIQUINHA

Que te faça muito bom proveito, pois eu não tenho nem uma.

CECÍLIA

Ora veja só! Qual é a moça que não recebe sua cartinha? Sim, também não admira; vocês dois moram em casa.

MARIQUINHA

Mas dize-me, Cecília, para que tem você tantos namorados?

CECÍLIA

Para quê? Eu te digo; para duas coisas: primeira, para divertir-me; segunda, para ver se de tantos, algum cai.

MARIQUINHA

Mau cálculo. Quando se sabe que uma moça dá corda a todos, todos brincam, e todos...

CECÍLIA

Acaba.

MARIQUINHA

E todos a desprezam.

CECÍLIA

Desprezam! Pois não. Só se se é alguma tola e dá logo a perceber que tem muitos namorados. Cada um dos meus supõe-se único na minha afeição.

MARIQUINHA

Tens habilidade.

CECÍLIA

É tão bom estar-se à janela, vendo-os passar um atrás do outro como os soldados que passam em continência. Um aceno para um, uma tossezinha para outro, um sorriso, um escárnio, e vão eles tão contentezinhos...

Cena X

Entra FELÍCIO.

175

FELÍCIO
(*entrando*)

Perdi-o de vista.

CECÍLIA
(*assustando-se*)

Ai, que susto me meteu o Sr. Felício!

FELÍCIO

Muito sinto que…

CECÍLIA

Não faz mal. (*com ternura*) Se todos os meus sustos fossem como este, não se me dava de estar sempre assustada.

FELÍCIO

E eu não me daria de causar, não digo susto, mas surpresa a pessoas tão amáveis e belas como a Senhora Dona Cecília.

CECÍLIA

Não mangue comigo; ora veja!

MARIQUINHA
(*à parte*)

Já ela está a namorar o primo. É insuportável. Primo?

FELÍCIO

Priminha?

MARIQUINHA

Aquilo?

FELÍCIO

Vai bem.

CECÍLIA

O que é?

MARIQUINHA

Uma coisa.

Cena XI

Entram CLEMÊNCIA, EUFRÁSIA, JOÃO, JÚLIA, *o menino, a preta com a criança e o moleque.*

CLEMÊNCIA

Mostra que tem habilidade.

EUFRÁSIA

Assim é bom, pois o meu nem por isso. Quem também já vai adiantado é o Juca; ainda ontem o João comprou-lhe um livro de fábula.

CLEMÊNCIA

As mestras da Júlia estão muito contentes com ela. Está muito adiantada. Fala francês e daqui a dois dias não sabe mais falar português.

FELÍCIO
(à parte)

Belo adiantamento!

CLEMÊNCIA

É muito bom colégio. Júlia, cumprimenta aqui o senhor em francês.

JÚLIA

Ora, mamã.

CLEMÊNCIA

Faça-se de tola!

JÚLIA

*Bon jour, Monsieur, comment vous portez-vous?
Je suis votre serviteur.*

JOÃO

Oui. Está muito adiantada.

EUFRÁSIA

É verdade.

CLEMÊNCIA
(*para Júlia*)

Como é mesa em francês?

JÚLIA

Table.

CLEMÊNCIA

Braço?

JÚLIA

Bras.

CLEMÊNCIA

Pescoço?

JÚLIA

Cou.

CLEMÊNCIA
Menina!

JÚLIA
É *cou* mesmo, mamã; não é, primo? Não é *cou* que significa?

CLEMÊNCIA
Está bom, basta.

EUFRÁSIA
Estes franceses são muito porcos. Ora veja, chamar o pescoço, que está ao pé da cara, com este nome tão feio.

JOÃO
(*para Eufrásia*)
Senhora, são horas de nos irmos.

CLEMÊNCIA
Já?

JOÃO
É tarde.

EUFRÁSIA
Adeus, comadre, qualquer destes dias cá virei. D. Mariquinha, adeus. (*dá um abraço e um beijo*)

MARIQUINHA
Passe bem. Cecília, até quando?

CECÍLIA
Até nos encontrarmos. Adeus. (*dá abraço e muitos beijos*)

EUFRÁSIA
(*para Clemência*)
Não se esqueça daquilo.

CLEMÊNCIA
Não.

JOÃO
(*para Clemência*)
Comadre, boas-noites.

CLEMÊNCIA
Boas-noites, compadre.

EUFRÁSIA *e* CECÍLIA
Adeus, adeus! Até sempre. (*os de casa acompanham-nos*)

EUFRÁSIA
(*parando no meio da casa*)
Mande o vestido pela Joana.

CLEMÊNCIA
Sim. Mas quer um só, ou todos os dois?

EUFRÁSIA
Basta um.

CLEMÊNCIA
Pois sim.

CECÍLIA
(*para Mariquinha*)
Você também mande-me o molde das mangas. Mamã, não era melhor fazer o vestido de mangas justas?

EUFRÁSIA

Faze como quiseres.

JOÃO

Deixem isto para outra ocasião e vamos, que é tarde.

EUFRÁSIA

Já vamos, já vamos. Adeus, minha gente, adeus. (*beijos e abraços*)

CECÍLIA
(*para Mariquinha*)

O livro que te prometi mando amanhã.

MARIQUINHA

Sim.

CECÍLIA

Adeus. Boas-noites, senhor Felício.

EUFRÁSIA
(*parando quase junto da porta*)

Você sabe? Nenhuma das sementes pegou.

CLEMÊNCIA

É que não soube plantar.

EUFRÁSIA

Qual!

MARIQUINHA

Adeus, Lulu.

EUFRÁSIA

Não eram boas.

CLEMÊNCIA

Eu mesmo as colhi.

MARIQUINHA

Marotinho!

CECÍLIA

Se você ver (sic) D. Luísa, dê lembranças.

EUFRÁSIA

Mande outras.

MARIQUINHA

Mamã, olhe Lulu que está lhe estendendo os braços.

CLEMÊNCIA

Um beijinho.

CECÍLIA

Talvez possa vir amanhã.

CLEMÊNCIA

Eu mando outras, comadre.

JOÃO

Então, vamos ou não vamos? (*desde que Eufrásia diz* – Você sabe? Nenhuma das sementes pegou – *falam todos ao mesmo tempo, com algazarra*)

CLEMÊNCIA

Já vão, já vão.

EUFRÁSIA

Espere um bocadinho.

JOÃO

(*para Felício*)

Não se pode aturar senhoras.

EUFRÁSIA

Adeus, comadre, o João quer se ir embora. Talvez venham cá os Reis.

CECÍLIA

É verdade, e...

JOÃO

Ainda não basta?

EUFRÁSIA

Que impertinência! Adeus, adeus!

CLEMÊNCIA *e* MARIQUINHA

Adeus, adeus!

EUFRÁSIA

(*chega à porta e pára*)

Quando quiser, mande a abóbora para fazer o doce.

CLEMÊNCIA

Pois sim, quando estiver madura lá mando, e...

JOÃO
(*à parte*)
Ainda não vai desta, irra!

CECÍLIA
(*para Mariquinha*)
Esqueci-me de te mostrar o meu chapéu.

CLEMÊNCIA
Não bota cravo.

CECÍLIA
Manda buscar?

EUFRÁSIA
Pois sim, tenho uma receita.

MARIQUINHA
Não, teu pai está zangado.

CLEMÊNCIA
Com flor de laranja.

EUFRÁSIA
Sim.

JOÃO
(*à parte, batendo com o pé*)
É demais!

CECÍLIA
Mande para eu ver.

MARIQUINHA

Sim.

EUFRÁSIA

Que o açúcar seja bom.

CECÍLIA

E outras coisas novas.

CLEMÊNCIA

É muito bom.

EUFRÁSIA

Está bem, adeus. Não se esqueça.

CLEMÊNCIA

Não.

CECÍLIA

Enquanto a Vitorina está lá em casa.

MARIQUINHA

Conta bem.

CECÍLIA

Adeus, Júlia.

JÚLIA

Mande a boneca.

CECÍLIA

Sim.

JÚLIA

Lulu, adeus, bem, adeus!

MARIQUINHA

Não faça ele cair!

JÚLIA

Não.

JOÃO

Eu vou saindo. Boas-noites. (*à parte*) Irra, irra!

CLEMÊNCIA

Boas-noites, sô João.

EUFRÁSIA

Anda, menina. Juca, vem.

TODOS

Adeus, adeus, adeus! (*toda esta cena deve ser como a outra, falada ao mesmo tempo*)

JOÃO

Enfim! (*saem Eufrásia, Cecília, João, o menino e a preta; Clemência, Mariquinha ficam à porta; Felício acompanha as visitas*)

CLEMÊNCIA

(*da porta*)

Adeus!

EUFRÁSIA

(*dentro*)

Toma sentido nos Reis pra me contar.

CLEMÊNCIA
(*da porta*)
Hei de tomar bem sentido.

CECÍLIA
(*de dentro*)
Adeus, bem! Mariquinha?

MARIQUINHA
Adeus!

CLEMÊNCIA
(*da porta*)
Ó comadre, manda o Juca amanhã, que é domingo.

EUFRÁSIA
(*dentro*)
Pode ser. Adeus.

Cena XII

CLEMÊNCIA, MARIQUINHA *e* FELÍCIO

CLEMÊNCIA
Menina, são horas de mandar arranjar a mesa pra ceia dos Reis.

MARIQUINHA
Sim, mamã.

CLEMÊNCIA
Viste a Cecília como vinha? Não sei aquela comadre onde quer ir parar. Tanto luxo e o marido ga-

nha tão pouco! São milagres que estas gentes sabem fazer.

MARIQUINHA

Mas elas cosem pra fora.

CLEMÊNCIA

Ora, o que dá a costura? Não sei, não sei! Há coisas que se não podem explicar... Donde lhes vem o dinheiro não posso dizer. Elas que o digam. (*entra Felício*) Felício, você também não acompanha os Reis?

FELÍCIO

Hei de acompanhar, minha tia.

CLEMÊNCIA

E ainda é cedo?

FELÍCIO

(*tirando o relógio*)
Ainda; apenas são nove horas.

CLEMÊNCIA

Ah, meu tempo!

Cena XIII

Entra NEGREIRO *acompanhado de um preto de ganho com um cesto à cabeça coberto com um cobertor de baeta encarnada.*

NEGREIRO

Boas-noites.

CLEMÊNCIA

Oh, pois voltou? O que traz com este preto?

NEGREIRO

Um presente que lhe ofereço.

CLEMÊNCIA

Vejamos o que é.

NEGREIRO

Uma insignificância... Arreia, pai! (*Negreiro ajuda ao preto a botar o cesto no chão. Clemência, Mariquinha chegam-se para junto do cesto, de modo
porém que este fica à vista dos espectadores*)

CLEMÊNCIA

Descubra. (*Negreiro descobre o cesto e dele levanta-se um moleque de tanga e carapuça encarnada, o qual fica em pé dentro do cesto*) Ó gentes!

MARIQUINHA
(*ao mesmo tempo*)

Oh!

FELÍCIO
(*ao mesmo tempo*)

Um meia-cara!

NEGREIRO

Então, hem? (*para o moleque*) Quenda, quenda!
(*puxa o moleque para fora*)

CLEMÊNCIA

Como é bonitinho!

NEGREIRO

Ah, ah!

CLEMÊNCIA

Pra que o trouxe no cesto?

NEGREIRO

Por causa dos malsins...

CLEMÊNCIA

Boa lembrança. (*examinando o moleque*) Está gordinho... bons dentes...

NEGREIRO
(*à parte, para Clemência*)

É dos desembarcados ontem no Botafogo...

CLEMÊNCIA

Ah! Fico-lhe muito obrigada.

NEGREIRO
(*para Mariquinha*)

Há de ser seu pajem.

MARIQUINHA

Não preciso de pajem.

CLEMÊNCIA

Então, Mariquinha?

NEGREIRO

Está bom, trar-lhe-ei uma mocamba.

190

CLEMÊNCIA

Tantos obséquios... Dá licença que o leve para dentro?

NEGREIRO

Pois não, é seu.

CLEMÊNCIA

Mariquinha, vem cá. Já volto. (*sai Clemência, levando pela mão o moleque, e Mariquinha*)

Cena XIV

NEGREIRO

(*para o preto de ganho*)

Toma lá. (*dá-lhe dinheiro; o preto toma o dinheiro e fica algum tempo olhando para ele*) Então, acha pouco?

O NEGRO

Eh, eh, pouco... carga pesado...

NEGREIRO

(*ameaçando*)

Salta já daqui, tratante! (*empurra-o*) Pouco, pouco! Salta! (*empurra-o pela porta afora*)

FELÍCIO

(*à parte*)

Sim, empurra o pobre preto, que eu também te empurrarei sobre alguém...

NEGREIRO

(*voltando*)

Acha um vintém pouco!

FELÍCIO

Sr. Negreiro...

NEGREIRO

Meu caro senhor?

FELÍCIO

Tenho uma coisa que lhe comunicar, com a condição porém que o senhor se não há de alterar.

NEGREIRO

Vejamos.

FELÍCIO

A simpatia que pelo senhor sinto é que me faz falar...

NEGREIRO

Adiante, adiante...

FELÍCIO

(*à parte*)

Espera, que eu te ensino, grosseirão. (*para Negreiro*) O Sr. Gainer, que há pouco saiu, disse-me que ia ao juiz de paz denunciar os meias-caras que o senhor tem em casa e ao comandante do brigue inglês *Wizart* os seus navios que espera todos os dias.

NEGREIRO

Quê? Denunciar-me, aquele patife? Velhaco-mor! Denunciar-me? Oh, não que eu me importe com a denúncia ao juiz de paz; com este eu cá me entendo; mas é patifaria, desaforo!

FELÍCIO

Não sei por que tem ele tanta raiva do senhor.

NEGREIRO

Por quê? Porque eu digo em toda a parte que ele é um especulador velhaco e velhacão! Oh, inglês do diabo, se eu te pilho! Inglês de um dardo!

Cena XV

Entra GAINER *apressado.*

GAINER
(*entrando*)

Darda tu, patifa!

NEGREIRO

Oh!

GAINER
(*tirando apressado a casaca*)

Agora me paga!

FELÍCIO
(*à parte, rindo-se*)

Temos touros!

NEGREIRO

(*indo sobre Gainer*)
Espera, *goddam* dos quinhentos!

GAINER

(*indo sobre Negreiro*)
Meia-cara! (*Gainer e Negreiro brigam aos socos.
Gainer gritando continuadamente:* Meia-cara! Patifa!
Goddam! – e Negreiro: Velhaco! Tratante! *Felício ri-
se, de modo porém que os dois não pressintam. Os
dois caem no chão e rolam brigando sempre*)

FELÍCIO

(*à parte, vendo a briga*)
Bravo os campeões! Belo soco! Assim, inglesinho!
Bravo o Negreiro! Lá caem... Como estão zangados!

Cena XVI

Entra CLEMÊNCIA *e* MARIQUINHA.

FELÍCIO

(*vendo-as entrar*)
Senhores, acomodem-se! (*procura apartá-los*)

CLEMÊNCIA

Então, o que é isto, senhores? Contendas em minha casa?

FELÍCIO

Sr. Negreiro, acomode-se! (*os dois levantam-se e
falam ao mesmo tempo*)

NEGREIRO

Este *yes* do diabo...

GAINER

Negreira atrevida...

NEGREIRO

... teve a pouca-vergonha...

GAINER

... chama a mim...

NEGREIRO

... de denunciar-me...

GAINER

... velhaca...

FELÍCIO

Senhores!

CLEMÊNCIA

Pelo amor de Deus, sosseguem!

NEGREIRO

(*animando-se*)

Ainda não estou em mim...

GAINER

(*animando-se*)

Inglês não sofre...

NEGREIRO

Quase que o mato!

GAINER

Goddam! (*quer ir contra Negreiro, Clemência e Felício apartam*)

CLEMÊNCIA

Sr. *Mister*! Sr. Negreiro!

NEGREIRO

Se não fosse a senhora, havia de ensinar-te, *yes* do diabo!

CLEMÊNCIA

Basta, basta!

GAINER

Eu vai-se embora, não quer ver mais nas minhas olhos este homem. (*sai arrebatadamente vestindo a casaca*)

NEGREIRO
(*para Clemência*)

Faz-me o favor. (*leva-a para um lado*) A senhora sabe quais são minhas intenções nesta casa a respeito de sua filha, mas como creio que este maldito inglês tem as mesmas intenções...

CLEMÊNCIA

As mesmas intenções?

NEGREIRO

Sim senhora, pois julgo que pretende também casar com sua filha.

CLEMÊNCIA
Pois é da Mariquinha que ele gosta?

NEGREIRO
Pois não nota a sua assiduidade?

CLEMÊNCIA
(*à parte*)
E eu que pensava que era por mim!

NEGREIRO
É tempo de decidir: ou eu ou ele.

CLEMÊNCIA
Ele casar-se com Mariquinha? É o que faltava!

NEGREIRO
É quanto pretendia saber. Conceda que vá mudar de roupa, e já volto para assentarmos o negócio. Eu volto. (*sai*)

CLEMÊNCIA
(*à parte*)
Era dela que ele gostava! E eu, então? (*para Mariquinha*) O que estão vocês aí bisbilhotando? As filhas neste tempo não fazem caso das mães! Pra dentro, pra dentro!

MARIQUINHA
(*espantada*)
Mas, mamã...

CLEMÊNCIA

(*mais zangada*)

Ainda em cima respondona! Pra dentro! (*Clemência empurra Mariquinha pra dentro, que vai chorando*)

FELÍCIO

Que diabo quer isto dizer? O que diria ele a minha tia para indispô-la deste modo contra a prima? O que será? Ela me dirá. (*sai atrás de Clemência*)

Cena XVII

Entra NEGREIRO *na ocasião que* FELÍCIO *sai.*

NEGREIRO

Psiu! Não ouviu-me... Esperarei. Quero que me dê informações mais miúdas a respeito da denúncia que o tal patife deu ao cruzeiro inglês dos navios que espero. Isto... Não, que os tais meninos andam com o olho vivo pelo que bem o sei eu, e todos, em suma. Seria bem bom que eu pudesse arranjar este casamento o mais breve possível. Lá com a moça, em suma, não me importa; o que eu quero é o dote. Faz-me certo arranjo... E o inglês também queria, como tolo! Já ando meio desconfiado... Alguém vem! Se eu me escondesse, talvez pudesse ouvir... Dizem que é feio... Que importa? Primeiro o meu dinheiro, em suma. (*esconde-se por trás da cortina da primeira janela*)

Cena XVIII

Entra CLEMÊNCIA.

CLEMÊNCIA

É preciso que isto se decida. Ó lá de dentro! José?

UMA VOZ
(*dentro*)

Senhora!

CLEMÊNCIA

Vem cá. A quanto estão as mulheres sujeitas! (*entra um pajem. Clemência, dando-lhe uma carta*) Vai à casa do Sr. Gainer, aquele inglês, e entrega-lhe esta carta. (*sai o pajem. Negreiro, durante toda esta cena e a seguinte, observa, espiando*)

NEGREIRO
(*à parte*)

Uma carta para o inglês!

CLEMÊNCIA
(*passeando*)

Ou com ele, ou com nenhum mais.

NEGREIRO

Ah, o caso é este!

CLEMÊNCIA
(*no mesmo*)

Estou bem certa que ele fará a felicidade de uma mulher.

NEGREIRO

(*à parte*)

Muito bom, muito bom!

CLEMÊNCIA

(*no mesmo*)

O mau foi ele brigar com o Negreiro.

NEGREIRO

(*à parte*)

E o pior é não lhe quebrar eu a cara...

CLEMÊNCIA

Mas não devo hesitar: se for necessário, fecharei minha porta ao Negreiro.

NEGREIRO

Muito obrigado.

CLEMÊNCIA

Ele se há de zangar.

NEGREIRO

Pudera não! E depois de dar um moleque que podia vender por duzentos mil-réis...

CLEMÊNCIA

(*no mesmo*)

Mas que importa? É preciso pôr meus negócios em ordem, e só ele é capaz de os arranjar depois de se casar comigo.

NEGREIRO

(*à parte*)

Hem? Como é lá isso? Ah!

CLEMÊNCIA

Há dois anos que meu marido foi morto no Rio Grande pelos rebeldes, indo lá liquidar umas contas. Deus tenha sua alma em glória; tem-me feito uma falta que só eu sei. É preciso casar-me; ainda estou moça. Todas as vezes que me lembro do defunto vêm-me as lágrimas aos olhos... Mas se ele não quiser?

NEGREIRO

(*à parte*)

Se o defunto não quiser?

CLEMÊNCIA

Mas não, a fortuna que tenho e mesmo alguns atrativos que possuo, seja dito sem vaidade, podem vencer maiores impossíveis. Meu pobre defunto marido! (*chora*) Vou fazer a minha *toilette*. (*sai*)

Cena XIX

NEGREIRO *sai da janela.*

NEGREIRO

E então? Que tal a viúva? (*arremedando a voz de Clemência*) Meu pobre defunto marido... Vou fazer minha *toilette*. Não é má! Chora por um e enfeita-se para outro. Estas viúvas! Bem diz o ditado que viúva rica por um olho chora, e por outro repica. Vem gente... Será o inglês? (*esconde-se*)

Cena XX

Entra ALBERTO *vagaroso e pensativo; olha ao redor de si, examinando tudo com atenção. Virá vestido pobremente, mas com decência. Negreiro, que da janela espiando o observa, mostra-se aterrado durante toda a seguinte cena.*

ALBERTO

Eis-me depois de dois anos de privações e miséria restituído ao seio de minha família!

NEGREIRO
(*à parte*)

O defunto!

ALBERTO

Minha mulher e minha filha ainda se lembrarão de mim? Serão elas felizes, ou como eu experimentarão os rigores do infortúnio? Há apenas duas horas que desembarquei, chegando dessa malfadada província onde dois anos estive prisioneiro. Lá os rebeldes me detiveram, porque julgavam que eu era um espião; minhas cartas para minha família foram interceptadas e minha mulher talvez me julgue morto... Dois anos, que mudanças terão trazido consigo? Cruel ansiedade! Nada indaguei, quis tudo ver com meus próprios olhos... É esta a minha casa, mas estes móveis não conheço... Mais ricos e suntuosos são do que aqueles que deixei. Oh, terá também minha mulher mudado? Sinto passos... Ocultemo-nos... Sinto-me ansioso de temor e alegria... meu Deus! (*encaminha-se para a janela aonde está escondido Negreiro*)

NEGREIRO

(*à parte*)

Oh, diabo! Ei-lo comigo! (*Alberto, querendo esconder-se na janela, dá com Negreiro e recua espantado*)

ALBERTO

Um homem! Um homem escondido em minha casa!

NEGREIRO

(*saindo da janela*)

Senhor!

ALBERTO

Quem és tu? Responde! (*agarra-o*)

NEGREIRO

Eu? Pois não me conhece, Sr. Alberto? Sou Negreiro, seu amigo... Não me conhece?

ALBERTO

Negreiro... sim... Mas meu amigo, e escondido em casa de minha mulher!

NEGREIRO

Sim senhor, sim senhor, por ser seu amigo é que estava escondido em casa de sua mulher.

ALBERTO

(*agarrando Negreiro pelo pescoço*)

Infame!

NEGREIRO

Não me afogue! Olhe que eu grito!

ALBERTO

Dize, por que te escondias?

NEGREIRO

Já lhe disse que por ser seu verdadeiro amigo...
Não aperte que não posso, e então também dou
como um cego, em suma.

ALBERTO
(*deixando-o*)
Desculpa-te se podes, ou treme...

NEGREIRO

Agora sim... Vá ouvindo. (*à parte*) Assim safo-
me da arriosca e vingo-me, em suma, do inglesinho.
(*para Alberto*) Sua mulher é uma traidora!

ALBERTO

Traidora?

NEGREIRO

Traidora, sim, pois não tendo certeza de sua
morte, tratava já de casar-se.

ALBERTO

Ela casar-se? Tu mentes! (*agarra-o com força*)

NEGREIRO

Olhe que perco a paciência... Que diabo! Por ser
seu amigo e vigiar sua mulher agarra-me deste modo?
Tenha propósito, ou eu... Cuida que é mentira? Pois
esconda-se um instante comigo e verá. (*Alberto esconde o rosto nas mãos e fica pensativo. Negreiro, à parte*)

Não está má a ressurreição! Que surpresa para a mulher! Ah, inglesinho, agora me pagarás!

ALBERTO
(*tomando-o pelo braço*)
Vinde… Tremei porém, se sois um caluniador. Vinde! (*escondem-se ambos na janela e observam durante toda a seguinte cena*)

NEGREIRO
(*da janela*)
A tempo nos escondemos, que alguém se aproxima!

Cena XXI

Entram FELÍCIO *e* MARIQUINHA.

FELÍCIO
É preciso que te resolvas o quanto antes.

ALBERTO
(*da janela*)
Minha filha!

MARIQUINHA
Mas…

FELÍCIO
Que irresolução é a tua? A desavença entre os dois fará que a tia apresse o teu casamento – com qual deles não sei. O certo é que de um estamos li-

vres; resta-nos outro. Só com coragem e resolução nos podemos tirar deste passo. O que disse o Negreiro à tua mãe não sei, porém, o que quer que seja, a tem perturbado muito, e meu plano vai-se desarranjando.

MARIQUINHA

Oh, é verdade, a mamãe tem ralhado tanto comigo depois desse momento, e me tem dito mil vezes que eu serei a causa da sua morte...

FELÍCIO

Se tivesses coragem de dizer a tua mãe que nunca te casarás com o Gainer ou com o Negreiro...

NEGREIRO

(*da janela*)

Obrigado!

MARIQUINHA

Jamais o ousarei!

FELÍCIO

Pois bem, se o não ousas dizer, fujamos.

MARIQUINHA

Oh, não, não!

CLEMÊNCIA

(*dentro*)

Mariquinha?

MARIQUINHA

Adeus! Nunca pensei que você me fizesse semelhante proposição!

FELÍCIO
(*segurando-a pela mão*)

Perdoa, perdoa ao meu amor! Estás mal comigo?
Pois bem, já não falarei em fugida, em planos, em
entregas; apareça só a força e coragem. Aquele que
sobre ti lançar vistas de amor ou de cobiça comigo
se haverá. Que me importa a vida sem ti? E um homem que despreza a vida...

MARIQUINHA
(*suplicante*)

Felício!

CLEMÊNCIA
(*dentro*)

Mariquinha?

MARIQUINHA

Senhora? Eu te rogo, não me faças mais desgraçada!

CLEMÊNCIA
(*dentro*)

Mariquinha, não ouves?

MARIQUINHA

Já vou, minha mãe. Não é verdade que estavas
brincando?

FELÍCIO

Sim, sim, estava; vai descansada.

MARIQUINHA

Eu creio em tua palavra. (*sai apressada*)

Cena XXII

FELÍCIO

(*só*)

Crê na minha palavra, porque eu disse que serás minha. Com aquele dos dois que te ficar pertencendo irei ter, e será teu esposo aquele que a morte poupar. São dez horas, os amigos me esperam. Amanhã se decidirá minha sorte. (*toma o chapéu que está sobre a mesa e sai*)

Cena XXIII

ALBERTO *e* NEGREIRO, *sempre na janela.*

ALBERTO

Oh, minha ausência, minha ausência!

NEGREIRO

A mim não me matarás! Safa, em suma.

ALBERTO

A que cenas vim eu assistir em minha casa!

NEGREIRO

E que direi eu? Que tal o menino?

ALBERTO

Clemência, Clemência, assim conservavas tu a honra da nossa família? Mas o senhor pretendia casar-se com minha filha?

NEGREIRO

Sim senhor, e creio que não sou um mau partido; porém já desisto, em suma, e... Caluda, caluda!

Cena XXIV

Entra CLEMÊNCIA *muito bem vestida.*

ALBERTO
(*na janela*)
Minha mulher Clemência!

NEGREIRO
(*na janela*)
Fique quieto.

CLEMÊNCIA
(*assentando-se*)
Ai, já tarda... Este vestido me vai bem... Estou com meus receios... Tenho a cabeça ardendo de alguns cabelos brancos que arranquei... Não sei o que sinto; tenho assim umas lembranças de meu defunto... É verdade que já estava velho.

NEGREIRO
(*na janela*)
Olhe, chama-o de defunto e velho!

CLEMÊNCIA

Sobem as escadas! (*levanta-se*)

NEGREIRO

Que petisco para o marido! E casai-vos!

CLEMÊNCIA

É ele!

Cena XXV

Entra GAINER.

GAINER

(*entrando*)

Dá licença? Sua criado... Muito obrigada.

NEGREIRO

(*na janela*)

Não há de quê.

CLEMÊNCIA

(*confusa*)

O senhor... eu supunha... porém... eu... Não quer se assentar? (*assentam-se*)

GAINER

Eu recebe uma carta para vir trata de uma negócia.

CLEMÊNCIA

Fiada em sua bondade...

GAINER

Oh, meu bondade… obrigada.

CLEMÊNCIA

O Sr. *Mister* bem sabe que… (*à parte*) Não sei o que lhe diga.

GAINER

O que é que eu sabe?

CLEMÊNCIA

Talvez que não ignore que pela sentida morte de meu defunto… (*finge que chora*) fiquei senhora de uma boa fortuna.

GAINER

Boa fortuna é bom.

CLEMÊNCIA

Logo que estive certa de sua morte, fiz inventário, porque me ficavam duas filhas menores; assim me aconselhou um doutor de S. Paulo. Continuei por minha conta com o negócio do defunto; porém o Sr. *Mister* bem sabe que numa casa sem homem tudo vai para trás. Os caixeiros mangam, os corretores roubam; enfim, se isto durar mais tempo, dou-me por quebrada.

GAINER

Este é mau, quebrada é mau.

CLEMÊNCIA

Se eu tivesse porém uma pessoa hábil e diligente que se pusesse à testa de minha casa, estou bem certa que ela tomaria outro rumo.

Gainer

It is true.

Clemência

Eu podia, como muitas pessoas me têm aconselhado, tomar um administrador, mas temo muito dar esse passo; o mundo havia ter logo que dizer, e minha reputação antes de tudo.

Gainer

Reputation, yes.

Clemência

E além disso tenho uma filha já mulher. Assim, o único remédio que me resta é casar.

Gainer

Oh, *yes!* Casar *Miss* Mariquinha, depois tem uma genra para toma conta na casa.

Clemência

Não é isto o que eu lhe digo!

Gainer

Então mi não entende português.

Clemência

Assim me parece. Digo que é preciso que eu, eu me case.

Gainer

(*levantando-se*)
Oh, *by God! By God!*

CLEMÊNCIA
(*levantando-se*)

De que se espanta? Estou eu tão velha, que não possa casar?

GAINER

Mi não diz isto... Eu pensa na home que será sua marido.

CLEMÊNCIA
(*à parte*)

Bom... (*para Gainer*) A única coisa que me embaraça é a escolha. Eu... (*à parte*) Não sei como dizer-lhe... (*para Gainer*) As boas qualidades... (*Gainer, que já entendeu a intenção de Clemência, esfrega, à parte, as mãos de contente. Clemência, continuando*) Há muito que o conheço, e eu... sim... não se pode... o estado deve ser considerado, e... ora... Por que hei de eu ter vergonha de o dizer?... Sr. Gainer, eu o tenho escolhido para meu marido; se o há de ser de minha filha, seja meu...

GAINER
Mim aceita, mim aceita!

Cena XXVI

ALBERTO *sai da janela com* NEGREIRO *e agarra* GAINER *pela garganta.*

CLEMÊNCIA

O defunto, o defunto! (*vai cair desmaiada no sofá, afastando as cadeiras que acha no caminho*)

GAINER

Goddam! Assassina!

ALBERTO
(*lutando*)
Tu é que me assassinas!

GAINER

Ladrão!

NEGREIRO
Toma lá, inglesinho! (*dá-lhe por trás*)

ALBERTO
(*lutando*)
Tu e aquele infame...

Cena XXVII

Entram MARIQUINHA *e* JÚLIA.

MARIQUINHA
O que é isto? Meu pai! Minha mãe! (*corre para junto de Clemência*) Minha mãe! (*Alberto é ajudado por Negreiro, que trança a perna em Gainer e lança-o no chão. Negreiro fica a cavalo em Gainer, dando e descompondo. Alberto vai para Clemência*)

ALBERTO
Mulher infiel! Em dois anos de tudo te esqueceste! Ainda não tinhas certeza de minha morte e já te entregavas a outrem? Adeus, e nunca mais te verei. (*quer sair, Mariquinha lança-se a seus pés*)

MARIQUINHA

Meu pai, meu pai!

ALBERTO

Deixa-me, deixa-me! Adeus! (*vai sair arrebata-damente; Clemência levanta a cabeça e implora a Alberto, que ao chegar à porta encontra-se com Felício. Negreiro e Gainer neste tempo levantam-se*)

FELÍCIO

Que vejo? Meu tio! Sois vós? (*travando-o pelo braço, o conduz para a frente do teatro*)

ALBERTO

Sim, é teu tio, que veio encontrar sua casa perdida e sua mulher infiel!

GAINER

Seu mulher! Tudo está perdida!

ALBERTO

Fujamos desta casa! (*vai a sair apressado*)

FELÍCIO
(*indo atrás*)
Senhor! Meu tio! (*quando Aberto chega à porta, ouve-se cantar dentro*)

UMA VOZ
(*dentro, cantando*)
Ó de casa, nobre gente,
Escutai e ouvireis,
Que da parte do Oriente
São chegados os três Reis.

ALBERTO
(*pára à porta*)
Oh! (*N.B.: Continuam a representar enquanto dentro cantam*)

FELÍCIO
(*segurando-o*)
Assim quereis abandonar-nos, meu tio?

MARIQUINHA
(*indo para Alberto*)
Meu pai!…

FELÍCIO
(*conduzindo-o para a frente*)
Que será de vossa mulher e de vossas filhas? Abandonadas por vós, todos as desprezarão… Que horrível futuro para vossas inocentes filhas! Esta gente que não tarda a entrar espalhará por toda a cidade a notícia do seu desamparo.

MARIQUINHA
Assim nos desprezais?

JÚLIA
(*abrindo os braços como para abraçá-lo*)
Papá, papá!

FELÍCIO
Vede-as, vede-as!

ALBERTO
(*comovido*)
Minhas filhas! (*abraça-as com transporte*)

GAINER

Mim perde muito com este… E vai embora!

NEGREIRO

Aonde vai? (*quer segurá-lo; Gainer dá-lhe um soco que o lança no chão, deixando a aba da casaca na mão de Negreiro. Clemência, vendo Alberto abraçar as filhas, levanta-se e caminha para ele*)

CLEMÊNCIA
(humilde)

Alberto!

ALBERTO

Mulher, agradece às tuas filhas… estás perdoada… Longe de minha vista este infame. Onde está ele?

NEGREIRO

Foi-se, mas, em suma, deixou penhor.

ALBERTO

Que nunca mais me apareça! (*para Mariquinha e Felício*) Tudo ouvi junto com aquele senhor, (*aponta para Negreiro*) e vossa honra exige que de hoje a oito dias estejais casados.

FELÍCIO

Feliz de mim!

NEGREIRO

Em suma, fiquei mamado e sem o dote…

Cena XXVIII

Entram dois moços vestidos de jaqueta
e calças brancas.

UM DOS MOÇOS
Em nome de meus companheiros pedimos à Senhora Dona Clemência a permissão de cantarmos os Reis em sua casa.

CLEMÊNCIA
Pois não, com muito gosto.

O MOÇO
A comissão agradece. (*saem os dois*)

FELÍCIO
(*para Alberto*)
Morro de impaciência por saber como pôde meu tio escapar das mãos dos rebeldes para nos fazer tão felizes.

ALBERTO
Satisfarei com vagar a tua impaciência.

Cena XXIX

Entram os moços e moças que vêm cantar os
Reis; alguns deles, tocando diferentes
instrumentos, precedem o rancho.
Cumprimentam quando entram.

O MOÇO

Vamos a esta, rapaziada!

UM MOÇO *e* UMA MOÇA
(*cantando*)
(*Solo*)

No céu brilhava uma estrela,
Que a três Magos conduzia
Para o berço onde nascera
Nosso Conforto e Alegria.

(*Coro*)

Ó de casa, nobre gente,
Acordai e ouvireis,
Que da parte do Oriente
São chegados os três Reis.

(RITORNELO)
(*Solo*)

Puros votos de amizade,
Boas-festas e bons Reis
Em nome do Rei nascido
Vos pedimos que aceiteis.

(*Coro*)

Ó de casa, nobre gente,
Acordai e ouvireis,
Que da parte do Oriente
São chegados os três Reis.

TODOS DA CASA

Muito bem!

CLEMÊNCIA

Felício, convida às senhoras e senhores para tomarem algum refresco.

FELÍCIO

Queiram ter a bondade de entrar, que muito nos obsequiarão.

OS DO RANCHO

Pois não, pois não! Com muito gosto.

CLEMÊNCIA

Queiram entrar. (*Clemência e os da casa caminham para dentro e o rancho os segue tocando uma alegre marcha, e desce o pano*)

O JUDAS EM SÁBADO DE ALELUIA

Comédia em um ato

[1844]

PERSONAGENS

JOSÉ PIMENTA, *cabo-de-esquadra da Guarda Nacional*

CHIQUINHA ⎫
MARICOTA ⎭ *suas filhas*

LULU (*10 anos*)

FAUSTINO, *empregado público*

AMBRÓSIO, *capitão da Guarda Nacional*

ANTÔNIO DOMINGOS, *velho, negociante*

MENINOS E MOLEQUES

A cena passa-se no Rio de Janeiro,
no ano de 1844.

ATO ÚNICO

(*Sala em casa de* JOSÉ PIMENTA. *Porta no fundo, à direita, e à esquerda uma janela; além da porta da direita uma cômoda de jacarandá, sobre a qual estará uma manga de vidro e dois castiçais de casquinha. Cadeiras e mesa. Ao levantar do pano, a cena estará distribuída da seguinte maneira:* CHIQUINHA *sentada junto à mesa, cosendo;* MARICOTA *à janela; e no fundo da sala, à direita da porta, um grupo de quatro meninos e dois moleques acabam de aprontar um judas, o qual estará apoiado à parede. Serão os seus trajes casaca de corte, de veludo, colete idem, botas de montar, chapéu armado com penacho escarlate (tudo muito usado), longos bigodes, etc. Os meninos e moleques saltam de contentes ao redor do judas e fazem grande algazarra.*)

Cena I

CHIQUINHA, MARICOTA *e meninos*

CHIQUINHA

Meninos, não façam tanta bulha...

LULU

(*saindo do grupo*)

Mana, veja o judas como está bonito! Logo quando aparecer a Aleluia, havemos de puxá-lo para a rua.

CHIQUINHA

Está bom; vão para dentro e logo venham.

LULU

(*para os meninos e moleques*)

Vamos pra dentro; logo viremos, quando aparecer a Aleluia. (*vão todos para dentro em confusão*)

CHIQUINHA

(*para Maricota*)

Maricota, ainda te não cansou essa janela?

MARICOTA

(*voltando a cabeça*)

Não é de tua conta.

CHIQUINHA

Bem o sei. Mas, olha, o meu vestido está quase pronto; e o teu, não sei quando estará.

MARICOTA

Hei de aprontá-lo quando quiser e muito bem me parecer. Basta de seca – cose, e deixa-me.

CHIQUINHA

Fazes bem. (*aqui Maricota faz uma mesura para a rua, como a pessoa que a cumprimenta, e continua depois a fazer acenos com o lenço*) Lá está ela no seu fadário! Que viva esta minha irmã só para namorar. É forte mania! A todos faz festa, a todos namora... E o pior é que a todos engana... até o dia em que também seja enganada.

MARICOTA

(*retirando-se da janela*)
O que estás tu a dizer, Chiquinha?

CHIQUINHA

Eu? Nada.

MARICOTA

Sim! Agarra-te bem à costura; vive sempre como vives, que hás de morrer solteira.

CHIQUINHA

Paciência.

MARICOTA

Minha cara, nós não temos dote, e não é pregada à cadeira que acharemos noivo.

CHIQUINHA

Tu já o achaste pregada à janela?

MARICOTA

Até esperar não é tarde. Sabes tu quantos passaram hoje por esta rua, só para me verem?

CHIQUINHA

Não.

MARICOTA

O primeiro que vi, quando cheguei à janela, parado no canto, foi aquele tenente dos Permanentes, que tu bem sabes.

CHIQUINHA

Casa-te com ele.

MARICOTA

E por que não, se ele quiser? Os oficiais dos Permanentes têm bom soldo. Podes te rir.

CHIQUINHA

E depois do tenente, quem mais passou?

MARICOTA

O cavalo rabão.

CHIQUINHA

Ah!

MARICOTA

Já te não mostrei aquele moço que anda sempre muito à moda, montado em um cavalo rabão, e que todas as vezes que passa cumprimenta com ar risonho e esporeia o cavalo?

CHIQUINHA

Sei quem é – isto é, conheço-o de vista. Quem é ele?

MARICOTA

Sei tanto como tu.

CHIQUINHA

E o namoras sem o conheceres?

MARICOTA

Oh, que tola! Pois é preciso conhecer-se a pessoa a quem se namora?

CHIQUINHA

Penso que sim.

MARICOTA

Estás muito atrasada. Queres ver a carta que ele me mandou esta manhã pelo moleque? (*tira do seio uma cartinha*) Ouve: (*lendo*) "Minha adorada e crepitante estrela!" (*deixando de ler*) Hem? Então?...

CHIQUINHA

Continua.

MARICOTA

(*continuando a ler*)

"Os astros que brilham nas chamejantes esferas de teus sedutores olhos ofuscaram em tão subido ponto o meu discernimento, que me enlouqueceram. Sim, meu bem, um general quando vence uma batalha não é mais feliz do que eu sou! Se receberes os meus sinceros sofrimentos serei ditoso, e se não me corresponderes, serei infeliz, irei viver com as feras desumanas da Hircânia, do Japão e dos sertões de Minas – feras mais compassivas do que tu. Sim, meu bem, esta será a minha sorte, e lá morrerei... Adeus. Deste que jura ser teu, apesar da negra e fria morte. – *O mesmo*" (*acabando de ler*) Então, tem que dizer a isto? Que estilo! que paixão!...

CHIQUINHA

(*rindo-se*)

É pena que o menino vá viver por essas brenhas com as feras da Hircânia, com os tatus e tamanduás. E tu acreditas em todo este palanfrório?

MARICOTA

E por que não? Têm-se visto muitas paixões violentas. Ouve agora esta outra. (*tira outra carta do seio*)

CHIQUINHA

Do mesmo?

MARICOTA

Não, é daquele mocinho que está estudando latim no Seminário de S. José.

CHIQUINHA

Namoras também a um estudante de latim?! O que esperas deste menino?

MARICOTA

O que espero? Não tens ouvido dizer que as primeiras paixões são eternas? Pois bem, este menino pode ir para S. Paulo, voltar de lá formado e arranjar eu alguma coisa no caso de estar ainda solteira.

CHIQUINHA

Que cálculo! É pena teres de esperar tanto tempo...

MARICOTA

Os anos passam depressa, quando se namora. Ouve: (*lendo*) "Vi teu mimoso semblante e fiquei enleado e cego, cego a ponto de não poder estudar minha lição." (*deixando de ler*) Isto é de criança. (*continua a ler*) "Bem diz o poeta latino: *Mundus a Domino constitutus est.*" (*lê estas palavras com dificuldade e diz*) Isto eu não entendo; há de ser algum elogio... (*continua a ler*) "... *constitutus est*. Se Deus o criou, foi para fazer o paraíso dos amantes, que como eu têm a fortuna de gozar tanta beleza. A mocidade, meu bem, é um tesouro, porque *senectus est morbus*. Recebe, minha adorada, os meus protestos. Adeus, encanto. *Ego vocor – Tibúrcio José Maria.*" (*acabando de ler*) O que eu não gosto é escrever-me ele em latim. Hei de mandar-lhe dizer que me fale em português. Lá dentro ainda tenho um maço de cartas que te poderei mostrar; estas duas recebi hoje.

CHIQUINHA

Se todas são como essas, é rica a coleção. Quem mais passou? Vamos, dize...

MARICOTA

Passou aquele amanuense da Alfândega, que está à espera de ser segundo escriturário para casar-se comigo. Passou o inglês que anda montado no cavalo do curro. Passou o Ambrósio, capitão da Guarda Nacional. Passou aquele moço de bigodes e cabelos grandes, que veio da Europa, onde esteve empregado na diplomacia. Passou aquele sujeito que tem loja de fazendas. Passou...

CHIQUINHA
(*interrompendo*)
Meu Deus, quantos!... E a todos esses namoras?

MARICOTA
Pois então! E o melhor é que cada um de per se pensa ser o único da minha afeição.

CHIQUINHA
Tens habilidade! Mas dize-me, Maricota, que esperas tu com todas essas loucuras e namoros? Que planos são os teus? (*levanta-se*) Não vês que te podes desacreditar?

MARICOTA
Desacreditar-me por namorar! E não namoram todas as moças? A diferença está em que umas são mais espertas do que outras. As estouvadas, como tu dizes que eu sou, namoram francamente, enquanto as sonsas vão pela calada. Tu mesma, com este ar de santinha – anda, faze-te vermelha! – talvez namores, e muito; e se eu não posso assegurar, é porque tu não és sincera como eu sou. Desengana-te, não há moça que não namore. A dissimulação de muitas é que faz duvidar de suas estrepolias. Apontas-me porventura uma só, que não tenha hora escolhida para chegar à janela, ou que não atormente ao pai ou à mãe para ir a este ou àquele baile, a esta ou àquela festa? E pensas tu que é isto feito indiferente-

mente, ou por acaso? Enganas-te, minha cara, tudo é namoro, e muito namoro. Os pais, as mães e as simplórias como tu é que nada vêem e de nada desconfiam. Quantas conheço eu, que no meio de parentes e amigas, cercadas de olhos vigilantes, namoram tão sutilmente, que não se pressente! Para quem sabe namorar tudo é instrumento: uma criança que se tem ao colo e se beija, um papagaio com o qual se fala à janela, um mico que brinca sobre o ombro, um lenço que volteia na mão, uma flor que se desfolha – tudo, enfim. E até quantas vezes o namorado desprezado serve de instrumento para se namorar a outrem! Pobres tolos, que levam a culpa e vivem logrados, em proveito alheio! Se te quisesse eu explicar e patentear os ardis e espertezas de certas meninas que passam por sérias e que são refinadíssimas velhacas, não acabaria hoje. Vive na certeza, minha irmã, que as moças dividem-se em duas classes: sonsas e sinceras... Mas que todas namoram.

CHIQUINHA

Não questionarei contigo. Demos que assim seja, quero mesmo que o seja. Que outro futuro esperam as filhas-famílias, senão o casamento? É a nossa senatoria, como costumam dizer. Os homens não levam a mal que façamos da nossa parte todas as diligências para alcançarmos este fim; mas o meio que devemos empregar é tudo. Pode ele ser prudente e honesto, ou tresloucado como o teu.

MARICOTA

Não dizia eu que havia sonsas e sinceras? Tu és das sonsas.

Chiquinha

Pode ele nos desacreditar, como não duvido que o teu te desacreditará.

Maricota

E por quê?

Chiquinha

Namoras a muitos.

Maricota

Oh, essa é grande! Nisto justamente é que eu acho vantagem. Ora dize-me, quem compra muitos bilhetes de loteria não tem mais probabilidade de tirar a sorte grande do que aquele que só compra um? Não pode do mesmo modo, nessa loteria do casamento, quem tem muitos amantes ter mais probabilidade de tirar um para marido?

Chiquinha

Não, não! A namoradeira é em breve tempo conhecida e ninguém a deseja por mulher. Julgas que os homens iludem-se com ela e que não sabem que valor devem dar aos seus protestos? Que mulher pode haver tão fina, que namore a muitos e que faça crer a cada um em particular que é o único amado? Aqui em nossa terra, grande parte dos moços são presunçosos, linguarudos e indiscretos; quando têm o mais insignificante namorico, não há amigos e conhecidos que não sejam confidentes. Que cautelas podem resistir a essas indiscrições? E conhecida uma moça por namoradeira, quem se animará a pedi-la por esposa? Quem se quererá arriscar a casar-se com uma mulher que continue depois de casada as cenas de sua vida de solteira? Os homens têm mais juízo do que pensas; com as namoradeiras divertem-se eles, mas não se casam.

MARICOTA

Eu to mostrarei.

CHIQUINHA

Veremos. Dá graças a Deus se por fim encontrares um velho para marido.

MARICOTA

Um velho! Antes quero morrer, ser freira... Não me fales nisso, que me arrepiam os cabelos! Mas para que me aflijo? É-me mais fácil... Aí vem meu pai! (*corre e assenta-se à costura, junto à mesa*)

Cena II

JOSÉ PIMENTA *e* MARICOTA
(*entra José Pimenta com a farda de cabo-de-esquadra da Guarda Nacional, calças de pano azul e barretão – tudo muito usado*)

PIMENTA
(*entrando*)

Chiquinha, vai ver minha roupa, já que estás vadia. (*Chiquinha sai*) Está bem bom! Está bem bom! (*esfrega as mãos de contente*)

MARICOTA

(*cosendo*)

Meu pai sai?

PIMENTA

Tenho que dar algumas voltas, a ver se cobro o dinheiro das guardas de ontem. Abençoada a hora em que eu deixei o ofício de sapateiro para ser cabo-de-esquadra da Guarda Nacional! O que ganhava eu pelo ofício? Uma tuta-mea. Desde pela manhã até alta noite sentado à tripeça, metendo sovela daqui, sovela dacolá, cerol pra uma banda, cerol pra outra; puxando couro com os dentes, batendo de martelo, estirando o tirapé – e no fim das contas chegava apenas o jornal para se comer, e mal. Torno a dizer, feliz a hora em que deixei o ofício para ser cabo-de-esquadra da Guarda Nacional! Das guardas, das rondas e das ordens de prisão faço o meu patrimônio. Cá as arranjo de modo que rendem, e não rendem pouco... Assim é que é o viver; e no mais, saúde, e viva a Guarda Nacional e o dinheirinho das guardas que vou cobrar, e que muito sinto ter de repartir com ganhadores. Se vier alguém procurar-me, dize que espere, que eu já volto. (*sai*)

Cena III

MARICOTA

(*só*)

Tem razão; são milagres! Quando meu pai trabalhava pelo ofício e tinha um jornal certo, não podia viver; agora que não tem ofício nem jornal, vive sem necessidades. Bem diz o Capitão Ambrósio que os ofícios sem nome são os mais lucrativos. Basta de coser. (*levanta-se*) Não hei de namorar o agulheiro, nem casar-me com a almofada. (*vai para a janela. Faustino aparece na porta ao fundo, donde espreita para a sala*)

Cena IV

FAUSTINO *e* MARICOTA

FAUSTINO

Posso entrar?

MARICOTA
(*voltando-se*)
Quem é? Ah, pode entrar.

FAUSTINO
(*entrando*)
Estava ali defronte na loja do barbeiro, esperando que teu pai saísse para poder ver-te, falar-te, amar-te, adorar-te, e…

MARICOTA

Deveras!

FAUSTINO

Ainda duvidas? Para quem vivo eu, senão para ti? Quem está sempre presente na minha imaginação? Por quem faço eu todos os sacrifícios?

MARICOTA

Fale mais baixo, que a mana pode ouvir.

FAUSTINO

A mana! Oh, quem me dera ser a mana, para estar sempre contigo! Na mesma sala, na mesma mesa, no mesmo...

MARICOTA

(*rindo-se*)

Já você começa.

FAUSTINO

E como hei de acabar sem começar? (*pegando-lhe na mão*) Decididamente, meu amor, não posso viver sem ti... E sem o meu ordenado.

MARICOTA

Não lhe creio: muitas vezes está sem me aparecer dois dias, sinal que pode viver sem mim; e julgo que pode também viver sem o seu ordenado, porque...

FAUSTINO

Impossível!

MARICOTA

Porque o tenho visto passar muitas vezes por aqui de manhã às onze horas e ao meio-dia, o que prova que gazeia sofrivelmente, que leva ponto e lhe descontam o ordenado.

FAUSTINO

Gazear a repartição o modelo dos empregados?
Enganaram-te. Quando lá não vou, é ou por doente,
ou por ter mandado parte de doente...

MARICOTA

E hoje que é dia de trabalho, mandou parte?

FAUSTINO

Hoje? Ah, não me fales nisso, que me desespero
e alucino! Por tua causa sou a vítima a mais infeliz
da Guarda Nacional!

MARICOTA

Por minha causa?!

FAUSTINO

Sim, sim, por tua causa! O capitão da minha
companhia, o mais feroz capitão que tem aparecido
no mundo, depois que se inventou a Guarda Nacional, persegue-me, acabrunha-me e assassina-me!
Como sabe que eu te amo e que tu me correspon-
des, não há pirraças e afrontas que me não faça.
Todos os meses são dois e três avisos para montar
guarda; outros tantos para rondas, manejos, paradas... E desgraçado se lá não vou, ou não pago! Já o
meu ordenado não chega. Roubam-me, roubam-me
com as armas na mão! Eu te detesto, capitão infernal, és um tirano, um Gengis-Kan, um Tamerlan!
Agora mesmo está um guarda à porta da repartição à
minha espera para prender-me. Mas eu não vou lá,
não quero. Tenho dito. Um cidadão é livre... enquanto não o prendem.

MARICOTA

Sr. Faustino, não grite, tranqüilize-se!

FAUSTINO

Tranqüilizar-me! Quando vejo um homem que abusa da autoridade que lhe confiaram para afastar-me de ti! Sim, sim, é para afastar-me de ti que ele manda-me sempre prender. Patife! Porém o que mais me mortifica e até faz-me chorar é ver teu pai, o mais honrado cabo-de-esquadra, prestar o seu apoio a essas tiranias constitucionais.

MARICOTA

Está bom, deixe-se disso, já é maçada. Não tem que se queixar de meu pai: ele é cabo e faz a sua obrigação.

FAUSTINO

Sua obrigação? E julgas que um homem faz a sua obrigação quando anda atrás de um cidadão brasileiro com uma ordem de prisão metida na patrona, na patrona? A liberdade, a honra, a vida de um homem, feito à imagem de Deus, metida na patrona! Sacrilégio!

MARICOTA

(*rindo-se*)

Com efeito, é uma ação digna...

FAUSTINO

(*interrompendo-a*)

... somente de um capitão da Guarda Nacional! Felizes dos turcos, dos chinas e dos negros de Guiné, porque não são guardas nacionais! Oh!

Porque lá nos desertos africanos
Faustino não nasceu desconhecido!

MARICOTA

Gentes!

FAUSTINO

Mas, apesar de todas essas perseguições, eu lhe hei de mostrar para que presto. Tão depressa se reforme a minha repartição, casar-me-ei contigo, ainda que eu veja adiante de mim todos os chefes de legião, coronéis, majores, capitães, cornetas, sim, cornetas, e etc.

MARICOTA

Meu Deus, endoideceu!

FAUSTINO

Então podem chover sobre mim os avisos, como chovia o maná no deserto! Não te deixarei um só instante. Quando for às paradas, irás comigo para me veres manobrar.

MARICOTA

Oh!

FAUSTINO

Quando montar guarda, acompanhar-me-ás...

MARICOTA

Quê! Eu também hei de montar guarda?

FAUSTINO

E o que tem isso? Mas não, não, correria seu risco...

MARICOTA

Que extravagâncias!

FAUSTINO

Quando rondar, rondarei a nossa porta, e quando houver rusgas, fechar-me-ei em casa contigo, e dê no que der, que... estou deitado. Mas, ah, infeliz...

MARICOTA

Acabou-se-lhe o furor?

FAUSTINO

De que me servem todos esses tormentos, se me não amas?

MARICOTA

Não o amo?!

FAUSTINO

Desgraçadamente, não! Eu tenho cá para mim que a tanto se não atreveria o capitão, se não lhe desses esperanças.

MARICOTA

Ingrato!

FAUSTINO

Maricota, minha vida, ouve a confissão dos tormentos que por ti sofro. (*declamando*) Uma idéia esmagadora, idéia abortada do negro abismo, como o riso da desesperação, segue-me por toda a parte! Na rua, na cama, na repartição, nos bailes e mesmo no teatro não me deixa um só instante! Agarrada às minhas orelhas, como o náufrago à tábua de salvação, ouço-a sempre dizer: – Maricota não te ama! Sacudo a cabeça, arranco os cabelos (*faz o que diz*) e só consigo desarranjar os cabelos e amarrotar a gravata. (*isto dizendo, tira do bolso um pente, com o qual penteia-se enquanto fala*) Isto é o tormento da minha vida, companheiro da minha morte! Cosido na mortalha, pregado no caixão, enterrado na catacumba, fechado na caixinha dos ossos no dia de finados ouvirei ainda essa voz, mas então será furibunda, pavorosa e cadavérica, repetir – Maricota não te ama! (*engrossa a voz para dizer estas palavras*) E serei o defunto o mais desgraçado! Não te comovem estas pinturas? Não te arrepiam as carnes?

MARICOTA

Escute...

FAUSTINO

Oh, que não tenha eu eloqüência e poder para te arrepiar as carnes...

MARICOTA

Já lhe disse que escute. Ora diga-me: não lhe tenho eu dado todas as provas que lhe poderia dar para convencê-lo do meu amor? Não tenho respondido a todas as suas cartas? Não estou à janela sempre que passa de manhã para a repartição, e às duas horas quando volta, apesar do sol? Quando tenho alguma flor ao peito, que ma pede, não lha dou? Que mais quer? São poucas essas provas de verdadeiro amor? Assim é que paga-me tantas finezas? Eu é que me deveria queixar...

FAUSTINO

Tu?

MARICOTA

Eu, sim! Responda-me, por onde andou, que não passou por aqui ontem, e fez-me esperar toda a tarde à janela? Que fez do cravo que lhe dei o mês passado? Por que não foi ao teatro quando eu lá estive com D. Mariana? Desculpe-se, se pode. Assim é que corresponde a tanto amor? Já não há paixões verdadeiras. Estou desenganada. (*finge que chora*)

FAUSTINO

Maricota...

MARICOTA

Fui bem desgraçada em dar meu coração a um ingrato!

FAUSTINO
(*enternecido*)

Maricota!

MARICOTA

Se eu pudesse arrancar do peito esta paixão...

FAUSTINO

Maricota, eis-me a teus pés! (*ajoelha-se, e, enquanto fala, Maricota ri-se, sem que ele veja*) Necessito de toda a tua bondade para ser perdoado!

MARICOTA

Deixe-me.

FAUSTINO

Queres que morra a teus pés? (*batem palmas na escada*)

MARICOTA
(*assustada*)

Quem será? (*Faustino conserva-se de joelhos*)

CAPITÃO
(*na escada, dentro*)

Dá licença?

MARICOTA
(*assustada*)

É o Capitão Ambrósio! (*para Faustino*) Vá-se embora, vá-se embora! (*vai para dentro, correndo*)

FAUSTINO
(*levanta-se e vai atrás dela*)

Então, o que é isso?... Deixou-me!... Foi-se!... E esta!... Que farei?... (*anda ao redor da sala como procurando onde esconder-se*) Não sei onde esconder-me... (*vai espiar à porta, e daí corre para a janela*) Voltou, e está conversando à porta com um sujeito; mas decerto não deixa de entrar. Em boas estou metido, e daqui não... (*corre para o judas, despe-lhe a casaca e o colete, tira-lhe as botas e o chapéu e arranca-lhe os bigodes*) O que me pilhar tem talento, porque mais tenho eu. (*veste o colete e casaca sobre*

243

a sua própria roupa, calça as botas, põe o chapéu armado e arranja os bigodes. Feito isto, esconde o corpo do judas em uma das gavetas da cômoda, onde também esconde o próprio chapéu, e toma o lugar do judas) Agora pode vir... (*batem*) Ei-lo! (*batem*) Aí vem!

Cena V

CAPITÃO *e* FAUSTINO
(*no lugar do judas*)

CAPITÃO
(*entrando*)

Não há ninguém em casa? Ou estão todos surdos? Já bati palmas duas vezes, e nada de novo! (*tira a barretina e a põe sobre a mesa, e assenta-se na cadeira*) Esperarei. (*olha ao redor de si, dá com os olhos no judas; supõe à primeira vista ser um homem, e levanta-se rapidamente*) Quem é? (*reconhecendo que é um judas*) Ora, ora, ora! E não me enganei com o judas, pensando que era um homem? Oh, oh, está um figurão! E o mais é que está tão bem-feito que parece vivo. (*assenta-se*) Onde está esta gente? Preciso falar com o cabo José Pimenta e... ver a filha. Não seria mau que ele não estivesse em casa; desejo ter certas explicações com a Maricota. (*aqui aparece na porta da direita Maricota, que espreita, receosa. O Capitão a vê e levanta-se*) Ah!

Cena VI

MARICOTA *e os mesmos*

MARICOTA
(*entrando, sempre receosa e olhando para todos os lados*)
Sr. Capitão!

CAPITÃO
(*chegando-se para ela*)
Desejei ver-te, e a fortuna ajudou-me. (*pegando-lhe na mão*) Mas que tens? Estás receosa! Teu pai?

MARICOTA
(*receosa*)
Saiu.

CAPITÃO
Que temes então?

MARICOTA
(*adianta-se e como que procura um objeto com os olhos pelos cantos da sala*)
Eu? Nada. Estou procurando o gato...

CAPITÃO
(*largando-lhe a mão*)
O gato? E por causa do gato recebe-me com esta indiferença?

MARICOTA

(*à parte*)

Saiu. (*para o Capitão*) Ainda em cima zanga-se comigo! Por sua causa é que eu estou nestes sustos.

CAPITÃO

Por minha causa?

MARICOTA

Sim.

CAPITÃO

E é também por minha causa que procura o gato?

MARICOTA

É, sim!

CAPITÃO

Essa agora é melhor! Explique-se...

MARICOTA

(*à parte*)

Em que me fui eu meter! O que lhe hei de dizer?

CAPITÃO

Então?

MARICOTA

Lembra-se...

CAPITÃO

De quê?

MARICOTA

Da... da... daquela carta que escreveu-me anteontem, em que me aconselhava que fugisse da casa de meu pai para a sua?

CAPITÃO

E o que tem?

MARICOTA

Guardei-a na gavetinha do meu espelho, e como a deixasse aberta, o gato, brincando, sacou-me a carta; porque ele tem esse costume...

CAPITÃO

Oh, mas isso não é graça! Procuremos o gato. A carta estava assinada e pode comprometer-me. É a última vez que tal me acontece! (*puxa a espada e principia a procurar o gato*)

MARICOTA

(*à parte, enquanto o Capitão procura*)

Puxa a espada! Estou arrependida de ter dado a corda a este tolo. (*o Capitão procura o gato atrás de Faustino, que está imóvel; passa por diante e continua a procurá-lo. Logo que volta as costas a Faustino, este mia. O Capitão volta para trás repentinamente. Maricota surpreende-se*)

CAPITÃO

Miou!

MARICOTA

Miou?!

CAPITÃO

Está por aqui mesmo. (*procura*)

MARICOTA

(*à parte*)

É singular! Em casa não temos gato!

CAPITÃO

Aqui não está. Onde, diabo, se meteu?

MARICOTA

(*à parte*)

Sem dúvida é algum da vizinhança. (*para o Capitão*) Está bom, deixe; ele aparecerá.

CAPITÃO

Que o leve o demo! (*para Maricota*) Mas procure-o bem até que o ache, para arrancar-lhe a carta. Podem-na achar, e isso não me convém. (*esquece-se de embainhar a espada*) Sobre esta mesma carta desejava eu falar-te.

MARICOTA

Recebeu minha resposta?

CAPITÃO

Recebi, e a tenho aqui comigo. Mandaste-me dizer que estavas pronta a fugir para minha casa; mas que esperavas primeiro poder arranjar parte do dinheiro que teu pai está ajuntando, para te safares com ele. Isto não me convém. Não está nos meus princípios. Um moço pode roubar uma moça – é uma rapaziada; mas dinheiro... é uma ação infame!

MARICOTA
(*à parte*)

Tolo!

CAPITÃO

Espero que não penses mais nisso, e que farás somente o que eu te peço. Sim?

MARICOTA
(*à parte*)

Pateta, que não percebe que era um pretexto para lhe não dizer que não, e tê-lo sempre preso.

CAPITÃO

Não respondes?

MARICOTA

Pois sim. (*à parte*) Era preciso que eu fosse tola. Se eu fugir, ele não se casa.

CAPITÃO

Agora quero sempre dizer-te uma coisa. Eu supus que esta história de dinheiro era um pretexto para não fazeres o que te pedia.

MARICOTA

Ah, supôs? Tem penetração!

CAPITÃO

E se te valias desses pretextos é porque amavas a...

MARICOTA

A quem? Diga!

CAPITÃO

A Faustino.

MARICOTA

A Faustino? (*ri às gargalhadas*) Eu? Amar aquele toleirão? Com olhos de enchova morta, e pernas de arco de pipa? Está mangando comigo. Tenho melhor gosto. (*olha com ternura para o Capitão*)

CAPITÃO

(*suspirando com prazer*)

Ah, que olhos matadores! (*durante este diálogo Faustino está inquieto no seu lugar*)

MARICOTA

O Faustino serve-me de divertimento, e se algumas vezes lhe dou atenção, é para melhor ocultar o amor que sinto por outro. (*olha com ternura para o Capitão. Aqui aparece na porta do fundo José Pimenta. Vendo o Capitão com a filha, pára e escuta*)

CAPITÃO

Eu te creio, porque teus olhos confirmam tuas palavras. (*gesticula com entusiasmo, brandindo a espada*) Terás sempre em mim um arrimo, e um defensor! Enquanto eu for capitão da Guarda Nacional e o Governo tiver confiança em mim, hei de sustentar-te como uma princesa. (*Pimenta desata a rir às gargalhadas. Os dois voltam-se surpreendidos. Pimenta caminha para a frente, rindo-se sempre. O Capitão*

fica enfiado e com a espada levantada. Maricota,
turbada, não sabe como tomar a hilaridade do pai)

Cena VII

PIMENTA *e os mesmos*

PIMENTA
(*rindo-se*)
O que é isto, Sr. Capitão? Ataca a rapariga... ou
ensina-lhe a jogar à espada?

CAPITÃO
(*turbado*)
Não é nada, Sr. Pimenta, não é nada... (*embai-
nha a espada*) Foi um gato.

PIMENTA
Um gato? Pois o Sr. Capitão tira a espada para
um gato? Só se foi algum gato danado, que por aqui
entrou.

CAPITÃO
(*querendo mostrar tranqüilidade*)
Nada; foi o gato da casa que andou aqui pela
sala fazendo estripulias.

PIMENTA
O gato da casa? É bichinho que nunca tive, nem
quero ter.

CAPITÃO

Pois o senhor não tem um gato?

PIMENTA

Não senhor.

CAPITÃO
(*alterando-se*)

E nunca os teve?

PIMENTA

Nunca!... Mas...

CAPITÃO

Nem suas filhas, nem seus escravos?

PIMENTA

Já disse que não... Mas...

CAPITÃO
(*voltando-se para Maricota*)

Com que nem seu pai, nem a sua irmã e nem seus escravos têm gato?

PIMENTA

Mas que diabo é isso?

CAPITÃO

E no entanto... Está bom, está bom. (*à parte*) Aqui há maroteira!

PIMENTA

Mas que história é essa?

CAPITÃO

Não é nada, não faça caso; ao depois lhe direi. (*para Maricota*) Muito obrigado! (*voltando-se para Pimenta*) Temos que falar em objeto de serviço.

PIMENTA
(*para Maricota*)

Vai para dentro.

MARICOTA
(*à parte*)

Que capitão tão pedaço de asno! (*sai*)

Cena VIII

CAPITÃO *e* JOSÉ PIMENTA
(*Pimenta vai pôr sobre a mesa a barretina. O Capitão fica pensativo*)

CAPITÃO
(*à parte*)

Aqui anda o Faustino, mas ele me pagará!

PIMENTA

Às suas ordens, Sr. Capitão.

CAPITÃO

O guarda Faustino foi preso?

PIMENTA

Não, senhor. Desde quinta-feira que andam dois guardas atrás dele, e ainda não foi possível encontrá-lo. Mandei-os que fossem escorar à porta da repartição e também lá não apareceu hoje. Creio que teve aviso.

CAPITÃO

É preciso fazer diligência para se prender esse guarda, que está ficando muito remisso. Tenho ordens muito apertadas do comandante superior. Diga aos guardas encarregados de o prender que o levem para os Provisórios. Há de lá estar um mês. Isto assim não pode continuar. Não há gente para o serviço com estes maus exemplos. A impunidade desorganiza a Guarda Nacional. Assim que ele sair dos Provisórios, avisem-no logo para o serviço, e se faltar, Provisório no caso, até que se desengane. Eu lhe hei de mostrar. (*à parte*) Mariola!... Quer ser meu rival!

PIMENTA

Sim senhor, Sr. Capitão.

CAPITÃO

Guardas sobre guardas, rondas, manejos, paradas, diligências – atrapalhe-o. Entenda-se a esse respeito com o sargento.

PIMENTA

Deixe estar, Sr. Capitão.

CAPITÃO

Precisamos de gente pronta.

PIMENTA

Assim é, Sr. Capitão. Os que não pagam para a música, devem sempre estar prontos. Alguns são muito remissos.

CAPITÃO

Ameace-os com o serviço.

PIMENTA

Já o tenho feito. Digo-lhes que se não pagarem prontamente, o senhor Capitão os chamará para o serviço. Faltam ainda oito que não pagaram este mês, e dois ou três que não pagam desde o princípio do ano.

CAPITÃO

Avise a esses, que recebeu ordem para os chamar de novo para o serviço impreterivelmente. Há falta de gente. Ou paguem ou trabalhem.

PIMENTA

Assim é, Sr. Capitão, e mesmo é preciso. Já andam dizendo que se a nossa companhia não tem gente, é porque mais de metade paga para a música.

CAPITÃO
(*assustado*)

Dizem isso? Pois já sabem?

PIMENTA

Que saibam, não creio; mas desconfiam.

CAPITÃO

É o diabo! É preciso cautela. Vamos à casa do sargento, que lá temos que conversar. Uma demissão me faria desarranjo. Vamos.

PIMENTA

Sim senhor, Sr. Capitão. (*saem*)

Cena IX

FAUSTINO

(*só. Logo que os dois saem, Faustino os vai espreitar à porta por onde saíram, e adianta-se um pouco*)

FAUSTINO

Ah, com que o Sr. Capitão assusta-se, porque podem saber que mais de metade dos guardas da companhia pagam para a música... E quer mandar-me para os Provisórios! Com que escreve cartas, desinquietando a uma filha-família, e quer atrapalhar-me com serviço? Muito bem! Cá tomarei nota. E o que direi da menina? É de se tirar o barrete! Está doutorada! Anda a dois carrinhos! Obrigado! Acha que eu tenho pernas de enchova morta, e olhos de arco de pipa? Ah, quem soubera! Mas ainda é tempo; tu me pagarás, e... Ouço pisadas... A postos! (*toma o seu lugar*)

Cena X

CHIQUINHA *e* FAUSTINO

CHIQUINHA

(*entra e senta-se à costura*)

Deixe-me ver se posso acabar este vestido para vesti-lo amanhã, que é Domingo de Páscoa. (*cose*)

Eu é que sou a vadia, como meu pai disse. Tudo anda assim. Ai, ai! (*suspirando*) Há gente bem feliz; alcançam tudo quanto desejam e dizem tudo quanto pensam: só eu nada alcanço e nada digo. Em quem estará ele pensando! Na mana, sem dúvida. Ah, Faustino, Faustino, se tu soubesses!...

FAUSTINO
(*à parte*)
Fala em mim! (*aproxima-se de Chiquinha pé ante pé*)

CHIQUINHA
A mana, que não sente por ti o que eu sinto, tem coragem para te falar e enganar, enquanto eu, que tanto te amo, não ouso levantar os olhos para ti. Assim vai o mundo! Nunca terei valor para fazer-lhe a confissão deste amor, que me faz tão desgraçada; nunca, que morreria de vergonha! Ele nem em mim pensa. Casar-me com ele seria a maior das felicidades. (*Faustino, que durante o tempo que Chiquinha fala vem aproximando-se e ouvindo com prazer quanto ela diz, cai a seus pés*)

FAUSTINO
Anjo do céu! (*Chiquinha dá um grito, assustada, levanta-se rapidamente para fugir e Faustino a retém pelo vestido*) Espera!

CHIQUINHA
(*gritando*)
Ai, quem me acode?

FAUSTINO

Não te assustes, é o teu amante, o teu noivo... o ditoso Faustino!

CHIQUINHA
(*forcejando para fugir*)
Deixe-me!

FAUSTINO
(*tirando o chapéu*)
Não me conheces? É o teu Faustino!

CHIQUINHA
(*reconhecendo-o*)
Sr. Faustino!

FAUSTINO
(*sempre de joelho*)
Ele mesmo, encantadora criatura! Ele mesmo, que tudo ouviu.

CHIQUINHA
(*escondendo o rosto nas mãos*)
Meu Deus!

FAUSTINO

Não te envergonhes. (*levanta-se*) E não te admires de ver-me tão ridiculamente vestido para um amante adorado.

CHIQUINHA
Deixe-me ir para dentro.

FAUSTINO

Oh, não! Ouvir-me-ás primeiro. Por causa de tua irmã eu estava escondido nestes trajos; mas prouve a Deus que eles me servissem para descobrir a sua perfídia e ouvir a tua ingênua confissão, tanto mais preciosa quanto inesperada. Eu te amo, eu te amo!

CHIQUINHA

A mana pode ouvi-lo!

FAUSTINO

A mana! Que venha ouvir-me! Quero dizer-lhe nas bochechas o que penso. Se eu tivesse adivinhado em ti tanta candura e amor, não teria passado por tantos dissabores e desgostos, e não teria visto com meus próprios olhos a maior das patifarias! Tua mana é... Enfim, eu cá sei o que ela é, e basta. Deixemo-la, falemos só no nosso amor! Não olhes para minhas botas... Tuas palavras acenderam em meu peito uma paixão vulcânico-piramidal e delirante. Há um momento que nasceu, mas já está grande como o universo. Conquistaste-me! Terás o pago de tanto amor! Não duvides; amanhã virei pedir-te a teu pai.

CHIQUINHA
(*involuntariamente*)
Será possível?

FAUSTINO

Mais que possível, possibilíssimo!

CHIQUINHA

Oh! está me enganando... E o seu amor por Maricota?

FAUSTINO

(*declamando*)

Maricota trouxe o inferno para minha alma, se é que não levou minha alma para o inferno! O meu amor por ela foi-se, voou, extinguiu-se como um foguete de lágrimas!

CHIQUINHA

Seria crueldade se zombasse de mim! De mim, que ocultava a todos o meu segredo.

FAUSTINO

Zombar de ti! Seria mais fácil zombar do meu ministro! Mas, silêncio, que parece-me que sobem as escadas.

CHIQUINHA

(*assustada*)

Será meu pai?

FAUSTINO

Nada digas do que ouviste; é preciso que ninguém saiba que eu estou aqui incógnito. Do segredo depende a nossa dita.

PIMENTA

(*dentro*)

Diga-lhe que não pode ser.

FAUSTINO

É teu pai!

CHIQUINHA

É meu pai!

AMBOS

Adeus! (*Chiquinha entra correndo e Faustino põe o chapéu na cabeça, e toma o seu lugar*)

Cena XI

PIMENTA *e depois* ANTÔNIO DOMINGOS

PIMENTA

É boa! Querem todos ser dispensados das paradas! Agora é que o sargento anda passeando. Lá ficou o Capitão à espera. Ficou espantado com o que eu lhe disse a respeito da música. Tem razão, que se souberem, podem-lhe dar com a demissão pelas ventas. (*aqui batem palmas dentro*) Quem é?

ANTÔNIO
(*dentro*)
Um seu criado. Dá licença?

PIMENTA

Entre quem é. (*entra Antônio Domingos*) Ah, é o Sr. Antônio Domingos! Seja bem aparecido; como vai isso?

ANTÔNIO

A seu dispor.

PIMENTA

Dê cá o seu chapéu. (*toma o chapéu e o põe sobre a mesa*) Então, o que ordena?

ANTÔNIO

(*com mistério*)

Trata-se do negócio...

PIMENTA

Ah, espere! (*vai fechar a porta do fundo, espiando primeiro se alguém os poderá ouvir*) É preciso cautela. (*cerra a porta que dá para o interior*)

ANTÔNIO

Toda é pouca. (*vendo o judas*) Aquilo é um judas?

PIMENTA

É dos pequenos. Então?

ANTÔNIO

Chegou nova remessa do Porto. Os sócios continuam a trabalhar com ardor. Aqui estão dois contos (*tira da algibeira dois maços de papéis*), um em cada maço; é dos azuis. Desta vez vieram mais bem-feitos. (*mostra uma nota de cinco mil-réis que tira do bolso do colete*) Veja; está perfeitíssima.

PIMENTA

(*examinando-a*)

Assim é.

ANTÔNIO

Mandei aos sócios fabricantes o relatório do exame que fizeram na Caixa da Amortização, sobre as da penúltima remessa, e eles emendaram a mão. Aposto que ninguém as diferençará das verdadeiras.

PIMENTA

Quando chegaram?

ANTÔNIO

Ontem, no navio que chegou do Porto.

PIMENTA

E como vieram?

ANTÔNIO

Dentro de um barril de paios.

PIMENTA

O lucro que deixa não é mau; mas arrisca-se a pele...

ANTÔNIO

O que receia?

PIMENTA

O que receio? Se nos dão na malhada, adeus minhas encomendas! Tenho filhos...

ANTÔNIO

Deixe-se de sustos. Já tivemos duas remessas, e o senhor só por sua parte passou dois contos e quinhentos mil-réis, e nada lhe aconteceu.

PIMENTA

Bem perto estivemos de ser descobertos – houve denúncia, e o Tesouro substituiu os azuis pelos brancos.

ANTÔNIO

Dos bilhetes aos falsificadores vai longe; aqueles andam pelas mãos de todos, e estes fecham-se quando falam, e acautelam-se. Demais, quem nada arrisca, nada tem. Deus há de ser conosco.

PIMENTA
Se não for o Chefe de Polícia...

ANTÔNIO

Esse é que pode botar tudo a perder; mas pior é o medo. Vá guardá-los. (*Pimenta vai guardar os maços dos bilhetes em uma das gavetas da cômoda e a fecha à chave. Antônio, enquanto Pimenta guarda os bilhetes*) Cinqüenta contos da primeira remessa, cem da segunda e cinqüenta desta fazem duzentos contos; quando muito, vinte de despesa, e aí temos cento e oitenta de lucro. Não conheço negócio melhor. (*para Pimenta*) Não os vá trocar sempre à mesma casa: ora aqui, ora ali... Tem cinco por cento dos que passar.

PIMENTA

Já estou arrependido de ter me metido neste negócio...

ANTÔNIO

E por quê?

Pimenta

Além de perigosíssimo, tem conseqüências que eu não previa quando meti-me nele. O senhor dizia que o povo não sofria com isso.

Antônio

E ainda digo. Há na circulação um horror de milhares de contos em papel; mais duzentos, não querem dizer nada.

Pimenta

Assim pensei eu, ou me fizeram pensar; mas já abriram-me os olhos, e... Enfim, passarei ainda esta vez, e será a última. Tenho filhos. Meti-me nisto sem saber bem o que fazia. E do senhor queixo-me, porque da primeira vez abusou da minha posição; eu estava sem vintém. É a última!

Antônio

Como quiser; o senhor é quem perde. (*batem na porta*)

Pimenta

Batem!

Antônio

Será o Chefe de Polícia?

Pimenta

O Chefe de Polícia! Eis, aí está no que o senhor me meteu!

ANTÔNIO

Prudência! Se for a polícia, queimam-se os bilhetes.

PIMENTA

Qual queimam-se, nem meio queimam-se; já não há tempo senão de sermos enforcados!

ANTÔNIO

Não desanime. (*batem de novo*)

FAUSTINO

(*disfarçando a voz*)

Da parte da polícia!

PIMENTA

(*caindo de joelhos*)

Misericórdia!

ANTÔNIO

Fujamos pelo quintal!

PIMENTA

A casa não tem quintal. Minhas filhas!...

ANTÔNIO

Estamos perdidos! (*corre para a porta a fim de espiar pela fechadura. Pimenta fica de joelhos e treme convulsivamente*) Só vejo um oficial da Guarda Nacional. (*batem; espia de novo*) Não há dúvida. (*para Pimenta*) Psiu... psiu... venha cá.

CAPITÃO

(*dentro*)

Ah, Sr. Pimenta, Sr. Pimenta? (*Pimenta, ao ouvir o seu nome, levanta a cabeça e escuta. Antônio caminha para ele*)

ANTÔNIO

Há só um oficial que o chama.

PIMENTA

Os mais estão escondidos.

CAPITÃO

(*dentro*)

Há ou não gente em casa?

PIMENTA

(*levanta-se*)

Aquela voz... (*vai para a porta e espia*) Não me enganei! É o Capitão! (*espia*) Ah, Sr. Capitão?

CAPITÃO

(*dentro*)

Abra!

PIMENTA

Vossa Senhoria está só?

CAPITÃO

(*dentro*)

Estou, sim; abra.

PIMENTA

Palavra de honra?

CAPITÃO

(*dentro*)

Abra, ou vou-me embora!

PIMENTA

(*para Antônio*)

Não há que temer. (*abre a porta; entra o Capitão. Antônio sai fora da porta e observa se há alguém oculto no corredor*)

Cena XII

CAPITÃO *e os mesmos*

CAPITÃO

(*entrando*)

Com o demo! O senhor a estas horas com a porta fechada!

PIMENTA

Queira perdoar, Sr. Capitão.

ANTÔNIO

(*entrando*)

Ninguém!

CAPITÃO

Faz-me esperar tanto! Hoje é a segunda vez.

Pimenta

Por quem é, Sr. Capitão!

Capitão

Tão calados!... Parece que estavam fazendo moeda falsa! (*Antônio estremece; Pimenta assusta-se*)

Pimenta

Que diz, Sr. Capitão? Vossa Senhoria tem graças que ofendem! Isto não são brinquedos. Assim escandaliza-me. Estava com o meu amigo Antônio Domingos falando nos seus negócios, que eu cá por mim não os tenho.

Capitão

Oh, o senhor escandaliza-se e assusta-se por uma graça dita sem intenção de ofender!

Pimenta

Mas há graças que não têm graça!

Capitão

O senhor tem alguma coisa? Eu o estou desconhecendo!

Antônio

(*à parte*)

Este diabo bota tudo a perder! (*para o Capitão*) É a bílis que ainda o trabalha. Estava enfurecido comigo por certos negócios. Isto passa-lhe. (*para Pimenta*) Tudo se há de arranjar. (*para o Capitão*) Vossa Senhoria está hoje de serviço?

CAPITÃO

Estou de dia. (*para Pimenta*) Já lhe posso falar?

PIMENTA

Tenha a bondade de desculpar-me. Este maldito homem ia me fazendo perder a cabeça. (*passa a mão pelo pescoço, como quem quer dar mais inteligência ao que diz*) E Vossa Senhoria também não contribuiu pouco para eu assustar-me!

ANTÔNIO

(*forcejando para rir*)

Foi uma boa caçoada!

CAPITÃO

(*admirado*)

Caçoada! Eu?

PIMENTA

Por mais honrado que seja um homem, quando se lhe bate à porta e se diz: "Da parte da polícia", sempre se assusta.

CAPITÃO

E quem lhe disse isto?

PIMENTA

Vossa Senhoria mesmo.

CAPITÃO

Ora, o senhor, ou está sonhando, ou quer se divertir comigo.

PIMENTA

Não foi Vossa Senhoria?

ANTÔNIO

Não foi Vossa Senhoria?

CAPITÃO

Pior é essa! Sua casa hoje anda misteriosa. Há pouco era sua filha com o gato; agora é o senhor com a polícia... (*à parte*) Aqui anda tramóia!

ANTÔNIO
(*à parte*)

Quem seria?

PIMENTA
(*assustado*)

Isto não vai bem. (*para Antônio*) Não sai daqui antes de eu lhe entregar uns papéis. Espere! (*faz semblante de querer ir buscar os bilhetes; Antônio o retém*)

ANTÔNIO
(*para Pimenta*)

Olhe que se perde!

CAPITÃO

E então? Ainda não me deixaram dizer ao que vinha. (*ouve-se repique de sinos, foguetes, algazarra, ruídos diversos como acontece quando aparece a Aleluia*) O que é isto?

PIMENTA

Estamos descobertos!

ANTÔNIO

(*gritando*)

É a Aleluia que apareceu. (*entram na sala, de tropel, Maricota, Chiquinha, os quatro meninos e os dois moleques*)

MENINOS

Apareceu a Aleluia! Vamos ao judas!... (*Faustino, vendo os meninos junto de si, deita a correr pela sala. Espanto geral. Os meninos gritam e fogem de Faustino, o qual dá duas voltas ao redor da sala, levando adiante de si todos os que estão em cena, os quais atropelam-se correndo e gritam aterrorizados. Chiquinha fica em pé junto à porta por onde entrou. Faustino, na segunda volta, sai para a rua, e os mais, desembaraçados dele, ficam como assombrados. Os meninos e moleques, chorando, escondem-se debaixo da mesa e cadeiras; o Capitão, na primeira volta que dá fugindo de Faustino, sobe para cima da cômoda; Antônio Domingos agarra-se a Pimenta, e rolam juntos pelo chão, quando Faustino sai; e Maricota cai desmaiada na cadeira onde cosia*)

PIMENTA

(*rolando pelo chão, agarrado com Antônio*)
É o demônio!...

ANTÔNIO

Vade retro, Satanás! (*estreitam-se nos braços um do outro e escondem a cara*)

CHIQUINHA

(*chega-se para Maricota*)
Mana, que tens? Não fala; está desmaiada! Mana?

Meu Deus! Sr. Capitão, faça o favor de dar-me um copo com água.

CAPITÃO
(*de cima da cômoda*)
Não posso lá ir!

CHIQUINHA
(*à parte*)
Poltrão! (*para Pimenta*) Meu pai, acuda-me! (*chega-se para ele e o chama, tocando-lhe no ombro*)

PIMENTA
(*gritando*)
Ai, ai, ai! (*Antônio, ouvindo Pimenta gritar, grita também*)

CHIQUINHA
E esta! Não está galante? O pior é estar a mana desmaiada! Sou eu, meu pai, sou Chiquinha; não se assuste. (*Pimenta e Antônio levantam-se cautelosos*)

ANTÔNIO
Não o vejo!

CHIQUINHA
(*para o Capitão*)
Desça; que vergonha! Não tenha medo. (*o Capitão principia a descer*) Ande, meu pai, acudamos a mana. (*ouve-se dentro o grito de* Leva! leva! *como costumam os moleques, quando arrastam os judas pelas ruas*)

PIMENTA

Aí vem ele… (*ficam todos imóveis na posição em que os surpreendeu o grito, isto é, Pimenta e Antônio ainda não de todo levantados; o Capitão com uma perna no chão e a outra na borda de uma das gavetas da cômoda, que está meio aberta; Chiquinha esfregando as mãos de Maricota para reanimá-la, e os meninos nos lugares que ocupavam. Conservam-se todos silenciosos, até que se ouve o grito exterior –* Morra! *– em distância*)

CHIQUINHA
(*enquanto os mais estão silenciosos*)

Meu Deus, que gente tão medrosa! E ela neste estado! O que hei de fazer? Meu pai? Sr. Capitão? Não se movem! Já tem as mãos frias… (*aparece repentinamente à porta Faustino, ainda com os mesmos trajos; salta no meio da sala e vai cair sentado na cadeira que está junto à mesa. Uma turba de garotos e moleques armados de paus entram após ele, gritando: –* Pega no judas, pega no judas! *– Pimenta e Antônio erguem-se rapidamente e atiram-se para a extremidade esquerda do teatro, junto aos candeeiros da rampa; o Capitão sobe de novo para cima da cômoda; Maricota, vendo Faustino na cadeira, separado dela somente pela mesa, dá um grito e foge para a extremidade direita do teatro; e os meninos saem aos gritos de debaixo da mesa, e espalham-se pela sala. Os garotos param no fundo junto à porta e, vendo-se em uma casa particular, cessam de gritar*)

FAUSTINO

(*caindo sentado*)

Ai, que corrida! Já não posso! Oh, parece-me que por cá ainda dura o medo. O meu não foi menor vendo esta canalha. Safa, canalha! (*os garotos riem-se e fazem assuada*) Ah, o caso é esse? (*levanta-se*) Sr. Pimenta? (*Pimenta, ouvindo Faustino chamá-lo, encolhe-se e treme*) Treme? Ponha-me esta corja no olho da rua... Não ouve?

PIMENTA

(*titubeando*)

Eu, senhor?

FAUSTINO

Ah, não obedece? Vamos, que lhe mando – *da parte da polícia...* (*disfarçando a voz como da vez primeira*)

ANTÔNIO

Da parte da polícia!... (*para Pimenta*) Vá, vá!

FAUSTINO

Avie-se! (*Pimenta caminha receoso para o grupo que está no fundo e com bons modos o faz sair. Faustino, enquanto Pimenta faz evacuar a sala, continua a falar. Para Maricota*) Não olhe assim para mim com os olhos tão arregalados, que lhe podem saltar fora da cara. De que serão esses olhos? (*para o Capitão*) Olá, valente Capitão! Está de poleiro? Desça. Está com medo do papão? Hu! hu! Bote fora a espada, que lhe está atrapalhando as pernas. É um belo boneco de louça! (*tira o chapéu e os bigodes, e os atira no chão*) Agora ainda terão medo? Não me conhecem?

TODOS
(*exceto Chiquinha*)

Faustino!

FAUSTINO
Ah, já! Cobraram a fala! Temos que conversar. (*põe uma das cadeiras no meio da sala e senta-se. O Capitão, Pimenta e Antônio dirigem-se para ele enfurecidos; o primeiro coloca-se à sua direita, o segundo à esquerda e o terceiro atrás, falando todos os três ao mesmo tempo. Faustino tapa os ouvidos com as mãos*)

PIMENTA
Ocultar-se em casa de um homem de bem, de um pai de família, é ação criminosa: não se deve praticar! As leis são bem claras; a casa do cidadão é inviolável! As autoridades hão de ouvir-me; serei desafrontado!

ANTÔNIO
Surpreender um segredo é infâmia! E só a vida paga certas infâmias, entende? O senhor é um mariola! Tudo quanto fiz e disse foi para experimentá-lo. Eu sabia que estava ali oculto. Se diz uma palavra, mando lhe dar uma arrochada.

CAPITÃO
Aos insultos respondem-se com as armas na mão! Tenho uma patente de capitão que deu-me o

governo, hei de fazer honra a ela! O senhor é um covarde! Digo-lhe isto na cara; não me mete medo! Há de ir preso! Ninguém me insulta impunemtente! (*os três, à proporção que falam, vão reforçando a voz e acabam bramando*)

FAUSTINO
Ai! ai! ai! ai! que fico sem ouvidos.

CAPITÃO
Petulância inqualificável... Petulância!

PIMENTA
Desaforo sem nome... Desaforo!

ANTÔNIO
Patifaria, patifaria, patifaria! (*Faustino levanta-se rapidamente, batendo com os pés*)

FAUSTINO
(*gritando*)
Silêncio! (*os três emudecem e recuam*) que o deus da linha quer falar! (*assenta-se*) Puxe-me aqui estas botas. (*para Pimenta*) Não quer? Olhe que o mando da parte da... (*Pimenta chega-se para ele*)

PIMENTA
(*colérico*)
Dê cá!

FAUSTINO
Já! (*dá-lhe as botas a puxar*) Devagar! Assim... E digam lá que a polícia não faz milagres... (*para An-*

tônio) Ah, senhor meu, tire-me esta casaca. Creio que não será preciso dizer da parte de quem... (*Antônio tira-lhe a casaca com muito mau modo*) Cuidado; não rasgue o traste, que é de valor. Agora o colete. (*tira-lho*) Bom.

CAPITÃO

Até quando abusará da nossa paciência?

FAUSTINO

(*voltando-se para ele*)

Ainda que mal lhe pergunte, o senhor aprendeu latim?

CAPITÃO

(*à parte*)

Hei de fazer cumprir a ordem de prisão. (*para Pimenta*) Chame dois guardas.

FAUSTINO

Que é lá isso? Espere lá! Já não tem medo de mim? Então há pouco quando se empoleirou era com medo das botas? Ora, não seja criança, e escute... (*para Maricota*) Chegue-se para cá. (*para Pimenta*) Ao Sr. José Pimenta do Amaral, cabo-de-esquadra da Guarda Nacional, tenho a distinta de pedir-lhe a mão de sua filha a Sra. D. Maricota... ali para o Sr. Antônio Domingos.

MARICOTA

Ah!

PIMENTA
Senhor!

ANTÔNIO
E esta!

FAUSTINO
Ah, não querem? Torcem o focinho? Então escutem a história de um barril de paios, em que...

ANTÔNIO
(*turbado*)
Senhor!

FAUSTINO
(*continuando*)
... em que vinham escondidos...

ANTÔNIO
(*aproxima-se de Faustino e diz-lhe à parte*)
Não me perca! Que exige de mim?

FAUSTINO
(*à parte*)
Que se case, e quanto antes, com a noiva que lhe dou. Só por este preço guardarei silêncio.

ANTÔNIO
(*para Pimenta*)
Sr. Pimenta, o senhor ouviu o pedido que lhe foi feito; agora o faço eu também. Concede-me a mão de sua filha?

PIMENTA

Certamente... é uma fortuna... não esperava... e...

FAUSTINO

Bravo!

MARICOTA

Isto não é possível! Eu não amo ao senhor!

FAUSTINO

Amará.

MARICOTA

Não se dispõe assim de uma moça! Isto é zombaria do senhor Faustino!

FAUSTINO

Não sou capaz!

MARICOTA

Não quero! Não me caso com um velho!

FAUSTINO

Pois então não se casará nunca; porque vou já daqui gritando (*gritando*) que a filha do cabo Pimenta namora como uma danada; que quis roubar... (*para Maricota*) Então, quer que continue, ou quer casar-se?

MARICOTA

(*à parte*)

Estou conhecida! Posso morrer solteira... Um

marido é sempre um marido... (*para Pimenta*) Meu pai, farei a sua vontade.

FAUSTINO

Bravíssimo! Ditoso par! Amorosos pombinhos! (*levanta-se, toma Maricota pela mão e a conduz para junto de Antônio, e fala com os dois à parte*) Menina, aqui tem o noivo que eu lhe destino: é velho, baboso, rabugento e usurário – nada lhe falta para sua felicidade. É este o fim de todas as namoradeiras: ou casam com um geba como este, ou morrem solteiras! (*para o público*) Queira Deus que aproveite o exemplo! (*para Antônio*) Os falsários já não morrem enforcados; lá se foi esse bom tempo! Se eu o denunciasse, ia o senhor para a cadeia e de lá fugiria, como acontece a muitos da sua laia. Este castigo seria muito suave... Eis aqui o que lhe destino. (*apresentando-lhe Maricota*) É moça, bonita, ardilosa e namoradeira; nada lhe falta para seu tormento. Esta pena não vem no Código; mas não admira, porque lá faltam outras muitas coisas. Abracem-se, em sinal de guerra! (*impele um para o outro*) Agora nós, Sr. Capitão! Venha cá. Hoje mesmo quero uma dispensa de todo o serviço da Guarda Nacional! Arranje isso como puder; quando não, mando tocar a música... Não sei se me entende?...

CAPITÃO

Será servido. (*à parte*) Que remédio; pode perder-me!

FAUSTINO

E se de novo bulir comigo, cuidado! Quem me avisa... Sabe o resto! Ora, meus senhores e senhoras, já que castiguei, quero também recompensar. (*toma Chiquinha pela mão e coloca-se com ela em frente de Pimenta, dando as mãos como em ato de se casarem*) Sua bênção, querido pai Pimenta, e seu consentimento!

PIMENTA

O que lhe hei de eu fazer, senão consentir!

FAUSTINO

Ótimo! (*abraça a Pimenta e dá-lhe um beijo. Volta-se para Chiquinha*) Se não houvesse aqui tanta gente a olhar para nós, fazia-te o mesmo... (*dirigindo-se ao público*) Mas não o perde, que fica guardado para melhor ocasião.

FIM

OS IRMÃOS DAS ALMAS

Comédia em 1 ato

[1844]

PERSONAGENS

MARIANA, *mãe de*
EUFRÁSIA
LUÍSA, *irmã de*
JORGE, *marido de Eufrásia*
TIBÚRCIO, *amante de Luísa*
SOUSA, *irmão das almas*
FELISBERTO
UM IRMÃO DAS ALMAS
UM CABO DE PERMANENTES
QUATRO SOLDADOS

A cena passa-se na cidade do Rio de Janeiro,
no ano de 1844, no dia de Finados.

ATO ÚNICO

(*Sala com cadeiras e mesa. Porta no fundo e à direita; à esquerda um armário grande. Durante todo o tempo da representação, ouvem-se ao longe dobres fúnebres.*)

Cena I

Luísa
(*sentada em uma cadeira junto à mesa*)
Não é possível viver assim muito tempo! Sofrer e calar é minha vida. Já não posso! (*levanta-se*) Sei que sou pesada a D. Mariana e que minha cunhada não me vê com bons olhos, mas quem tem culpa de tudo isto é o mano Jorge. Quem o mandou casar-se, e vir para a companhia de sua sogra? Pobre irmão; como tem pago essa loucura! Eu já podia estar livre de tudo isto, se não fosse o maldito segredo que descobri. Antes não soubesse de nada!

Cena II

EUFRÁSIA *e* LUÍSA

EUFRÁSIA

(*entrando vestida de preto como quem vai visitar igrejas em dia de Finados*)
Luísa, tu não queres ir ver os finados?

LUÍSA

Não posso, estou incomodada. Quero ficar em casa.

EUFRÁSIA

Fazes mal. Dizem que este ano há muitas caixinhas e urnas em S. Francisco e no Carmo, e além disso, o dia está bonito e haverá muita gente.

LUÍSA

Sei o que perco. Bem quisera ouvir uma missa por alma de minha mãe e de meu pai, mas não posso.

EUFRÁSIA

Missas não hei de eu ouvir hoje; missas em dia de Finados é maçada. Logo três! O que eu gosto é de ver as caixinhas dos ossos. Há agora muito luxo.

LUÍSA

Mal empregado.

EUFRÁSIA

Por quê? Cada um trata os seus defuntos como pode.

LUÍSA

Mas nem todos os choram.

EUFRÁSIA

Chorar? E para que serve chorar? Não lhes dá vida.

LUÍSA

E que lhes dão as ricas urnas?

EUFRÁSIA

O que lhes dão? Nada; mas ao menos fala-se nos parentes que as mandam fazer.

LUÍSA

E isso é uma grande consolação para os defuntos...

EUFRÁSIA

Não sei se é ou não consolação para os defuntos, mas posso te afirmar que é divertimento para os vivos. Vai te vestir e vamos.

LUÍSA

Já te disse que não posso.

EUFRÁSIA

Luísa, tu és muito velhaca!

LUÍSA

E por quê?

EUFRÁSIA

Queres ficar em casa para veres o teu namorado passar. Mas não sejas tola; vai à igreja, que lá é que se namora bem no aperto.

LUÍSA

(*com tristeza*)

Já lá se foi esse bom tempo de namoro!

EUFRÁSIA

Grande novidade! Brigaste com o teu apaixonado?

LUÍSA

Não; mas depois do que soube, não devo mais vê-lo.

EUFRÁSIA

E o que soubestes então?

LUÍSA

Que ele era... Até não me atrevo a dizê-lo.

EUFRÁSIA

Assustas-me!

LUÍSA

Considera a coisa mais horrorosa que pode ser um homem.

EUFRÁSIA

Ladrão?

LUÍSA

Pior.

EUFRÁSIA

Assassino?

LUÍSA

Ainda pior.

EUFRÁSIA

Ainda pior que assassino? Rebelde?

LUÍSA

Muito pior!

EUFRÁSIA

Muito pior que rebelde? Não sei o que seja.

LUÍSA

Não sabes? (*com mistério*) Pedreiro-livre!

EUFRÁSIA

Pedreiro-livre? Santo breve da marca! Homem que fala com o diabo à meia-noite! (*benze-se*)

LUÍSA

Se fosse só falar com o diabo! Tua mãe diz que todos os que para eles se chegam ficam excomungados, e que antes quisera ver a peste em casa do que um pedreiro-livre. (*benze-se; o mesmo faz Eufrásia*) Não, não! Antes quero viver toda a minha vida de favores e acabrunhada, do que casar-me com um pedreiro-livre. (*benze-se*)

EUFRÁSIA

Tens razão. Eu tenho-lhes um medo de morte; e minha mãe quando os vê, fica tão fora de si que faz desatinos. Ora, quem havia dizer que o Sr. Tibúrcio era também da panelinha!

LUÍSA

Eu seria tão feliz com ele, se não fosse isso!...

EUFRÁSIA

Também... Perdes um marido; pouco perdes...
Para que serve um marido?

LUÍSA

Para que serve um marido? Boa pergunta! Para
muitas coisas.

EUFRÁSIA

Sim, para muitas coisas más.

LUÍSA

Dizes isso porque já estás casada.

EUFRÁSIA

Essa é que é a desgraça: não termos medo ao
burro, senão depois do coice. Um marido! Sabes tu o
que é um marido? É um animal exigente, impertinen-
te e insuportável... A mulher que quiser viver bem
com o seu, faça o que eu faço: bata o pé, grite mais
do que ele, caia em desmaio, ralhe e quebre os trastes. Humilhar-se? Coitada da que se humilha! Então
são eles leões. O meu homem será sendeiro toda sua
vida... E se hás de ter o trabalho de ensinares a esses animais, é melhor que te não cases.

LUÍSA

Isso é bom de se dizer...

EUFRÁSIA

E de se fazer. Vou acabar de me vestir. (*sai*)

Cena III

LUÍSA *e depois* JORGE

LUÍSA
(*só*)

Pobre Jorge; com quem te foste casar! Como esta mulher te faz infeliz! Pedreiro-livre!... Quem o dissera! (*entra Jorge vestido com opa verde de irmão das almas; traz na mão uma bacia de prata com dinheiro, ovos e bananas. Logo que entra, põe a bacia sobre a mesa*)

JORGE
(*entrando*)

Adeus, mana Luísa.

LUÍSA

Já de volta?

JORGE

A colheita hoje é boa. É preciso esvaziar a salva. (*faz o que diz*) Guarda metade deste dinheiro antes que minha mulher o veja, que tudo é pouco para ela; e faze-me destes ovos uma fritada e dá estas bananas ao macaco.

LUÍSA

Tenho tanta repugnância de servir-me deste dinheiro...

JORGE

Por quê?

291

LUÍSA

Dinheiro de esmolas que pedes para as almas…

JORGE

E então o que tem isso? É verdade que peço para as almas, mas nós também não temos alma? Negar que a temos é ir contra a religião, e além disso, já lá deixei dois cruzados para se dizer missas para as outras almas. É bem que todas se salvem.

LUÍSA

Duvido que assim a tua se salve.

JORGE

Deixa-te de asneiras! Pois pensas que por alguns miseráveis dois vinténs, que já foram quatro, (*pega em uma moeda de dois vinténs*) – olha, aqui está o carimbo… – um pai de família vá para o inferno? Ora! Supõe que amanhã afincam outro carimbo deste lado. Não desaparecem os dois vinténs e eu também não fico logrado? Nada, antes que me logrem, logro eu. E demais, tirar esmolas para almas e para os santos é um dos melhores e mais cômodos ofícios que eu conheço. Os santos sempre são credores que não falam… Tenho seis opas para os seis dias da semana; aqui as tenho. (*vai ao armário e tira seis opas*) No domingo descanso. Preferi tê-las minhas – é mais seguro; não dou satisfação a tesoureiro nenhum. Às segundas-feiras visto esta verde que tenho no corpo; às terças, esta roxa; às quartas, esta branca; às quintas, esta encarnada; às sextas, esta roxa e branca e aos sábados esta azul.

LUÍSA

E não entregas dinheiro nenhum para os santos?

JORGE

Nada, o santo destas opas sou eu. Não tenho descanso, mas também o lucro não é mau.

LUÍSA

O lucro... Aquele pobre velho que morava defronte do paredão da Glória também pedia esmolas para os santos, e morreu à míngua.

JORGE

Minha rica, o fazer as coisas não é nada; o sabê-las fazer é que é tudo. O carola experiente deve conhecer as ruas por que anda, as casas em que entra e as portas a que bate. Ruas há em que se não pilha um real – essas são as da gente rica, civilizada e de bom-tom, que, ou nos conhecem, ou pouco se lhe dá que os santos se alumiem com velas de cera ou de sebo, ou mesmo que estejam às escuras. Enfim, pessoas que pensam que quando se tem dinheiro não se precisa de religião. Por essas ruas não passo eu. Falem-me dos becos onde vive a gente pobre, das casas de rótulas, das quitandeiras; aí sim, é que a pipineira é grossa! (*vai guardar as opas*) Tenho aprendido à minha custa!

LUÍSA

(*sorrindo-se*)

À custa dos tolos, deves dizer.

JORGE

E quem os manda serem tolos? Mas, ah, neste mundo nem tudo são rosas. Eu vivia tão bem e tão feliz, e por desconto dos meus pecados dei a mais reverente das cabeçadas!

LUÍSA

Qual cabeçada?

JORGE

O casar-me. Ah, minha filha, o casamento é uma cabeçada que deixa o homem atordoado por toda a vida, se o não mata. Se eu soubesse...

LUÍSA

Agora é tarde o arrependimento; queixa-te de ti.

JORGE

Que queres? Um dia mete-se o diabo nas tripas de um homem e ei-lo casado. Ainda alguns são felizes, mas eu fui mesmo desgraçadíssimo! Esbarrei-me de focinhos! Encontrei com uma mulher linguaruda, preguiçosa, desavergonhada e atrevida... E para maior infelicidade, vim viver com minha sogra, que é um demônio; leva todo o dia a atiçar a filha contra mim. Vivo num tormento.

LUÍSA

Eu bem o vejo.

JORGE

Quando a roda principia a desandar, é assim. Dois meses depois de eu estar casado, morreu nossa mãe e tu te vistes obrigada a vires para minha companhia, para aturares estas duas víboras. Ah, suportar uma mulher é um castigo, mas aturar também uma

294

sogra é… nem eu sei o que seja!… É uma injustiça que Deus nos faz. E quando elas têm um conselheiro e compadre da laia do nosso vizinho Sousa… Isso… (*dá estalos com os dedos*)

LUÍSA

Dizes bem, Jorge, esse nosso vizinho é uma das causas do estado desgraçado em que vives com tua mulher, pelos conselhos que lhe dá.

JORGE

Velho infernal, mexeriqueiro baboso! Não te poder eu correr com um pau pela porta fora! Mas ainda isto não é o maior infortúnio… Olha, Luísa, há coisas que um marido, por mais prudente que seja, não pode tragar. Tens visto aqui nesta casa o Felisberto?

LUÍSA

Tenho sim.

JORGE

Pois esse patife, que ninguém sabe do que vive, que não tem ofício nem benefício, que está todo o santo dia no Largo do Rocio, metido na súcia dos meirinhos, com o pretexto de ser primo de minha mulher entra por esta casa a dentro com toda a sem-cerimônia, sem dizer tir-te, nem guar-te; anda de um quarto para outro com toda a frescura, conversa-se em segredo com minha mulher e cala-se quando eu chego.

LUÍSA

E por que o sofre, mano? Não é você o homem desta casa? Até quando há de ter medo de sua mulher?

JORGE

Medo? Pois eu tenho medo dela? (*com riso forçado*) É o que me faltava! O que eu tenho é prudência; não quero desbaratar...

LUÍSA
(*à parte*)

Coitado!

JORGE

Ele já veio hoje?

LUÍSA

Ainda não.

JORGE

Admira-me!

Cena IV

FELISBERTO *e os mesmos*

FELISBERTO
(*entrando*)

Vivório!

JORGE
(*à parte*)

Já tardava!

FELISBERTO
(*para Luísa, sem dar atenção a Jorge*)

Adeus, minha bela Luisinha. A prima Eufrásia está lá dentro?

LUÍSA
(*secamente*)

Está. (*Felisberto encaminha-se para sair pela direita, sem dar atenção alguma a Jorge*)

JORGE
(*seguindo-o*)

Então assim se pergunta por minha mulher e vai-se entrando? (*Felisberto sai*) E então? Querem-na mais clara? Que figura faço eu aqui? Que papel represento? (*passeia agitado de um para outro lado*)

LUÍSA
(*seguindo-o*)

Meu irmão, por que não fazes um esforço para saíres deste vexame em que vives? Cobre energia! Mostre que é homem! Isto é uma vergonha! Não se acredita! Que fraqueza!

JORGE
(*parando*)

É fraqueza?

LUÍSA

É, sim.

JORGE

Pois quero mostrar-te para que sirvo. Quero mostrar-te que sou homem e que nesta casa governo eu.

LUÍSA

Felizmente.

JORGE

Vou ensiná-las, botar este biltre pela porta a fora! Basta de humilhação! Vai tudo com os diabos! (*caminha intrepidamente e a passos largos para a porta da direita, mas aí chegando, pára*)

LUÍSA

Então, paras?

JORGE
(*voltando*)

Melhor é ter prudência. Tenho medo de fazer uma morte.

LUÍSA

Meu Deus, que fraqueza!

JORGE

E retiro-me, que não respondo por mim... e mesmo porque vou à botica buscar o sinapismo que minha sogra pediu. (*sai*)

Cena V

LUÍSA, *só, e depois* MARIANA

LUÍSA

Isto contado não é crível! Ter um homem medo de sua mulher e de sua sogra a esse ponto! Ah, se eu fosse homem e tivesse uma mulher como esta!...

MARIANA

(*entrando*)

Vai coser a renda da minha mantilha! (*Luísa sai. Mariana estará de vestido de riscado e saia de lila preta*) Pague o que come! É um trambolho que eu tenho em casa. A boa jóia do meu genro julga que eu também devo carregar com a irmã. Está enganado; hei de atrapalhá-la até que a desgoste para sair daqui. Arre!

Cena VI

MARIANA *e* SOUSA

SOUSA

(*entrando vestido de opa*)

Bons-dias, comadre.

MARIANA

Oh, compadre Sousa, por cá?

SOUSA

Ando no meu fadário, comadre. É preciso ganhar a vida. (*põe a salva sobre a mesa*)

MARIANA

Isso é assim, compadre.

SOUSA

E como já estou velho, escolho o ofício que mais me serve… Tiro esmolas.

MARIANA

E as faz render, hem?

SOUSA

Nada, comadre. Ganho só duas patacas por dia, que me paga o tesoureiro da irmandade para quem tiro esmola.

MARIANA

Só duas patacas? Tão pouco, compadre?

SOUSA

Eu podia fazer como grande parte dos meus companheiros, que tiram as esmolas para si, mas isso não faço eu; quisera antes morrer de fome. Dinheiro sagrado! Talvez a comadre zombe do que eu digo...

MARIANA

Eu não, compadre.

SOUSA

Porque consta-me que seu genro...

MARIANA

Meu genro é um tratante.

SOUSA

Há em todas as profissões velhacos que as desacreditam.

MARIANA

Não se importe com isso, compadre.

SOUSA

Oh, eu vivo tranqüilo com a minha consciência.

MARIANA

Faz muito bem.

SOUSA

Como vai a comadrinha? (*aqui aparece à porta do fundo Jorge, que trará uma tigela na mão. Vendo Mariana e Sousa, pára e escuta*)

MARIANA

Vai bem, compadre. Só o diabo do marido é que lhe dá desgostos; é uma besta que meti em casa...

SOUSA

Comadre, as bestas também se ensinam...

JORGE
(*à parte*)

Patife!

MARIANA

Deixe-o comigo, compadre.

SOUSA

A comadre é mãe e deve vigiar na felicidade de sua filha. Os maridos são o que as mulheres querem que eles sejam. Sou velho e tenho experiência do mundo. A comadrinha que não fraqueie, senão ele bota-lhe o pé no pescoço.

JORGE

(*à parte*)

Tratante!

MARIANA

Isso lhe digo eu sempre, e ela o faz. Olhe, compadre, quanto a isso puxou cá à pessoa... O meu defunto não via bóia comigo...

Cena VII

Os mesmos e FELISBERTO

FELISBERTO

Adeus, tia; vou-me embora.

MARIANA

Vem cá, rapaz.

FELISBERTO

O que quer?

MARIANA

Ó compadre, você não achará um arranjo para este rapaz?

SOUSA

Fraco empenho sou eu, comadre.

FELISBERTO

Não preciso de arranjo.

MARIANA

É melhor trocar as pernas por essas ruas como um valdevinos, em risco de ser preso para soldado? Andar sempre pingando e sem vintém para comprar uma casaca nova? Vê como os cotovelos desta estão rotos, e esta calça, como está safada.

FELISBERTO

Assim mesmo é que eu gosto... É liberdade! Cada um faz o que quer e anda como lhe parece. Não nasci para me assujeitar a ninguém.

MARIANA

Ai, que modo de pensar é esse? Então, compadre, não descobre nada?

SOUSA

Eu? Só se ele quer também pedir esmolas; posso arranjar-lhe uma opa.

MARIANA

Lembra muito bem. Ó sobrinhozinho, queres pedir esmolas?

FELISBERTO

(*insultado*)

Pois tia Mariana, acha que eu nasci para pedir esmolas? Isto é insultar-me! E o Sr. Sousa...

SOUSA

Eu digo: no caso de querer...

MARIANA

Estou vendo que nasceste para príncipe... Já te não lembras que teu pai era malsim?

FELISBERTO

Isto foi meu pai; eu não tenho nada com isso.

SOUSA

Pedir para os santos é uma profissão honesta.

MARIANA

Que não desonra a ninguém. Veste-se uma opa, entra-se pelas casas…

FELISBERTO

(*à parte*)

Entra-se pelas casas…

MARIANA

… bate-se à escada, e se se demoram a vir saber quem é, assenta-se o homem um momento, descansa…

FELISBERTO

(*embebido numa idéia, sem ouvir a tia*)

Entra-se pelas casas…

MARIANA

… vem o moleque ou a rapariga trazer o vinten-zinho…

FELISBERTO

Pois bem, tia, quero-lhe fazer o gosto; pedirei hoje esmola; até para ver se o ofício me agrada.

MARIANA

Sempre te conheci muito juízo, sobrinhozinho. O compadre arranja-lhe a opa?

SOUSA

Fica a meu cuidado.

MARIANA

Muito bem. E dê-me licença, que vou acabar de me vestir. (*sai*)

Cena VIII

SOUSA *e* FELISBERTO; *e depois* JORGE

FELISBERTO
(*à parte*)
Não me lembrava que opa, às vezes, dá entrada até o interior das casas...

SOUSA

Vamos?

FELISBERTO

Quando quiser. (*encaminham para a porta do fundo; Jorge entra e passa por entre eles*)

SOUSA
(*para Jorge, quando passa*)
Um seu criado, Sr. Jorge. (*Jorge não corresponde o cumprimento e dirige-se para a porta da direita*)

FELISBERTO
(*voltando-se*)
Malcriado! (*Jorge, que está junto à porta para sair, volta-se*)

JORGE

Hem?

FELISBERTO
(*chegando-se para ele*)
Digo-lhe que é um malcriado!

JORGE
(*com energia*)
Isso é comigo?

FELISBERTO

É sim.

JORGE
(*vindo para a frente da cena*)
Há muito tempo que eu procuro esta ocasião para nos entendermos.

FELISBERTO

Muito estimo. (*arregaça as mangas da casaca*)

SOUSA

Acomodem-se…

JORGE

O senhor tem tomado muitas liberdades em minha casa.

FELISBERTO

Primeiramente, a casa não é sua; e segundo, hei de tomar as liberdades que bem me parecerem.

SOUSA

Sr. Felisberto!...

JORGE

O senhor entra por aqui e não faz caso de mim?

FELISBERTO

E que figura é o senhor para eu fazer caso?

SOUSA

Sr. Jorge!... (*metendo-se no meio*)

JORGE

Chegue-se para lá; deixe-me, que estou zangado. O senhor fala com minha mulher em segredo, na minha presença...

FELISBERTO

Faço muito bem, porque é minha prima.

JORGE

(*gritando e batendo com os pés*)

Mas é minha mulher! E sabe que mais? É por consideração a ela que agora mesmo não lhe esmurro estas ventas. (*sai com passos largos*)

FELISBERTO

Anda cá! (*quer segui-lo; Sousa o retém*)

SOUSA

Aonde vai?

FELISBERTO

(*rindo-se*)

Ah, ah, ah! Não sei onde foi a prima achar este côdea para marido. Tenho lhe dito muitas vezes que é a vergonha da família.

SOUSA

É um homem sem princípios!

FELISBERTO

Eu regalo-me de não fazer caso nenhum dele... (*ouvem-se gritos dentro*) Ouça, ouça! Não ouve esses gritos? É a tia e a prima que andam com ele às voltas. Ah, ah!

SOUSA

Deixá-lo, e vamos, que se vai fazendo tarde. (*saem ambos, rindo-se*)

Cena IX

Entra JORGE *desesperado.*

JORGE

Os diabos que as carreguem, corujas do diabo! Assim não vai longe; desanda tudo em muita pancadaria. Ora cebolório! Que culpa tenho eu que o boticário se demorasse em fazer o sinapismo? É bem feito, Sr. Jorge, é bem feito! Quem o mandou ser tolo? Agora agüente... (*gritos dentro*) Grita, grita, canalha, até que arrebentem pelas ilhargas! Triste sorte... Que sogra, que mulher! Ah, diabos! Maldita seja a hora em que eu te dei a minha mão; antes te tivesse dado o pé, e um coice que arrebentasse a ti, a tua mãe e a toda a tua geração passada e por passar. É preciso eu tomar uma resolução. A mana Luísa tem razão; isto é fraqueza. Vou ensinar àquelas víboras! (*diz as últimas palavras caminhando com resolução para a porta; aí aparece Eufrásia e ele recua*)

Cena X

JORGE *e* EUFRÁSIA

EUFRÁSIA
Quem é víbora? (*Eufrásia caminha para ele, que vai recuando*)

JORGE
Não falo contigo... (*recua*)

EUFRÁSIA
(*seguindo-o*)
Quem é víbora?

JORGE
(*recuando sempre, e encosta-se no bastidor da esquerda*)
Já disse que não falo contigo!

EUFRÁSIA
(*junto dele*)
Então quem é? Sou eu? Fala!

JORGE
(*querendo mostrar-se forte*)
Eufrásia!…

EUFRÁSIA
Qual Eufrásia! Sou um raio que te parta!…

JORGE
Retira-te! Olha que te perco o respeito!

EUFRÁSIA
(*com desprezo*)
Pedaço de asno!

JORGE
Pedaço de asno? Olha que te… (*faz menção de dar uma bofetada*)

EUFRÁSIA
(*volta para trás, gritando*)
Minha mãe, minha mãe!

JORGE
(*seguindo-a*)
Cala-te, demônio!

EUFRÁSIA
(*junto à porta*)
Venha cá!

Cena XI

MARIANA *e os mesmos*

MARIANA

(*entrando com um pano de
sinapismo na mão*)

O que é? O que é?

JORGE

(*recuando*)

Agora sim!

EUFRÁSIA

Sô Jorge está me maltratando!

MARIANA

Grandissíssimo sacripante!

JORGE

Sacripante?

EUFRÁSIA

Deu-me uma bofetada!

MARIANA

Uma bofetada na minha filha?

JORGE

(*atravessa por diante de Mariana e chega-se,
rancoroso, para Eufrásia*)

Dei-te uma bofetada, hem?

MARIANA

(*puxando-o pelo braço*)

Que atrevimento é esse, grandissíssimo patife?

JORGE
(*desesperado*)
Hoje aqui há morte!

EUFRÁSIA
Morte! Queres me matar?

MARIANA
Ameaças, grandissíssimo traste?

JORGE
(*para Mariana*)
Grandissíssima tartaruga!

MARIANA
Tartaruga! A mim?

EUFRÁSIA
(*puxando-lhe pelo braço*)
Insultas a minha mãe?

JORGE
(*para Eufrásia*)
Grandissíssima lampreia!

EUFRÁSIA
Que afronta! Ai, ai, que morro... (*vai cair senta-da em uma cadeira e finge-se desmaiada*)

JORGE
Morre, arrebenta, que te leve a breca! (*quer sair; Mariana o retém pela opa*)

MARIANA

Tu matas minha filha, patifão, mas eu hei de arrancar-te os olhos da cara...

JORGE

Largue a opa!

MARIANA

... encher essa cara de bofetões!

JORGE

Largue a opa!

MARIANA

Pensas que minha filha não tem mãe?

JORGE

Largue a opa!

MARIANA

Pensas que eu hei de aturar a ti, e a lambisgóia da tua irmã?

JORGE
(*com raiva*)

Senhora!...

MARIANA

Queres me matar também, mariola?

JORGE
(*cerrando os dentes de raiva e metendo a cara diante da de Mariana*)

Senhora!... Diabo!...

MARIANA

Ah! (*dá-lhe com o pano de sinapismo na cara.
Jorge dá um grito de dor, leva as mãos à cara e sai
gritando*)

JORGE

Estou cego! Água, água!... (*sai pelo fundo. Mariana desfecha a rir às gargalhadas, e o mesmo faz
Eufrásia, que se levanta da cadeira. Conservam-se a
rir por alguns instantes, sem poderem falar. Luísa
aparece à porta*)

EUFRÁSIA

Que boa lembrança! Ah, ah!

LUÍSA
(*à parte*)

O que será?

MARIANA

Que bela receita para maridos desavergonhados!
Ah, ah!

EUFRÁSIA

Já não posso rir-me... Ah, ah!

MARIANA

Que cara fez ele (*vendo Luísa*) O que queres?

LUÍSA
(*tímida*)

Eu...

MARIANA

Bisbilhoteira! Vai buscar minha mantilha e o leque de tua cunhada! (*Luísa sai*)

EUFRÁSIA

Já sei o remédio daqui por diante.

MARIANA

Sinapismo nele.

EUFRÁSIA

Mas não vá ele ficar cego.

MARIANA

Melhor para ti! (*entra Luísa com uma mantilha na mão e um leque, que entrega a Eufrásia*) Dá cá; não podias trazê-la sem machucar? Desazada! (*põe a mantilha sobre a cabeça*) Vamos que vai ficando tarde. Iremos primeiro a S. Francisco, que está aqui pertinho. (*para Luísa*) E tu, fica tomando conta na casa, já que não tens préstimo para nada... Pague o que come; não sou burra de ninguém. Vamos, menina.

Cena XII

LUÍSA *e depois* TIBÚRCIO

LUÍSA

(*só*)

Não tenho préstimo... Sempre insultos! Sou a criada de todos nesta casa. Vou pedir ao mano que me meta no Convento da Ajuda.

TIBÚRCIO

(*dentro*)

Esmola para missas das almas.

LUÍSA

Quem é? (*Tibúrcio aparece à porta, vestido de ir-mão das almas*)

TIBÚRCIO

Esmola para missas das almas.

LUÍSA

(*sem o reconhecer*)

Deus o favoreça!

TIBÚRCIO

Amém. (*adianta-se*)

LUÍSA

O senhor o que quer?

TIBÚRCIO

Deus me favorece…

LUÍSA

O senhor Tibúrcio!

TIBÚRCIO

Ele mesmo, que morria longe de ti.

LUÍSA

Vá-se embora!

TIBÚRCIO

Cruel, que te fiz eu?

LUÍSA

Não fez nada, mas vá-se embora.

TIBÚRCIO

Há oito dias que te não vejo. Tenho tanto que te dizer... Oito dias e oito noites levei a passar pela tua porta, e tu não me aparecias; até que tomei a resolução de vestir esta opa para poder entrar aqui sem causar desconfiança. Seremos felizes; nossa sorte mudou. (*põe a bacia sobre a mesa*)

LUÍSA

Mudou?

TIBÚRCIO

Bem sabes que há muito tempo que ando atrás de um lugar de guarda da Alfândega, e que não tenho podido alcançar; mas agora já não preciso.

LUÍSA

Não precisa?

TIBÚRCIO

Comprei uma cautela de vigésimo, na "Casa da Fama", do Largo de Santa Rita, e saiu-me um conto de réis.

LUÍSA

Ah!

317

TIBÚRCIO

Vou abrir um armarinho. Agora posso pedir-te a teu irmão.

LUÍSA

Não, não, não pode ser!

TIBÚRCIO

Não queres ser minha mulher? Terás mudado? Ingrata!

LUÍSA

Não posso, não posso! Meu Deus!

TIBÚRCIO

Ah, já sei, amas a outro. Pois bem; casa-te com ele. Quem o diria?

LUÍSA

(*chorando*)

Escuta-me…

TIBÚRCIO

Não tenho que escutar. Vou-me embora, vou me meter em uma das barcas de vapor da Praia Grande, até que ela arrebente. (*falsa saída*)

LUÍSA

Quanto sou infeliz!

TIBÚRCIO

(*voltando*)

Ainda me amas?

LUÍSA

Ainda.

TIBÚRCIO

Então por que não queres casar comigo?

LUÍSA

Oh, acredita-me, é que eu não devo...

TIBÚRCIO

Não deveis? Pois adeus, vou para o Rio Grande. (*falsa saída*)

LUÍSA

Isto é um tormento que eu sofro!

TIBÚRCIO
(*voltando*)

Então, queres que eu vá para o Rio Grande?

LUÍSA

Bem sabes quanto eu te amava, Tibúrcio; tenho disto te dado provas bastantes, e se...

TIBÚRCIO

Pois dá-me a única que te peço: casa-te comigo. Ah, não respondes? Adeus, vou para Montevidéu. (*sai pelo fundo*)

LUÍSA
(*só*)

Nasci para ser desgraçada! Eu seria tão feliz com ele: mas é pedreiro-livre... Foi bom que ele se fosse embora. Eu não poderia resistir...

TIBÚRCIO

(*aparecendo à porta*)

Então, queres que eu vá para Montevidéu?

LUÍSA

Meu Deus!

TIBÚRCIO

(*caminhando para frente*)

Antes que eu parta desta terra ingrata; antes que eu vá afrontar esses mares, um só favor te peço, em nome de nosso antigo amor. Dize-me, por que não queres casar comigo? Disseram-te que eu era aleijado, que tinha algum defeito oculto? Se foi isso, é mentira.

LUÍSA

Nada disso me disseram.

TIBÚRCIO

Então por que é?

LUÍSA

É porque... (*hesita*)

TIBÚRCIO

Acaba, dize...

LUÍSA

Porque és... pedreiro-livre. (*benze-se*)

TIBÚRCIO

Ah, ah, ah! (*rindo-se às gargalhadas*)

Luísa

E ri-se?

Tibúrcio

Pois não me hei de rir? Meu amor, isto são cara-minholas que te meteram na cabeça.

Luísa

Eu bem sei o que é. Falas com o diabo à meia-noite: matas as crianças para lhes beber o sangue; entregaste tua alma ao diabo; freqüentas as...

Tibúrcio

(*interrompendo-a*)

Ta, ta, ta! O que aí vai de asneiras! Não sejas pateta; não acredites nestas baboseiras.

Luísa

Baboseiras, sim!

Tibúrcio

Um pedreiro-livre, minha Luísa, é um homem como outro qualquer; nunca comeu crianças nem falou com o diabo à meia-noite.

Luísa

Visto isso, não é verdade o que te digo?

Tibúrcio

Qual! São carapetões que te meteram nos miolos para talvez te indisporem comigo. A maçonaria é uma instituição...

LUÍSA

Dá-me a sua palavra de honra que nunca falou com o diabo?

TIBÚRCIO

Juro-te que é sujeitinho com quem nunca me encontrei.

LUÍSA

Hoje ouviu missa?

TIBÚRCIO

Nem menos de três.

LUÍSA

Ah, que peso me tiraste do coração!

TIBÚRCIO

Consentes que eu fale a teu mano?

LUÍSA
(*vergonhosa*)

Não sei...

TIBÚRCIO
(*beijando-lhe a mão*)

Malditos tagarelas, que iam me fazendo perder este torrão de açúcar! Minha Luísa, nós seremos muito felizes, e eu te...

MARIANA
(*dentro*)

Devagar, devagar, que não posso.

LUÍSA
(*assustada*)

É D. Mariana!

TIBÚRCIO
Vou-me embora!

LUÍSA
Não, não, que o podem encontrar no corredor!
Minha cunhada o conhece... Esconda-se até que elas
entrem, e depois saia!

TIBÚRCIO
Mas onde?

LUÍSA
Neste armário. (*Tibúrcio esconde-se no armário,
deixando a bacia sobre a mesa*)

Cena XIII

Entra MARIANA, *apoiada nos braços
de* EUFRÁSIA *e de* SOUSA.

MARIANA
Ai, quase morri... Tira-me esta mantilha. (*Luísa
tira-lhe a mantilha*) Ai! (*senta-se*) Muito obrigada,
compadre.

SOUSA
Não há de quê, comadre.

EUFRÁSIA

Acha-se melhor, minha mãe?

MARIANA

Um pouco. Se o compadre não estivesse lá à porta da igreja para tirar-me do aperto, eu morria, certamente.

SOUSA

Aquilo é um desaforo!

MARIANA

É assim, é. Ajuntam-se esses brejeiros nos corredores das catacumbas para apertarem as velhas e darem beliscões nas moças.

SOUSA

E nos rasgarem as opas e darem caçoletas.

EUFRÁSIA

É uma indecência!

MARIANA

Espremeram-me de tal modo, que ia botando a alma pela boca a fora.

EUFRÁSIA

E a mim deram um beliscão, que quase arrancaram carne.

MARIANA

É insuportável!

SOUSA

Principalmente, comadre, em S. Francisco de
Paula.

MARIANA

Estão horas inteiras num vaivém, só para fazerem patifarias.

EUFRÁSIA

A polícia não vê isso?

MARIANA

Ai, estou que não posso. Compadre, dê-me licença, que vou me deitar um pouco.

SOUSA

Essa é boa, comadre!

MARIANA

(*levanta-se*)

Já arranjou a opa para meu sobrinho?

SOUSA

A esta hora já está tirando esmolas.

MARIANA

Muito obrigada, compadre. Não se vá embora,
jante hoje conosco.

SOUSA

A comadre manda, não pede.

MARIANA

Até já; descanse. (*saem Mariana, Eufrásia e Luísa*)

Cena XIV

SOUSA *e depois* FELISBERTO

SOUSA
(*só*)

Estou estafado! (*senta-se*) A pobre da comadre, se não sou eu, morre; já estava vermelha como um camarão. (*ouvem-se dentro gritos de* pega ladrão!) O que será? (*levanta-se; os gritos continuam*) É *pega ladrão!* (*vai para a porta do fundo; nesse instante entra Felisberto, que virá de opa e bacia, precipitadamente. Esbarra-se com Sousa e salta-lhe o dinheiro da bacia no chão*)

FELISBERTO
Salve-me, salve-me, colega! (*trazendo-o para frente da cena*)

SOUSA
O que é isto, homem? Explique-se!

FELISBERTO
(*tirando um relógio da algibeira*)
Tome este relógio, guarde-o. (*Sousa toma o relógio maquinalmente*)

SOUSA
Que relógio é esse?

FELISBERTO
O povo aí vem atrás de mim, gritando: *Pega ladrão!* – mas creio que o logrei.

Sousa

E o senhor roubou este relógio?

Felisberto

Não senhor! Entrei em uma casa para pedir esmola, e quando saí, achei-me com este relógio na mão, sem saber como... (*vozearia dentro*) Aí vêm eles! (*corre e esconde-se no armário*)

Sousa
(*com o relógio na mão*)

E me meteu em boas, deixando-me com o relógio na mão! Se assim me pilham estou perdido. (*põe o relógio sobre a mesa*) Antes que aqui me encontrem, safo-me. (*vai a sair; ao chegar à porta, pára para ouvir a voz de Jorge*)

Jorge
(*dentro*)

Isto é um insulto! Não sou ladrão! Em minha casa não entrou ladrão nenhum!

Sousa
(*voltando*)

Aí vêm!... E este relógio que me acusa... Pelo menos prendem-me como cúmplice. (*corre e esconde-se no armário*)

Cena XV

Entra Jorge.

JORGE

Não se dá maior pouca vergonha... Julgarem que eu era ladrão! Creio que algum tratante aproveita-se da opa para entrar com liberdade nas casas e surripiar alguma coisa, e os mais que andam de opa, que paguem!... Eu, roubar relógio!... Pois olhem, precisava bem de um. (*vê o relógio sobre a mesa*) Um relógio! Que diabo! (*pegando no relógio*) De quem será? Será roubado? Quatro bacias com esmolas! E então! E então tenho três homens dentro de casa? Oh, com os diabos! E todos três irmãos das almas... E ladrões ainda em cima! Vou saber como é isto. Mas, não; se eu perguntar, não me dizem nada. (*aqui aparece à porta da direita Eufrásia, sem que ele a veja*) É melhor que eu veja com meus próprios olhos. Vou esconder-me no armário e de lá espreitarei. (*vai para o armário; Eufrásia o segue pé ante pé. Logo que entra no armário, ela dá um pulo e fecha o armário com a chave*)

EUFRÁSIA

Está preso! Minha mãe, venha ver o canário! (*sai*)

Cena XVI

Ouve-se dentro do armário uma questão de palavras, gritos e pancadas nas portas; isto dura por alguns instantes. Entram MARIANA *e* EUFRÁSIA.

EUFRÁSIA

Está ali, minha mãe, eu o prendi!

MARIANA

Fizeste muito bem. (*chega-se para o armário*)

EUFRÁSIA

Como grita! Que bulha faz!

MARIANA

Aqui há mais de uma pessoa...

EUFRÁSIA

Não senhora. (*os gritos dentro redobram e ouve-se muitas vezes a palavra –* ladrão! *– pronunciada por Jorge*)

MARIANA

São ladrões! (*ambas gritam pela sala de um lado para outro*) Ladrões, ladrões, ladrões! (*Luísa aparece à porta*)

LUÍSA
(*entrando*)

O que é isto?

EUFRÁSIA

Ladrões em casa!

AS TRÊS
(*correndo pela sala*)
Ladrões, ladrões! Quem nos acode? Ladrões!

Cena XVII

Entra uma patrulha de quatro permanentes e um cabo. Virão de fardeta branca, cinturão e pistolas.

CABO

(*entrando*)

Que gritos são esses?

MARIANA

Temos ladrões em casa!

CABO

Onde estão?

EUFRÁSIA

Ali no armário!

LUÍSA

(*à parte*)

No armário! Que fiz eu? Está perdido... (*o cabo dirige-se para o armário com os soldados. Mariana, Eufrásia e Luísa encostam-se para a esquerda, junto à porta*)

CABO

(*junto ao armário*)

Quem está aí?

JORGE

(*dentro*)

Abra, com todos os diabos!

CABO

Sentido, camaradas! (*o cabo abre a porta do armário; por ela sai Jorge, e torna a fechar a porta com presteza. O cabo agarra-lhe na gola da casaca*) Está preso.

JORGE
(*depois de ter fechado o armário*)
Que diabo é isto?

CABO
Nada de resistência.

JORGE
O ladrão não sou eu.

EUFRÁSIA
(*do lugar onde está*)
Senhor permanente, este é meu marido.

JORGE
Sim senhor. Eu tenho a honra de ser o marido da senhora.

EUFRÁSIA
Fui eu que o fechei no armário, e por isso é que se deu com os ladrões que ainda estão lá dentro.

JORGE
Sim senhor, a senhora fez-me o favor de me fechar aqui dentro, e por isso é que se deu com os ladrões... que aqui estão ainda...

CABO
Pois abra. (*o cabo diz estas palavras a Jorge porque ele conserva-se, enquanto fala, com as costas apoiado no armário. Jorge abre a porta, sai Sousa; o cabo segura em Sousa. Jorge torna fechar o armário e encosta-se. Sousa e o cabo que o segura caminham um pouco para a frente*)

JORGE

Este que é o ladrão.

SOUSA

Não sou ladrão. Deixe-me!

MARIANA

O compadre!

SOUSA

Comadre… (*Mariana chega-se para ele*)

JORGE

Segure-o bem, senão foge.

SOUSA

Fale por mim, comadre. Diga ao senhor que eu não sou ladrão.

JORGE

É ele mesmo, e outro que aqui está dentro.

CABO

Vamos.

SOUSA

Espere.

MARIANA

Como é que você, compadre, estava ali dentro?

SOUSA

Por causa de um maldito relógio que…

JORGE

Vê? Está confessando que roubou o relógio. Ali está sobre a mesa.

CABO

Siga-me.

SOUSA

Espere!

MARIANA

Um momento.

CABO

Senão vai à força. Camaradas!

JORGE

Duro com ele! (*chegam-se dois soldados e agarram em Sousa*)

CABO

Levem este homem para o quartel.

SOUSA
(*debatendo-se*)

Deixem-me falar...

CABO

Lá falará. (*os soldados levam Sousa à força*)

SOUSA

Comadre! Comadre!

JORGE

Sim, sim; lá falará! Patife, ladrão!

MARIANA

Estou confusa!

JORGE

Vamos aos outros que cá estão.

EUFRÁSIA

Não explico isto! (*Jorge abre a porta do armário; sai por ela, com impetuosidade, Felisberto. Atira com Jorge no chão e foge pela porta do fundo. O cabo e os dois soldados correm em seu alcance*)

CABO

Pega, pega! (*sai, assim como os soldados. Jorge levanta-se*)

JORGE

Pega ladrão! Pega ladrão! (*sai atrás, correndo*)

Cena XVIII

MARIANA, EUFRÁSIA *e* LUÍSA

MARIANA

É meu sobrinho!

EUFRÁSIA

É o primo!

LUÍSA
(*à parte*)
Terá ele saído?

MARIANA
Não sei como foi isto.

EUFRÁSIA
Nem eu.

MARIANA
Deixei o compadre aqui sentado.

EUFRÁSIA
O primo estava pedindo esmolas.

MARIANA
Isto foi traição do patife do meu genro.

EUFRÁSIA
Não pode ser outra coisa.

MARIANA
Mas deixe-o voltar...

EUFRÁSIA
Eu lhe ensinarei... (*durante este pequeno diálogo, Luísa, que está um pouco mais para o fundo, vê Tibúrcio, que da porta do armário lhe faz acenos*)

MARIANA
O que estás tu a fazer acenos? Vem cá. (*pega-lhe pelo braço*) Viste o que fez o belo do teu irmão? Como ele não está aqui, tu é que me hás de pagar.

LUÍSA

Eu? E por quê?

MARIANA

Ainda pergunta por quê? Não viste como ele fez prender a meu compadre e a meu sobrinho? Isto são coisas arranjadas por ele e por ti.

LUÍSA

Por mim?

EUFRÁSIA

Sim, por ti mesma.

LUÍSA

Oh!

MARIANA

Faze-te de nova! Não bastava aturar eu o desavergonhado do irmão; hei de também sofrer as poucas-vergonhas desta deslambida. (*Luísa chora. Aqui aparece à porta do fundo Jorge; vendo o que se passa, pára em observação*) Hoje mesmo não me dorme em casa. Não quero. Vai ajuntar a tua roupa, e rua! (*Tibúrcio sai do armário e encaminha-se para elas*)

TIBÚRCIO

Não ficará desamparada. (*Mariana e Eufrásia assustam-se*)

LUÍSA

Que fazes?

TIBÚRCIO

Vem, Luísa.

MARIANA

Quem é o senhor?

TIBÚRCIO
(*para Luísa*)

Vamos procurar teu irmão.

LUÍSA

Espera. (*Eufrásia observa com atenção a Tibúrcio*)

MARIANA

Isto está galante. Muito bem! Com que a menina tem os amantéticos escondidos. Está adiantada...

TIBÚRCIO

Senhora, mais respeito!

MARIANA

Olá!

LUÍSA

Tibúrcio!...

EUFRÁSIA

Tibúrcio! É ele mesmo! Fuja, minha mãe!... (*recua*)

MARIANA

O que é?

EUFRÁSIA

Fuja, que é um pedreiro-livre! (*deita a correr para dentro*)

MARIANA
(*aterrorizada*)
Santa Bárbara, São Jerônimo, acudam-me! (*sai correndo*)

TIBÚRCIO
(*admirado*)
E esta!…

Cena XIX

JORGE, *que da porta tem observado tudo, logo que* MARIANA *sai, corre e abraça-se com* TIBÚRCIO.

JORGE
Meu Salvador! Meu libertador!

TIBÚRCIO
O que é lá isso? Temos outra?

JORGE
Homem incomparável!

LUÍSA
Mano!

TIBÚRCIO
O senhor está doido?

JORGE
(*abraçando-se com os pés de Tibúrcio*)
Deixe-me beijar seus pés, vigésima maravilha do mundo!

TIBÚRCIO

Levante-se, homem!

LUÍSA

O que é isto, Jorge?

JORGE

(*de joelhos*)

E adorar-te como o maior descobridor dos tempos modernos.

TIBÚRCIO

Não há dúvida, está doido!

LUÍSA

Doido? Faltava-me esta desgraça!

JORGE

(*levanta-se*)

Pedro Alves Cabral quando descobriu a Índia, Camões quando descobriu o Brasil, não foram mais felizes do que eu sou por ter descoberto o meio de meter medo a minha sogra e a minha mulher. E a quem devo eu esta felicidade? A ti, homem sublime.

TIBÚRCIO

E é só por isso?

JORGE

Acha pouco? Sabe o que é uma sogra e uma mulher? O senhor gosta da mana?

TIBÚRCIO

Fazia tenção de o procurar hoje mesmo, para falar-lhe a este respeito.

JORGE

Quer casar-se com ela?

LUÍSA

Jorge!

TIBÚRCIO

Seria minha maior ventura.

JORGE

Pois bem, pratique com minha sogra o que eu praticar com minha mulher.

TIBÚRCIO

Como é lá isso?

LUÍSA

Que loucura!

JORGE

Quer se casar? É decidir, e depressa.

TIBÚRCIO

Homem, se a coisa não é impossível…

JORGE

Qual impossível! Minha sogra é uma velha.

TIBÚRCIO

Por isso mesmo.

JORGE

Luísa, vai chamá-las. Dize-lhes que estou só e que preciso muito falar-lhes. E tu não apareças enquanto elas cá estiverem. Anda! (*Luísa sai*)

Cena XX

JORGE *e* TIBÚRCIO

TIBÚRCIO

O que quer fazer?

JORGE

Saberá. Esconda-se outra vez no armário, e quando eu bater com o pé e gritar: *Satanás!*, salte para fora, agarre-se a minha sogra e faça quanto eu fizer.

TIBÚRCIO

Aqui mesmo nesta sala?

JORGE

Sim, sim. E avie-se, que elas não tardam.

TIBÚRCIO

Vá feito! Como é para ao depois casar-me... (*esconde-se no armário*)

JORGE

(*à parte*)

Toleirão! Casa-te e depois dá-me novas. (*senta-se*) Hoje é dia de felicidades para mim. Achei um marido para a mana; dei com os dois tratantes no xilindró, e para coroar a obra vim a descobrir o meio de me fazer respeitar nesta casa. Ainda bem que eu tinha meus receios de encontrar-me com elas... Hão de estar danadas.

Cena XXI

MARIANA *e* EUFRÁSIA *aparecem à porta e, receosas, espreitam para a cena.*

JORGE

Podem entrar.

MARIANA
(*adiantando-se*)
Podem entrar? A casa é tua?

EUFRÁSIA

De hoje em diante hás de tu e a desavergonhada da tua irmã porem os quartos na rua.

JORGE

Veremos…

MARIANA

Que desaforo é esse? Ai, que arrebento!

JORGE
(*levanta-se e coloca-se entre as duas*)
Até aqui tenho vivido nesta casa como um cão…

EUFRÁSIA

Assim o merecias.

MARIANA

E ainda mais.

JORGE

Mas como tudo neste mundo tem fim, o meu tratamento de cão também o terá.

Mariana
Agora também digo eu – veremos!

Jorge
Até agora não tenho sido homem, mas era preciso sê-lo. E o que havia eu de fazer para ser homem? (*com exaltação*) Entrar nessa sociedade portentosa, universal e sesquipedal, onde se aprendem os verdadeiros direitos do homem. (*faz momices e sinais extravagantes com as mãos*)

Eufrásia
O que quer isto dizer?

Mariana
Ai, o que está ele a fazer?

Jorge
Estes são os sinais da ordem. (*faz os sinais*)

Mariana
Está doido!

Jorge
(*segurando-as pelos punhos*)
A senhora tem feito de mim seu gato-sapato; e a senhora, seu moleque; mas isto acabou-se! (*levanta os braços das duas, que dão um grito*) Acabou-se! Sou pedreiro-livre! Satanás!

Mariana
Misericórdia!

EUFRÁSIA

Jesus! (*Tibúrcio salta do armário. Jorge deixa o braço de Mariana e, segurando em ambos os de Eufrásia, gira com ela pela sala, gritando:* Sou pedreiro-livre! O diabo é meu compadre! *Tibúrcio faz com Mariana tudo quanto vê Jorge fazer. As duas gritam aterrorizadas. Jorge larga a Eufrásia, que corre para dentro. Tibúrcio, que nessa ocasião está do lado esquerdo da cena, larga também a Mariana, que atravessa a cena para acompanhar Eufrásia; encontra-se no caminho com Jorge, que faz-lhe uma careta e a obriga a fazer um rodeio para sair. Os dois desatam a rir*)

JORGE

Bem diz o ditado, que ri-se com gosto quem se ri por último. Luísa? Luísa? (*para Tibúrcio*) Um abraço. Que achado!

Cena XXII

Entra LUÍSA.

JORGE

Vem cá. (*conduzindo-a para Tibúrcio*) Eis aqui a paga do serviço que acaba de fazer-me. Sejam felizes se o puderem, que eu de hoje em diante, se não for feliz, hei de ao menos ser senhor em minha casa. (*aqui entram correndo Mariana e Eufrásia, como querendo fugirem de casa. Mariana trará a mantilha na cabeça e uma trouxa de roupa debaixo do braço; o mesmo trará Eufrásia. Jorge, vendo-as*) Pega nelas! (*Jorge diz estas palavras logo que as vê. Corre de encontro a elas e fica por conseguinte junto à porta que dá para o interior, quando elas já estão quase junto à porta da rua. Aparece da porta um irmão das almas*)

IRMÃO
Esmola para missas das almas! (*as duas quase que se esbarram, na carreira que levam, contra o irmão. Dão um grito e voltam correndo para saírem por onde entraram, mas aí encontrando Jorge, que lhes fecha a saída, atravessam a cena e, esbarrando-se do outro lado com Tibúrcio, largam as trouxas no chão e caem de joelhos a tremer*)

EUFRÁSIA
Estamos cercadas!

MARIANA
Meus senhorezinhos, não nos levem para o inferno!

JORGE
Descansem, que para lá irão sem que ninguém as leve...

AMBAS
Piedade! Piedade!

JORGE
Bravo! Sou senhor em minha casa! E eu que pensava que era mais difícil governar mulheres! (*Mariana e Eufrásia conservam-se de joelhos, no meio de*

Jorge, Tibúrcio e Luísa, que riem-se às gargalhadas até abaixar o pano)

IRMÃO
(*enquanto eles riem e desce o pano*)
Esmola para missas das almas! (*cai o pano*)

O DILETANTE

[Comédia em 1 ato]

[1844]

PERSONAGENS

JOSÉ ANTÔNIO, *rico proprietário*
D. MERENCIANA, *sua mulher*
D. JOSEFINA, *sua filha*
D. PERPÉTUA
JÚLIO
GAUDÊNCIO, *parasita*
MARCELO, *paulista*
ANDRÊ, *tropeiro*
TROPEIROS, PAJENS E MUCAMBAS

A cena se passa no Rio de Janeiro
no ano de 1844.

ATO ÚNICO

(*Sala em casa de José Antônio. No fundo, porta de saída; à direita e esquerda, portas que dão para o interior. Rica mobília de mogno. À direita, um piano, sobre o qual estarão várias músicas, e à esquerda, um sofá, sobre o qual estará uma viola.*)

Cena I

Ao levantar do pano, JOSÉ ANTÔNIO *está junto do piano arranjando as músicas.*

JOSÉ ANTÔNIO

Hoje havemos de cantar alguns pedaços da *Norma*. (*lendo uma música*) *Qual cor tradiste...* Há de ser este dueto. Que música! (*põe à parte*) O pior é não termos um tenor... Arremediarei. (*lendo outra música*) *Nel cor più non mi sento...* Xi, que isto é velho que é o diabo! (*joga para o lado e procura de novo*) Não acho a cavatina. Josefina? Ó Josefina, vem cá. Quero que todos em minha casa cantem. Não há nada como a bela da música. Arte divina!

Cena II

Entra JOSEFINA.

JOSEFINA
Chamou-me, meu pai?

JOSÉ ANTÔNIO
Vem cá, loucazinha. Que fizeste da *Casta Diva*?

JOSEFINA
Está sobre o piano.

JOSÉ ANTÔNIO
Vai procurá-la.

JOSEFINA
Quer cantá-la?

JOSÉ ANTÔNIO
Divirta-se a menina comigo.

JOSEFINA
Se é para eu cantar, não procuro. Já não posso aturá-la. É maçada!

JOSÉ ANTÔNIO
Que dizes, bárbara? A *Casta Diva* maçada? Esta sublime produção do sublimíssimo gênio?

JOSEFINA

Será sublimíssima, mas como há algum tempo para cá que eu a tenho ouvido todos os dias cantada, guinchada, miada, assobiada e estropiada por essas ruas e casas, já não a posso suportar. Todos cantam a *Casta Diva* – é epidimia!

JOSÉ ANTÔNIO

E o mais é que tens razão! Ouve-se daqui: (*canta a Casta Diva com voz fanhosa*) Ouve-se dali: (*canta com voz muito fina*) Mais adiante um moleque: (*assobia-a*) Estragam-na! Assassinam-na! Mas tu cantas bem.

JOSEFINA

Obrigada, mas não a cantarei mais!

JOSÉ ANTÔNIO

Está bom; mas hás de cantar o dueto: *Mira, o Norma, a tuoi ginocchi...* (*cantando*)

JOSEFINA
(*rindo-se*)

E com quem? O papá faz a parte da *Norma*?

JOSÉ ANTÔNIO

Com tua mãe.

JOSEFINA
(*ri-se*)

A mamã cantando!... Ela, que apenas canta a *Maria Cachucha* quando está cosendo, e isso mesmo desentoadíssima! Ora, papai!

JOSÉ ANTÔNIO

Eu lhe darei algumas lições. É preciso hoje cantarmos alguma coisa, para que mostres as tuas prendas a nosso hóspede.

JOSEFINA

Pois eu não lhe quero mostrar nada!

JOSÉ ANTÔNIO

Pois quero eu!

JOSEFINA

Um homem tão feio!

JOSÉ ANTÔNIO

Feio, mas rico. Seria um bom casamento para ti, e ele o deseja...

JOSEFINA

E eu não senhor!

JOSÉ ANTÔNIO

Queres te casar com algum destes bonifrates que andam pelas ruas desta cidade e que não têm onde caírem mortos? E que andam especulando casamento? Nada; o meu dinheiro não é para esses especuladores. O Sr. Marcelo não está nesse caso; é homem de bem, abastado e muito considerado lá em S. Paulo; ainda pode ser deputado e mesmo senador.

JOSEFINA

O papá hoje está para sermões; vou-me embora.

Cena III

JOSÉ ANTÔNIO

(*só*)

É uma louquinha; mas tem bom coração. Por isso quero que encontre um marido que a faça feliz como merece. O amigo Marcelo é homem rico, honesto e bom, ainda que rústico. Coitado, nunca saiu de S. Paulo! É a primeira vez que vem à Corte; anda espantadiço. Só uma coisa desgosta-me nele: o não gostar da música. Levei-o ontem ao teatro para ouvir *Norma* e dormiu a sono solto durante toda a representação. Dormir, quando se canta *Norma*! Isto só faz um paulista dos sertões! Dormir, quando se pode ouvir esse canto incomparável do Cisne da Itália! Infeliz mancebo! Bellini inimitável, rei das almas sensíveis, portento de harmonia, morreste, e tão pouco nos deixaste! Morreste... A terra te seja... melodiosa!

Cena IV

Entra MARCELO *vestido à paulista, isto é,
de bota branca, calça e jaqueta de ganga azul
e ponche de pano azul forrado de baeta vermelha.
O seu falar é carregado.*

MARCELO

Deus lhe dê muitos bons dias...

JOSÉ ANTÔNIO

Oh, como tem passado? Ainda hoje não o vi...

MARCELO
Tenho andado passeando pela cidade.

JOSÉ ANTÔNIO
Aonde foi?

MARCELO
À Rua do Ouvidor. Vi muitas coisinhas bonitas penduradas nas vidraças e umas figuras que pareciam gente viva, andando assim à roda. (*anda* à *roda*)

JOSÉ ANTÔNIO
Isso é na casa dos cabeleireiros.

MARCELO
É isso mesmo, que lá vi muitos cabelos nas portas. Entrei numa casa onde estavam tocando um instrumento muito bonito; o homem tocava assim. (*faz ação de quem toca realejo*)

JOSÉ ANTÔNIO
Foi no canto do Beco das Cancelas. É um realejo que chama os tolos.

MARCELO
Há de ser isso mesmo. É bem bonito; hei de levar um comigo. Depois parei defronte de uma espingarda muito grande, que está metida na parede. Porém o que mais me zangou foi uma ladroeira que vi em muita casa.

JOSÉ ANTÔNIO
O que foi?

MARCELO

Um homem trepado em cima dos balcões, com um martelo de pau na mão, gritando: Trezentos réis! Quatrocentos réis, senhores! Quinhentos réis!... E os tolos fazendo roda, a olharem para ele.

JOSÉ ANTÔNIO
(*rindo-se*)
É boa! É uma casa de leilão.

MARCELO

Leilão... São modos de esperteza que os estrangeiros inventam para um pobre homem comprar a fazenda sem examinar. Não sou eu que caio nessa – não compro porcos na lama. Quero ver o que compro.

JOSÉ ANTÔNIO

O patrício não deixa de ter razão – os tais meninos, quanto pior é a fazenda, mais depressa falam! Que de logros não têm pregado por esta cidade!

MARCELO

Enfim, na Rua do Ouvidor é confusão de coisas e de gentes a passarem de baixo para riba e a fazerem uma bulha tal, que me fizeram tonto. Tomara-me já em S. Paulo! (*senta-se no sofá*)

JOSÉ ANTÔNIO

Homem, goze primeiro os prazeres da Corte. Não queira enterrar-se em vida no sertão. Vá ao teatro ouvir *Norma, Belisário, Ana Bolena, Furioso*.

MARCELO

Não acho graça nenhuma. Umas cantigas que eu não percebo e que não se pode dançar. Não há nada como um fado.

JOSÉ ANTÔNIO

Que horror, preferir um fado à música italiana! (*à parte*) O que faz a ignorância!

MARCELO

É que o senhor ainda não ouviu um fadinho bem rasgadinho e bem choradinho. (*pega na viola e afina, enquanto José Antônio fala*)

JOSÉ ANTÔNIO

Nem quero ouvir! Não diga isto a ninguém, que se desacredita. A música italiana, meu amigo, é o melhor presente que Deus nos fez, é o alimento das almas sensíveis.

MARCELO

Pois o meu alimento é feijão com toucinho, fubá de milho e lombo de porco.

JOSÉ ANTÔNIO

Que blasfêmia! (*à parte*) É o que faz a ignorância!

MARCELO

Que graça acha o senhor na música? Não me dirá.

JOSÉ ANTÔNIO

Que graça? Uma graça divina e sentimental! Quando eu vou ao teatro e ouço esses sublimes acordes, essas harmonias brilhantes, essa melodia arrebatadora, sinto-me outro... O prazer enleva-me; quero aproveitar a mais pequena nota e estendo o pescoço, aplico o ouvido e sinto que não me desse Deus umas orelhas mais compridas para aproveitar o mais pequeno átomo de harmonia.

MARCELO
(*olhando muito admirado para José Antônio*)
Não lho entendo...

JOSÉ ANTÔNIO
Quando a música toca no fundo da minha alma, dá-me vontade de fazer um despropósito; de fazer nem sei o quê... Saltar, pular, esfregar-me, espojar-me pelo chão... Ah, meu amigo, que sensação deliciosa!

MARCELO
Cuidado, que a música lhe há de fazer doido.

JOSÉ ANTÔNIO
Não o diga brincando...

MARCELO
Ó homem!

JOSÉ ANTÔNIO
Quando estou no teatro ouvindo essas celestes inspirações, dá-me vontade de matar a todos que me perturbam com as suas conversas e tosses. Quem quer conversar fique em casa e quem tem tosse tome xarope e vá se deitar, e não incomode aos mais. Um dia faço uma asneira!

MARCELO

Não diga isso, homem de Deus!

JOSÉ ANTÔNIO

Ainda ontem estava ouvindo aquele belo dueto – *Qual cor tradisti...* (*canta*) Um bárbaro que estava sentado a meu lado espirrou estrondosamente na ocasião mais patética! Deu-me vontade de lhe dar uma dentada no nariz e lho arrancar.

MARCELO

Ah, ah, ah! (*rindo-se*) Tirar o nariz ao homem por causa da música!

JOSÉ ANTÔNIO

Patrício, você não sabe de que é capaz um diletante.

MARCELO

Diletante? Não sei que seja...

JOSÉ ANTÔNIO

Olhe, um dia acordei com a firme tenção de separar-me de minha mulher...

MARCELO

Então, por quê, patrício?

JOSÉ ANTÔNIO

Sonhei que estava ouvindo a Malibran.

MARCELO

Malibran?

José Antônio

Sim, a Malibran, essa cantora com que os estrangeiros nos quebram a cabeça. A sua voz chegava a meus ouvidos pura e argentina, e fiquei de tal modo comovido e arrebatado, que acordei – e ouço, oh, que sacrilégio!, ouço minha mulher que dorme, roncando como um porco.

Marcelo

E só por isso queria se separar de sua companheira?

José Antônio

Pois o que quer que se faça a uma mulher que ronca quando a Malibran canta? Diga?

Marcelo

Por isso é que digo que não há nada como um fadinho. Ainda que se ronque, não faz mal – até mesmo é bonito. (*toca e canta com voz muito alta*) Faça o obséquio de roncar; verá como fica bonito: *Adeus, Coritiba* (*etc.*)

José Antônio
(*enquanto Marcelo canta*)

Cale-se, cale-se, com os diabos! Que música infernal! Quer assassinar-me! (*tapa os ouvidos*) Então? Vou-me embora!

Marcelo
(*deixa de cantar*)

Isto é que é bom, patrício!

José Antônio
(*desesperado*)
É o... Não me faça dizer despropósitos! Quem pode aturar semelhante gritaria?

Marcelo
Eu, que fui criado com ela. (*entra um pajem pardo e entrega a José Antônio um rolo de música*)

José Antônio
Ah, é a música que eu mandei buscar à rua detrás do Hospício. Está bom, vai para dentro. (*lendo*) *Terzetto* da *Norma*. Bom; há de cantar minha mulher e minha filha. Mas, o tenor? Que falta que faz um tenor! Daria tudo para ter voz de tenor... Quem sabe se este sujeito é tenor? Ah, sô Marcelo, o senhor será tenor?

Marcelo
(*sem entender*)
Hem?

José Antônio
Pergunto se é tenor.

Marcelo
Tenor?

José Antônio
Sim!

Marcelo
Não sei o que seja, patrício.

JOSÉ ANTÔNIO
(*à parte*)
O que faz a ignorância! (*para Marcelo*) Com sua licença, vou levar esta música a minha filha.

MARCELO
(*levantando-se*)
Espere lá. Quando se arranja o negócio?

JOSÉ ANTÔNIO
Homem, eu já dei a entender à menina. Ela não se mostra muito disposta; mas eu farei a diligência e tudo se há de arranjar.

MARCELO
Eu espero ainda oito dias, que mais não posso. Se a menina casar comigo, palavra de paulista, há de ser feliz.

JOSÉ ANTÔNIO
Sei disso. Conheço suas boas qualidades, estou que fará minha filha feliz. Mas há uma coisa que me aflige, ainda, dando eu de livre vontade o meu consentimento.

MARCELO
Se aflige?

JOSÉ ANTÔNIO
Se a minha pobre filha for com o senhor para S. Paulo, não ouvirá mais óperas italianas. E agora que se ensaia uma que dizem ser bonita!...

MARCELO

Se lá não há obras italianas, há coisas melhores...

JOSÉ ANTÔNIO

Melhores?

MARCELO

Há muitas cabeças de gado, uma fazenda grande de que vai ser senhora... Podia dar mais, se não fosse a rebelião. Perdi muito dinheiro; não me meto noutra.

JOSÉ ANTÔNIO
(*levanta os ombros como em sinal de compaixão*)
Enfim, tudo se há de arranjar... Até já. (*sai*)

Cena V

MARCELO
(*só*)

Este pobre homem é muito tolo! Faz pena, que é boa pessoa. Vive cantando umas asneiras, uma cantiga sem pé nem cabeça... Tomara fazer este casamento! A menina é alegre e eu gosto dela. Tem uns olhinhos tão espertinhos! Eu seria bem feliz, se não fosse a desgraça de minha irmã! Mas eu me hei de vingar. (*sai pela esquerda, por onde entrou*)

Cena VI

Entra MERENCIANA *e depois* JOSEFINA.

MERENCIANA
(*entrando apressada*)
Vem para cá, vem para cá!

JOSEFINA
(*entrando*)
Pobre papai! (*ri-se*)

MERENCIANA
Não te rias, que ele nos pode ouvir.

JOSEFINA
(*espiando para dentro*)
Lá anda ele à nossa procura.

MERENCIANA
Meu Deus, o senhor José Antônio mata-me com a música! Quer por força que eu cante. É preciso fugir constantemente dele. Isto é desagradável!

JOSEFINA
E a mamã por que não canta?

MERENCIANA
Engraça-te?

JOSEFINA
A mamã canta bem a *Cachucha*.

MERENCIANA
Brincas comigo? Espera. (*quer segurar em Josefina. Josefina corre para trás do piano*) Que fazes, desgraçada?

JOSEFINA

(*detrás do piano*)

Se a mamãe quer me bater, eu toco piano e o papai saberá onde nós estamos.

MERENCIANA

Não, não, vem para cá, filhinha!

JOSEFINA

Não me bate?

MERENCIANA

Não tenhas medo. Mas sai daí! (*Josefina sai do piano*) Assim. Vivo em um tormento depois que se meteu nessa nossa gente a mania da cantoria.

JOSEFINA

E eu vivo numa alegria, porque vou sempre ao teatro!

MERENCIANA

Divertes-te com tudo. És uma criança.

JOSEFINA

E a mamãe aflige com tudo; é uma…

MERENCIANA

Velha. Acaba!

JOSEFINA

Se a mamãe quer ser!

MERENCIANA

Hem? (*vai para ela e Josefina recua*)

JOSEFINA

Eu vou para o piano!

MERENCIANA

Espera, espera! (*olha para a porta, receosa*) Vai espiar se teu pai aí vem. (*Josefina vai espiar à porta*) O José Antônio está perdido com a música. Já ninguém o pode aturar. É um inferno!

JOSEFINA

Não o vejo... Está nos procurando lá por dentro.

MERENCIANA

Meteu-se-lhe na cabeça cantar também! Um velho daqueles, cheio de defluxo asmático. Vejam só! (*Josefina, enquanto a mãe fala, vê a viola sobre o sofá e pega nela, e faz soar algumas cordas*) É uma mania insuportável! Mas o pior é querer que também cante. Ora, eu a cantar... Tinha que ver... Menina, não toques! Deixa essa viola.

JOSEFINA
(*cheirando as mãos*)

Meu Deus, como fede a cigarro! (*limpa as mãos no lenço*)

MERENCIANA

É bem-feito, para não seres buliçosa.

JOSEFINA

E o papai que quer que eu case com ele!

MERENCIANA

Com ele quem?

JOSEFINA

Com o paulista.

MERENCIANA

Ah, não digas tal! Pois tu te havias de casar com um bicho daqueles, que a tudo diz: Senhor sim! e que anda sempre metido num ponche?

JOSEFINA

A mamã também não gosta de homem de ponche?

MERENCIANA

Arrenego-os!

JOSEFINA

Pois eu rio-me deles.

MERENCIANA

Ires para S. Paulo? Eu ficava num susto contínuo. Aquilo por lá, há tempos que não anda muito bom. Casares-te com um papa-formigas!…

JOSEFINA

E a mãe é capaz de dizer isso mesmo a meu pai?

MERENCIANA

Se digo!

JOSEFINA

Minha cara mamãe, já que é tão boa para mim, quero-lhe fazer uma confissão. Eu amo a um moço muito bonito.

MERENCIANA

Ai, sem o meu consentimento?

JOSEFINA

E a mamã, quando namorou o papá, pediu o consentimento a minha avó?

MERENCIANA
(*evitando a resposta*)

Quem é esse moço?

JOSEFINA
(*à parte*)

A isto não responde ela. (*pausa*) Quem é? A mamãe o conhece muito. É o Sr. Dr. Gaudêncio, que veio há dois anos de S. Paulo.

MERENCIANA

Ai, menina, logo um doutor de S. Paulo! Se ao menos fosse de Paris ou de Coimbra!

JOSEFINA

E em que valem mais os de Paris ou de Coimbra?

MERENCIANA

Em muitas coisas! Basta dizer que os de S. Paulo não passam o mar, e que todos os anos chegam-nos aos centos... Encontras em cada canto. E quanto mais houverem, pior; menos que fazer encontram. Nem todos podem ser juízes de direito.

JOSEFINA

Pois mamã, encontrem ou não encontrem que fazer, não tenho nada com isso; eu hei de me casar com o Dr. Gaudêncio, dê no que der.

MERENCIANA

Não hás de casar!

JOSEFINA

(*desesperada*)

Hei de me casar! (*asssenta-se no sofá e bate com os pés e mãos*) Hei de me casar, ou enforco-me com este lenço. (*amarra o lenço, que traz na mão, no pescoço*)

MERENCIANA

Filha, que fazes? Larga o lenço! (*chega-se para ela e quer tirar o lenço*)

JOSEFINA

(*ainda com o lenço amarrado*)

Hei de me casar?

MERENCIANA

Larga o lenço!

JOSEFINA

Eu aperto! (*bota a língua de fora*)

MERENCIANA

Josefina!

JOSEFINA

Hei de me casar?

MERENCIANA

Hás de, hás de te casar!

JOSEFINA

(*desamarra a lenço*)

Com o Sr. Dr. Gaudêncio?

MERENCIANA

Com quem quiseres. (*Josefina levanta-se, dá um abraço em Merenciana e cobre de beijos e carícias*)

JOSEFINA

Minha mãezinha!

MERENCIANA

És uma louca!

JOSEFINA

Promete-me falar ao papá?

MERENCIANA

Prometo, sim.

JOSEFINA

E ao Sr. Marcelo também, para o despersuadi-lo?

MERENCIANA

Também. (*Josefina dá beijos em Merenciana. Aqui aparece à porta José Antônio, que vendo as duas a conversarem, caminha para elas pé ante pé. Merenciana, sem ver José Antônio*) Estás muito contente! Pensas que é muito fácil despersuadir a teu pai de um intento! Há de custar muito, principalmente por dizer ele que esses doutores não sabem nada.

JOSEFINA

Que injustiça!

MERENCIANA

Não sei se é injustiça; ele é que diz, eu cá não!
(*José Antônio metendo-se no meio de ambas e segu-rando-as pelos braços*)

Cena VII

JOSÉ ANTÔNIO, MERENCIANA *e* JOSEFINA

MERENCIANA
(*espantando-se*)

Ai!

JOSÉ ANTÔNIO

Pilhei-as! Há uma hora que as procuro! (*Josefina desata a rir*)

MERENCIANA
(*para Josefina*)

De que te ris? Ora, Sr. José Antônio, deixe-me.

JOSÉ ANTÔNIO

Minha mulherzinha, faze-me um favor?

MERENCIANA

Qual favor, Sr. José Antônio?

JOSÉ ANTÔNIO

Estuda o terceto da *Norma*... Ei-lo aqui.

JOSEFINA

A mamã já o sabe.

JOSÉ ANTÔNIO

Já sabe?

MERENCIANA

O que é lá isso? Tu me ouviste cantar?

JOSEFINA

Fiz mal em dizer, mas agora está dito. A mamã queria lhe causar uma surpresa. Canta o dueto, o terceto e o romance final. (*ri-se*)

MERENCIANA

Já se viu coisa igual?

JOSÉ ANTÔNIO

Dá-me um abraço. (*atraca-a*) Meu amorzinho, meu anjinho!

MERENCIANA

Chegue-se para lá, que a menina nos está vendo.

JOSÉ ANTÔNIO

Canta esta passagem... Anda, ladrozinho!

MERENCIANA

Ora, senhor! Como quer que lhe diga que não sei e que nunca tive jeito de cantora?

JOSEFINA

Cante, mamã, não tenha vergonha.

MERENCIANA

Contigo posso! Eu... (*quer ir para a filha; José a retém*)

JOSÉ ANTÔNIO

Deixe a menina e cante.

MERENCIANA

E então? Ora, senhor, que demo se lhe meteu nos miolos? O senhor, que há um ano tinha tanto juízo e que nem sabia se existia Norma no mundo, e que só às vezes tocava a brincar e especialmente a sua valsinha?...

JOSEFINA
(*ao ouvido de José*)

Ateime, que ela canta.

JOSÉ ANTÔNIO

Senhora, um marido pede até quando deve pedir; depois, manda!

MERENCIANA

Não o ouvem? Agora quer me obrigar!

JOSEFINA
(*ao ouvido do pai*)

É que ela canta com o Sr. Marcelo...

JOSÉ ANTÔNIO
(*com prazer*)

Ele também canta! Oh, que satisfação! Ó patrício? Patrício?

MERENCIANA
(*para Josefina*)

Tu me pagarás! (*corre para dentro*)

JOSEFINA

(*gritando*)

Mamã, não fuja! (*José Antônio, ouvindo a voz de Josefina, volta-se, e vendo a mulher fugir, corre atrás. Esta consegue sair de cena, e José segue-a. Josefina, que fica só, ri-se.*) Isto está divertido! Que mania!

Cena VIII

Entra MARCELO.

MARCELO

Quem me chama? (*vendo Josefina*) Oh, às suas ordens...

JOSEFINA

Foi meu pai que o chamou. Que figura!

MARCELO

Que olhos matadores!

Cena IX

Entra JOSÉ ANTÔNIO *trazendo* MERENCIANA *pelo braço.*

MERENCIANA

Não há meio de escapar a um doido!

JOSÉ ANTÔNIO

Estou estafado! Ó patrício, venha cá, já sei que canta com minha mulher.

MARCELO

Que eu canto com sua mulher? Que eu saiba, não senhor.

JOSÉ ANTÔNIO

Quer também fazer-se rogado, como uma moça! Deixe isso para a tola da minha mulher. Venha cá.

MERENCIANA
(*repentinamente*)
Dê cá a música! (*toma e abre*)

JOSÉ ANTÔNIO

Bravo! Faça a segunda, patrício!

MERENCIANA
(*cantando desentoadamente*)
Tra la la la! Tra tra la la!…

JOSÉ ANTÔNIO

O que é isto, o que é isto? (*Josefina e Marcelo riem-se*)

MERENCIANA

É a *Norma*! É o dueto! Cante, Sr. Marcelo, para contentar a meu marido! (*cantando*) Tra la la la tra tra la la la… (*Marcelo cai sentado no sofá, rindo-se*)

JOSÉ ANTÔNIO

Não é assim, não é assim! Está tudo estropiado! Vem para o piano, que eu quero acompanhar.

JOSEFINA

Vamos para o piano.

MERENCIANA
(*com resolução*)
Vamos! (*José Antônio senta-se ao piano; Merenciana fica em pé de um lado e Josefina de outro*)

JOSÉ ANTÔNIO
(*do piano*)
Venha, patrício.

MARCELO
(*do sofá*)
Canto daqui.

JOSÉ ANTÔNIO
Nada, venha para cá!

MARCELO
Não senhor, daqui mesmo.

JOSÉ ANTÔNIO
Pois bem, mas cante alto.

MARCELO
Senhor sim, cantarei o que sei...

JOSÉ ANTÔNIO
Atenção! (*toca no piano a introdução do dueto da Norma; logo que deve principiar o canto diz José Antônio: Agora! Merenciana canta como no princípio. Ao dizer estas palavras, Marcelo, que disfarçadamente tomou a viola, principia a cantar em voz alta, acompanhando-se com a viola*)

MARCELO

Sou um triste boiadeiro,
Não tenho tempo de amar:
De dia pasto o meu gado,
De noite para rondar.

JOSÉ ANTÔNIO
(*levantando-se*)

Cale-se com trezentos milhões de diabos, sô papa-formigas! (*vai para Marcelo, que continua a cantar*)

MERENCIANA

E eu safo-me! É bem-feito! (*sai correndo e Josefina a segue*)

JOSÉ ANTÔNIO
(*arranca a viola das mãos de Marcelo*)
Quer me fazer doido?

MARCELO
(*impassível*)

Cada um canta como sabe... O patrício pediu que eu cantasse, eu cantei.

JOSÉ ANTÔNIO

E eu lhe pedi que cantasse o fado, animal?

MARCELO
(*levantando*)
Animal?

JOSÉ ANTÔNIO

Animal, sim! Arre, que já não o posso aturar! Bruto!

MARCELO

Se eu não estivesse na sua casa… (*chamando*) André? André? (*para José*) O senhor não sabe dar hospitalidade! Eu sou seu hóspede, devia me respeitar. (*entra André; vem vestido como um tropeiro*) Apronta os burros, que eu hoje mesmo me vou.

JOSÉ ANTÔNIO

Espere, Sr. Marcelo, desculpe-me! Tenha paciência!

MARCELO

Animal não tem paciência…

JOSÉ ANTÔNIO

Por quem é, não desconfie! Eu não sou capaz de escandalizar um hóspede como o senhor. Faz-me o favor, assente-se. (*quer obrigá-lo a sentar*)

MARCELO

Está bom, ficarei. Quero mostrar que ainda que sou do mato, sou mais bem-criado do que o senhor.

JOSÉ ANTÔNIO

Muito estimo! (*à parte*) O que faz a ignorância!

Cena X

Entra GAUDÊNCIO *com uma caixa de óculo de teatro na mão.*

GAUDÊNCIO

Reverente criado da casa.

JOSÉ ANTÔNIO

Oh, Dr. Gaudêncio!

GAUDÊNCIO

(*para Marcelo*)

Bons-dias, patrício.

MARCELO

Deus lhe dê os mesmos. (*à parte*) Não gosto deste homem…

GAUDÊNCIO

Eis aqui o óculo que pediu-me que comprasse. É da casa do Wallerstein. O Lesmarais agora não os tem.

JOSÉ ANTÔNIO

(*tomando e abrindo a caixa e tirando um óculo grande de tartaruga*)

Vejamos. É bonito! E que tal será? (*põe o óculo para os camarotes*) É magnífico! Um verdadeiro diletante não deve estar sem óculo, para gozar o franzir da testa, o arregalar dos olhos e o entumescimento da veia dos cantores de sua predileção.

MARCELO

(*ri-se*)

Ah! Ah!

JOSÉ ANTÔNIO

De que se ri?

GAUDÊNCIO

(*ao mesmo tempo*)

Achou graça?

Marcelo

O senhor com estas duas coisas nos olhos parece-me um boi com dois chifres...

Gaudêncio

E o senhor com que se parece, com essa bota enlameada e esse ridículo ponche? Que cara! Sô tanajura!

Marcelo

Com que me pareço? (*abaixa, e tira das botas uma faca grande; o que vendo Gaudêncio, dá um salto para o lado*)

Gaudêncio

Não brinque!

José Antônio

O que é isto, patrício?

Marcelo
(*para Gaudêncio*)
Vem cá, carioca, quero te dizer com que me pareço...

José Antônio

Então? Tenha prudência!

Marcelo

Queres brincar com o paulista? (*anda para Gaudêncio, que recua. José Antônio está no meio deles*)

Gaudêncio

Tenha mão nele, Sr. José Antônio!

JOSÉ ANTÔNIO

Patrício! Patrício!

MARCELO

Tenho pena de ti! (*mete a faca nas botas, volta as costas e sai*)

Cena XI

GAUDÊNCIO *e* JOSÉ ANTÔNIO

GAUDÊNCIO

Que tal o paulista? Safa! Por isso há tantas mortes aí pelo interior. Por qualquer coisa, tome lá você uma facada, ou um tiro de bacamarte. Por isso é que nas eleições corre tanto sangue.

JOSÉ ANTÔNIO

Cale-se, cale-se, que não quero saber dessas coisas! O senhor é que teve a culpa; foi escandalizá-lo.

GAUDÊNCIO

Ele é que o escandalizou, dizendo que o senhor parecia-se com um boi com chifres. Mande esta onça embora.

JOSÉ ANTÔNIO

Isso não se faz assim! Ele é homem rico e considerado lá em S. Paulo. Anda mal vestido porque assim foi criado e não há forças humanas que o façam mudar. Não se ajeita com uma casaca. Tem gostado muito da Josefina, e pediu-ma.

GAUDÊNCIO
(*à parte*)
Mau! (*para José Antônio*) Pois o senhor atreve-se a sacrificar sua filha, casando-a com um homem tão assomado, que puxa uma faca pela menor palavra e que é capaz de fazer uma morte e acabar na forca?

JOSÉ ANTÔNIO
Tudo fosse isso! Puxar uma faca não vale nada; o diabo é ele não gostar da Italiana.

GAUDÊNCIO
Pois acha não gostar de música pior?

JOSÉ ANTÔNIO
Mil vezes!

GAUDÊNCIO
(*à parte*)
Ah, bom! Isto me servirá...

JOSÉ ANTÔNIO
Hei de lhe dar algumas lições, e ele tomará gosto.

GAUDÊNCIO
(*à parte*)
É preciso desviá-lo deste intento. (*para José Antônio*) Acho que tem muita razão em dizer que pior não gostar de música, do que dar facadas. O homem pode ser ladrão e assassino sem que tenha má índole. Essas péssimas inclinações provêm quase sempre de uma educação mal dirigida; os bons exemplos e a Casa da Correção o podem emendar; mas aquele

381

que não gosta de música?... Nasceu com alma mal conformada! É um perverso!

JOSÉ ANTÔNIO

Perverso, diz o senhor? É um monstro! O que não se extasia com os suaves encantos da harmonia não tem alma e...

GAUDÊNCIO

É incorrigível!

JOSÉ ANTÔNIO

Capaz dos maiores crimes!

GAUDÊNCIO

Feroz!

JOSÉ ANTÔNIO

Antropófago! Meu caro amigo, eu estou bem persuadido que Robespierre, Pedro Espanhol, os ladrões da Caqueirada e Remecheda e todos aqueles de que nos fala *Os Mistérios de Paris* não gostavam de música.

GAUDÊNCIO

Isto está provado...

JOSÉ ANTÔNIO

Ah, já está provado? Não o dizia eu? É para ver. Ouça aqui muito em segredo – é ao senhor a primeira pessoa a quem digo; não quero que roubem-me a idéia.

GAUDÊNCIO

O que é?

JOSÉ ANTÔNIO

Preparei um trabalho que será de grande transcendência moral! Que terá resultado estupendíssimo e que muito lucrará com ele a sociedade.

GAUDÊNCIO

Excita a minha curiosidade!

JOSÉ ANTÔNIO

Numa palavra, provo nesse trabalho todo evidência que se se criasse uma escola de música vocal e instrumental em toda prisão e presigangas, em breve os crimes desapareciam da face da terra.

GAUDÊNCIO

Dê-me um abraço! Grande homem! Que idéia luminosa e sublime!

JOSÉ ANTÔNIO

Criadas essas escolas, as funções do júri seriam mais suaves e humanas. Do seu seio não sairiam condenações de prisão, galé e morte; seriam suas sentenças assim formuladas: Condeno ao réu fulano, por crime de roubo, com infração, a um ano de frauta. Ou: Condeno ao réu sicrano, por crime de assassinato, com circunstâncias agravantes, a quatro de fagote e canto vocal. E assim por diante. Enfim, o júri se dirigiria por um Código Musical que fosse dando a última demão. É impossível que assim os maiores criminosos não se emendassem...

GAUDÊNCIO

Impossibilíssimo! (*com exaltação*) O assassino armado de aguda e açacalada espada, frenético, delirante, sedento de sangue humano, com a destra alçada (*levanta o braço e bengala*) e com a sinistra apoderando-se da vítima... (*agarra com a mão esquerda a gola da casaca de José Antônio, que se assusta*)

JOSÉ ANTÔNIO

O que lá isso?

GAUDÊNCIO

(*continuando*)

... que, trêmula e oprimida, implora compaixão e que nada no mundo antigo e moderno seria capaz de livrar a sua vítima e suster o seu criminoso braço, se ouvisse suave melodia... (*canta com ternura*) deixaria cair o ferro e, prostrado de joelho, (*ajoelha-se*) pediria perdão à sua vítima!...

JOSÉ ANTÔNIO

Estou comovido! Levante-se, meu amigo! (*enxuga os olhos*)

GAUDÊNCIO

É preciso que eu também diga o meu segredo; já não me posso calar. A sua franqueza excita a minha. (*com mistério*) Eu sei cantar!

JOSÉ ANTÔNIO

(*com grande prazer*)

Sabe cantar? Deveras? Sabe cantar?

GAUDÊNCIO

Há seis meses que tenho mestre… Queria causar-lhe uma surpresa.

JOSÉ ANTÔNIO

Causou-me, causou-me, meu querido amigo! Ora diga-me, que voz tem?

GAUDÊNCIO
(*à parte*)

Os diabos me levem, se eu sei que voz tenho! (*para José Antônio*) Ah, quer saber que voz tenho?

JOSÉ ANTÔNIO

Sim, quero saber se é tenor, baixo ou barítono.

GAUDÊNCIO

De qual destas vozes gosta mais?

JOSÉ ANTÔNIO

De tenor.

GAUDÊNCIO

É a minha voz!

JOSÉ ANTÔNIO

Oh, que satisfaçâo! Um abraço! Então a sua voz sobe muito?

GAUDÊNCIO

Pois não! Sobe até acima!

JOSÉ ANTÔNIO

E tem bom falsete?

GAUDÊNCIO
(*à parte*)

Em boas me meti! (*para Antônio*) Olá, pergunta se eu dou falsete?

JOSÉ ANTÔNIO

Justamente. Se é bem sustenuto, e se o dá com firmeza e suavidade...

GAUDÊNCIO

Pois que pensa? O falsete? Não há nada como o falsete! Tenho-lhe uma afeição particular. Todos os dias não faço outra coisa... E o meu amigo também dá o falsete?

JOSÉ ANTÔNIO

Nada; o diabo do defluxo asmático não me deixa.

GAUDÊNCIO

Eu o lastimo! O falsete é o maior prazer que um homem pode ter neste mundo.

JOSÉ ANTÔNIO

Venha cantar um pouco; quero ouvi-lo.

GAUDÊNCIO
(*à parte*)

Esta agora é pior! Estou em talas! (*para Antônio*) Agora não posso, estou rouco...

JOSÉ ANTÔNIO

Isso é desculpa de cantora... Um bocadinho só; faça-me este obséquio!

GAUDÊNCIO

Bem quisera servi-lo...

JOSÉ ANTÔNIO

(*puxando-o pelo braço*)

Venha, venha! Que felicidade para mim, se eu tivesse um genro que fosse tenor!

GAUDÊNCIO

(*à parte*)

Ah! (*para Antônio*) Pois bem, cantarei um pouco.

JOSÉ ANTÔNIO

Bravo! (*assenta-se ao piano*) O que quer cantar?

GAUDÊNCIO

(*junto a Antônio*)

O que quiser... Tudo é o mesmo...

JOSÉ ANTÔNIO

A ária de *Belisário – Trema Bisâncio?*

GAUDÊNCIO

Essa mesma! (*Antônio toca no piano a introdução da ária acima; na ocasião em que Gaudêncio deve cantar, concerta a voz*)

JOSÉ ANTÔNIO

Então?

GAUDÊNCIO

Estou consertando a voz; principie outra vez... (*principia de novo a introdução*)

387

JOSÉ ANTÔNIO

Agora! (*Gaudêncio abre a boca para cantar e finge-se repentinamente engasgado*) O que é isto?

GAUDÊNCIO

(*saindo para o meio da sala, fingindo-se sempre engasgado*)

Foi uma mosca que entrou-me nas goelas! Ai!

JOSÉ ANTÔNIO

(*seguindo-o*)

Escarre! Ainda não saiu? (*Gaudêncio sempre engasgado*) Espere! (*dá-lhe um murro nas costas*)

GAUDÊNCIO

Ai!

JOSÉ ANTÔNIO

Ainda não? Ó lá de dentro, tragam água!

GAUDÊNCIO

Parece-me que a engoli...

JOSÉ ANTÔNIO

Então podemos cantar.

GAUDÊNCIO

Cá está, ainda, cá está! (*metendo o dedo na boca*)

JOSÉ ANTÔNIO

Eu vou buscar água. (*sai correndo*)

Cena XII

GAUDÊNCIO *e* JOSEFINA

GAUDÊNCIO

Em boa me meti eu! Agora é preciso sustentar a mentira que sei cantar... Não sei como há de ser! (*Josefina, que da porta espreita, depois que Antônio sai, encaminha-se para Gaudêncio sem que ele a veja, por estar de costas, correndo na ponta dos pés. Logo que chega junto dele, toca-lhe no braço. Gaudêncio julga que é Antônio que está de volta com a água que foi buscar, e finge-se de novo engasgado*)

JOSEFINA

Sou eu! (*apressada*)

GAUDÊNCIO

Ah!

JOSEFINA

Meu pai quer que eu me case com o paulista...

GAUDÊNCIO

Com o paulista? Isso agora é maior engasgadela...

JOSEFINA

Continue a dizer que sabe cantar, cante mesmo alguma coisa... A mamã é por nós. Cante, cante, que conseguirá tudo do papá. (*corre para dentro*)

GAUDÊNCIO

Espere, espere! (*Josefina sai*) Que eu cante? É bom de se dizer! Casar-se com o paulista? Adeus!

Saia o que sair, dou exercício à goela... (*entra um pajem com uma carta e entrega a Gaudêncio*)

CRIADO

Uma carta para o senhor, que acabam de trazer.

GAUDÊNCIO

Dê cá. (*o criado sai. Gaudêncio abre a carta e fica surpreendido*) Que desgraça! (*toma o chapéu e sai apressado; ao meter a carta na algibeira, esta cai sem que ele o pressinta*)

Cena XIII

Logo que GAUDÊNCIO *sai, entra* MARCELO.

MARCELO
(*vendo a carta*)

Um papel? (*apanha-o*)

Cena XIV

JOSÉ ANTÔNIO *e* MARCELO.
Entra JOSÉ ANTÔNIO *com um copo de água na mão; vem com tanto cuidado no copo, que não repara na pessoa que está em cena, e toma* MARCELO *por* GAUDÊNCIO.

JOSÉ ANTÔNIO

Aqui está a água, beba.

MARCELO

(*tomando o copo*)

Obrigado! (*bebe a água*)

JOSÉ ANTÔNIO

(*espantado*)

Oh!

MARCELO

O patrício adivinhou que eu estava com sede? Está o copo.

JOSÉ ANTÔNIO

Onde está o Sr. Dr. Gaudêncio?

MARCELO

Que eu visse, não senhor.

JOSÉ ANTÔNIO

E esta!...

MARCELO

Patrício, então, que tem dito a menina?

JOSÉ ANTÔNIO

Que não quer. Que não quer casar-se com um homem que não sabe música. E tem razão! (*à parte*) Já não o posso aturar! Sem dúvida foi ele que fez sair o tenor... E fiquei privado deste prazer! (*sai*)

Cena XV

MARCELO *e* MERENCIANA

MARCELO

(*só*)

Ah, não quer? Pois eu também não quero! Pensam que hão de mangar com o paulista? Vou-me embora hoje mesmo! (*vai para sair. Entra Merenciana*)

MERENCIANA

(*entrando*)

Faz-me o favor?

MARCELO

(*voltando*)

Aqui estou, que quer de mim?

MERENCIANA

O senhor é homem de bem...

MARCELO

E quem o duvida?

MERENCIANA

Ninguém. E sendo assim, espero que não ateimará com meu marido para que lhe dê minha filha.

MARCELO

Esteja descansada, que não ateimo mais.

MERENCIANA

Deveras?

MARCELO

Palavra de paulista! Paulista não volta atrás!

MERENCIANA

Quanto me alegro! Olhe, Sr. Marcelo, não é por fazer pouco no senhor que eu não desejo que se case com minha filha, não. É porque ela ama ao Sr. Dr. Gaudêncio...

MARCELO

Pois tem bom gosto...

MERENCIANA

E eu protejo os seus amores. E não quero que ela se case e separe de mim.

MARCELO

Pois bem, senhora, fique-se com sua filha...

MERENCIANA

E demais, minha filha casada com o senhor havia de ser infeliz.

MARCELO

E por quê?

MERENCIANA

O senhor é paulista, e mais dias menos dias, há de vir a ter papo... E a menina tem muito medo dos papos.

MARCELO

Pois, senhora, fique descansada, que eu me vou hoje mesmo e que não hei de meter medo a sua filha. Que gente!

MERENCIANA

Não sabe quanto lhe sou agradecida.

MARCELO

Não há de quê.

MERENCIANA

Com sua licença. (*sai fazendo mesuras*)

Cena XVI

MARCELO, *só*

MARCELO

Não era à toa que eu tinha raiva daquele sujeito! Esta gente toda está doida... Vejamos o papel. (*lendo*) "Sr. Gaudêncio!" (*deixando de ler*) É para ele! (*lendo*) "Escrevo-te esta às pressas. A tua amante sabe que freqüentas a casa do Sr. José Antônio com tenção de te casares com a filha. Está desesperada; saiu de casa com os teus dois filhos e jura vingar-se. Cuidado! Teu amigo, Júlio." (*deixando de ler*) E então? Que me dizem a esta? O sujeito tem uma moça e dois filhos, e quer enganar a outra! Vou dizer tudo... Mas não! Como me tratam de resto, eu me hei de vingar calando a boca... (*guarda a carta*) E quando minha pobre irmã foi também seduzida e roubada, uma só alma de Deus não me avisou, para eu vingá-la! Que me importo com os mais? (*Marcelo vai a sair e entra Josefina*)

Cena XVII

JOSEFINA *e* MARCELO

JOSEFINA
(*entrando*)
Sr. Marcelo?

MARCELO
(*voltando*)
Quem me chama? Ah!

JOSEFINA
Faz-me o obséquio? A mamã contou-me o que há pouco passou-se aqui com o senhor.

MARCELO
Pois então, muito estimo... (*quer sair*)

JOSEFINA
(*retendo-o*)
Ouça! Eu não dormiria tranqüila, se soubesse que há no mundo uma pessoa mal comigo... Venho pedir-lhe perdão.

MARCELO
Perdão a mim?

JOSEFINA
Antes de o senhor chegar de S. Paulo eu já conhecia o Senhor Doutor e o amava. Assim, não leve a mal que eu o prefira... Perdoa-me?

MARCELO

Menina, eu queria sair de sua casa, onde se me tem maltratado, sem dizer uma palavra, para me vingar; mas a sua candura me desarma. Conhece muito bem o tal Senhor Doutor?

JOSEFINA

Há dois meses que freqüenta a nossa casa, e tem-me parecido bom moço.

MARCELO

E não sabe mais nada?

JOSEFINA

O senhor assusta-me!

MARCELO

Há dois anos, um homem, negociante cá no Rio, esteve lá em S. Paulo, aonde foi cobrar uma dívida. Demorou-se oito dias em nossa casa. Eu estava então no serro. Minha mãe e minha irmã o receberam com agasalho, e esse homem pagou a hospitalidade seduzindo e roubando minha irmã.

JOSEFINA

Oh!

MARCELO

Moça e inexperiente, acreditou em suas palavras traiçoeiras e, coitada! esqueceu-se de mim e de nossa mãe, que passa a vida chorando.

JOSEFINA

Desgraçada!

MARCELO

Quando eu soube, pus-me a caminho. Quinze dias e quinze noites andei sem descanso. Cheguei à casa de minha mãe, tomei a sua bênção e continuei a jornada, trazendo por companhia minha espingarda carregada com duas balas. Outros quinze dias caminhei; cheguei ao alto da serra, sem que ninguém me desse informação de minha irmã e do seu roubador. Parei alguns instantes, chorei duras lágrimas. Tirei as balas da espingarda, que comigo guardo (*tira da algibeira duas balas, que mostra a Josefina*) para quando encontrar o malvado e voltei a consolar minha mãe.

JOSEFINA

Pobre mãe!

MARCELO

E acabou-se a alegria de nossa casa. Eu às vezes rio-me, mas choro no coração!

JOSEFINA

Depois que está no Rio tem procurado sua irmã?

MARCELO

Tenho, mas debalde! Não sei o nome do sujeito. Quando nós damos hospitalidade, não indagamos a quem.

JOSEFINA

Oh, desculpe-me se fui despertar essa lembrança que aflige!

397

MARCELO

(*dando-lhe a carta*)

Leia esta carta e não seja infeliz como a minha desgraçada irmã. Adeus! (*sai*)

Cena XVIII

JOSEFINA, *depois* PERPÉTUA

JOSEFINA

(*com a carta na mão*)

O que será? (*lendo*) Meu Deus, será possível? (*acabando de ler*) Assim enganada? Eis-me chorando. Eu, que há tanto tempo não choro! Ingrato! Hei de vingar-me de ti casando-me com o paulista! É preciso falar à minha mãe! (*quando volta para sair, aparece-lhe à porta D. Perpétua com dois filhinhos pela mão*) Quem é?

PERPÉTUA

(*entrando*)

Perdoe-me, minha senhora, se a venho importunar...

JOSEFINA

(*com bondade*)

Não me importuna. Se quisesse ter a bondade de dizer-me quem é?

PERPÉTUA

Sou uma desgraçada que venho implorar a sua bondade e compaixão, e porque sei que está nas suas mãos o não ser eu mais infeliz do que sou...

JOSEFINA

Quem será?

PERPÉTUA

Como eu, é a senhora moça e inexperiente, e como eu, também pode ser enganada...

JOSEFINA

Ah!

PERPÉTUA

Não me queixo; fui culpada. Abandonei aos meus para seguir um pérfido, mas meus filhos, meus inocentes filhos, que culpa têm dos meus desvarios? (*obriga-os a ajoelbarem-se*) Eles vos pedem pela minha voz que não lhe roubeis seu pai... (*aqui aparece à porta Antônio, que vendo o que se passa, pára surpreendido*)... que talvez algum dia, arrependido, ainda se compadeça deles...

Cena XIX

JOSÉ ANTÔNIO, PERPÉTUA *e* JOSEFINA

JOSÉ ANTÔNIO
(*caminhando para frente*)
Bravo! Bravíssimo! (*as duas surpreendem-se; os pequenos conservam-se de joelhos*) Continuem, que eu acompanho. (*vai para o piano*)

PERPÉTUA

Ah!

JOSEFINA
Continuar o quê, senhor?

JOSÉ ANTÔNIO
Pois não é o dueto da *Norma* que estavam cantando?

JOSEFINA
Qual dueto! Que loucura!

JOSÉ ANTÔNIO
(*caminhando para ela*)
Ó filha, pois eu pensei que ias cantar. Vi estes dois pequenos de joelhos, julguei que tu ias fazer de Norma e ali a senhora de Adalgisa…

JOSEFINA
E não se enganou de todo. Somente trocou os nomes: aqui a Adalgisa sou eu, e a senhora a Norma, porque é a traída e abandonada pelo falso…

JOSÉ ANTÔNIO
Pollione?

JOSEFINA
Qual Pollione! Pelo Dr. Gaudêncio!

JOSÉ ANTÔNIO
Hem? O que estás dizendo?

Cena XX

Entra MARCELO *com um chapéu branco, como os que trazem os paulistas, e uma espingarda no ombro;*

seguem-no ANDRÉ *com outra espingarda e, após este, dois tropeiros com canastras às costas.*

MARCELO
(*entrando*)
Adeus, gentes!

JOSÉ ANTÔNIO
Aonde vai? (*Marcelo dirige-se para a frente. André apeia; os dois tropeiros param no fundo junto ao pano*)

MARCELO
Vou-me embora!

PERPÉTUA
(*reconhecendo Marcelo*)
Marcelo! Meu irmão!

MARCELO
(*reconhecendo-a*)
Joana!

JOSEFINA
Sua irmã?

JOSÉ ANTÔNIO
(*ao mesmo tempo*)
Seu irmão?

PERPÉTUA
(*lançando-se a seus pés*)
Perdão, meu irmão, perdão!

JOSÉ ANTÔNIO
(*para Josefina*)

Que diabo quer isto dizer? (*Josefina conduz Antônio um pouco mais para o lado, junto ao piano, e parece que lhe conta o que sabe. Antônio dá sinais de admiração e espanto. Enquanto estes conversam mudamente a cena continua entre Marcelo e Perpétua. Enquanto esta fala prostrada a seus pés, aquele está imóvel a olhar para ela, tendo a coronha da espingarda apoiada no chão*)

PERPÉTUA
Fui enganada! Caro tenho pago a minha loucura! Marcelo, Marcelo, meu irmão, dize-me algumas palavras! Este teu silêncio mata-me!

MARCELO
(*com calma*)

Levanta-te. (*abre os braços; Perpétua se lança neles*) Não tens culpa; mas graças a Deus que sei ele quem é, e hei de vingar-te! (*desprende-se dos braços de Perpétua, tira um polvarinho da algibeira e principia a carregar a espingarda, e diz para André*) Carrega tu!

PERPÉTUA

Que fazes?

MARCELO
O que está vendo... (*carregando sempre a espingarda; o mesmo faz André*) Agora já o conheço: Gaudêncio Mendes!

JOSÉ ANTÔNIO
(*chegando-se para Marcelo*)
O que isto? Carrega a espingarda?

MARCELO
É para matar a um tratante…

PERPÉTUA
Marcelo!

JOSÉ ANTÔNIO
Matar! Pois assim se mata?

MARCELO
(*carregando sempre*)
E por que não?

JOSÉ ANTÔNIO
O senhor pensa que está em S. Paulo? Largue a espingarda… (*Marcelo, que neste tempo tem acabado de carregar, inclina a espingarda para escorvar, ficando a boca dirigida para Antônio. José Antônio, ladeando*) Tire para lá a boca… Sai daí, menina! Está doido?

PERPÉTUA
(*angustiada*)
Meu Deus, meu Deus!

MARCELO
(*pondo a espingarda no ombro*)
Agora que conheço o tratante que te enganou, nem o diabo o salva! Ou há de ser teu marido, ou

morrerá! (*para André*) Quando eu fizer fogo, faz também!

ANDRÉ

Senhor sim!

JOSÉ ANTÔNIO

Temos descarga!

MARCELO
(*para Antônio*)

Se não fosse o paulista, sua filha casava-se com um brejeiro...

JOSÉ ANTÔNIO

Casava-se? Não sei de nada!

MARCELO

E como há de o senhor saber, se vive só cantando? Adeus! (*vai para sair*)

PERPÉTUA

Meu irmão!

JOSEFINA
(*ao mesmo tempo*)

Sr. Marcelo!

JOSÉ ANTÔNIO
(*ao mesmo tempo*)

Vem cá!

MARCELO

Deixem-me, vou vingar-me! (*caminha para a porta do fundo*)

PERPÉTUA

Desgraçado!

JOSEFINA
(*ao mesmo tempo*)

Vai matá-lo! (*Marcelo, à saída, esbarra-se com Gaudêncio, que entra apressado*)

GAUDÊNCIO

Irra!

MARCELO
(*agarra-lhe na gola da casaca e o obriga a caminhar para frente*)

Não me escapa!

GAUDÊNCIO

Que diabo é isso? (*inquietação nos que estão em cena*)

MARCELO
(*empurrando para junto de Perpétua*)

Conheces?

GAUDÊNCIO

Ah, é tarde! Estou perdido!

MARCELO
(*metendo-se no meio dos dois*)

Sabes quem é esta infeliz que seduziste? (*N.B.: Nesta ocasião, a cena estará assim distribuída, para*

*seu perfeito desempenho: Perpétua e os dois filhos,
Marcelo, Gaudêncio, José Antônio, André, Josefina e
Merenciana)*

GAUDÊNCIO
Não é da sua conta!

MARCELO
É mais do que pensas, miserável. É minha irmã!

GAUDÊNCIO
Sua irmã!

MARCELO
Hoje mesmo hás de casar com ela!

GAUDÊNCIO
Não quero!

PERPÉTUA
Ah! (*Marcelo recua dois passos e mete a espingarda à cara, apontando para Gaudêncio; o mesmo faz André. Gaudêncio assusta-se e corre para encobrir-se com o corpo de José Antônio, com quem se agarra. Marcelo procura modos de atirar sem ofender a José Antônio*)

JOSÉ ANTÔNIO
Patrício, tenha mão! Tenha mão, não atire, patrício!

MARCELO
(*com a espingarda à cara*)
Largue, patrício, largue, que eu atiro! Atire, André! (*Josefina esconde-se, abaixada atrás do piano, e*

Gaudêncio fica sem saber o que há de fazer, aterro-rizado. José Antônio e Gaudêncio vêem-se atrapa-lhados com as duas espingardas para ele apontadas. José Antônio, vendo que Marcelo está quase a atirar, agarra-se a Gaudêncio e o coloca adiante de si)

GAUDÊNCIO
(aterrorizado)

Ai, ai, ai!

PERPÉTUA

Marcelo, Marcelo, que fazes? Mata-me primeiro! *(atravessa a cena e vai para Gaudêncio, que agarra-se com ela e esconde-se com o corpo desta, ficando deste modo os quatro escondidos um atrás dos outros)*

MARCELO

(descansando a espingarda, para Gaudêncio)
Casas-te com minha irmã?

JOSÉ ANTÔNIO *e* MERENCIANA
Case-se, case-se, senão morremos todos!

MARCELO
Não responde? *(quer levar a espingarda à cara)*

GAUDÊNCIO

Ai!

JOSÉ ANTÔNIO
Espere, espere! *(sempre agarrado um ao outro. Para Gaudêncio)* Case, que eu lhe dou o dote!...

GAUDÊNCIO

Pois bem, casarei!

MERENCIANA *e* JOSÉ ANTÔNIO

Muito bem!

MARCELO

Hoje mesmo!

GAUDÊNCIO
(*sempre agarrado a José Antônio*)

Quando os papéis estiverem prontos...

MARCELO

Pois senhor sim, estamos justos. (*larga um ao outro*)

MERENCIANA

De boa escapamos!

MARCELO
(*para Perpétua*)

Dê-me um abraço; tudo está reparado. Pobres meninos! (*vendo os meninos junto ao sofá. Perpétua vai para junto dos filhos e os beija*)

JOSÉ ANTÔNIO
(*para Gaudêncio*)

Tratante!

MARCELO

André, não percas este sujeito de vista – anda de vigia.

GAUDÊNCIO

O que é lá isso? Não precisa! (*André vem se pôr atrás de Gaudêncio, com a espingarda no ombro*) E esta!

MARCELO
(*para Antônio*)
Ainda quer me dar sua filha?

JOSÉ ANTÔNIO
Se o pedido vai à espingarda...

JOSEFINA
(*debaixo do piano, em voz trêmula*)
Eu não quero!

MARCELO
Pois nem eu!

JOSÉ ANTÔNIO
Ora, meus amigos, já que tudo se arranjou a contento geral e que estamos aqui reunidos, não poderíamos cantar o final da *Norma*?

MARCELO
Asneira!

GAUDÊNCIO
Tolice!

MERENCIANA
Vai para o diabo!

JOSÉ ANTÔNIO
Está bom!...

Cena XXI

Entra um pajem com uma carta,
que entrega a JOSÉ ANTÔNIO.

PAJEM

Esta carta que acabam de trazer para o senhor.
(*entrega a carta*)

JOSÉ ANTÔNIO
(*abrindo a carta*)

Com sua licença. (*lendo em voz alta*) "Meu amigo, dou-lhe a mais triste e infausta nova que se pode
dar a um diletante." (*deixando de ler*) O que será?
(*lendo*) "Fecha-se o nosso teatro e a Companhia Italiana vai para Europa." (*José Antônio acaba de ler a
carta; fica por alguns instantes trêmulo, levanta os
braços, dá um pungente gemido e cai morto*)

TODOS

Ah! (*Merenciana abaixa para socorrer Antônio.
Grupo*)

GAUDÊNCIO
(*de joelhos junto de José Antônio*)

Está morto!

TODOS

Morto! Que desgraça! (*grupam-se em redor do
corpo de Antônio e cai o pano*)

FIM

OS TRÊS MÉDICOS

Comédia em 1 ato

[1844]

PERSONAGENS

MARCOS, *velho, pai de*
ROSINHA *e de*
MIGUEL, *tenente de marinha*
LINO DAS MERCÊS, *velho*
DR. MILÉSSIMO, *médico homeopata*
DR. CAUTÉRIO, *médico alopata*
DR. AQUOSO, *médico hidropata*
UM CRIADO

A cena se passa no Rio de Janeiro,
no ano de 1845.

ATO ÚNICO

(*Sala em casa de Marcos. Porta no fundo e à direita; mesa e cadeiras.*)

Cena I

MARCOS, *sentado junto à mesa, e a seu lado* ROSINHA *e* MIGUEL. MARCOS *mostra no semblante abatimento.*

MARCOS

Meus filhos, pouco tempo poderei viver. As forças abandonam-me. Tenho o pressentimento que minha morte bem próxima está...

ROSINHA

Meu pai, não desanime! Espero em Deus que esta sua moléstia será passageira.

MARCOS

Passageira? Quando a vida assim se desorganiza é inevitável o seu fim.

MIGUEL

Esse temor é que pode tornar a moléstia grave, quando talvez seja ela ligeira, e em grande parte devida aos anos.

MARCOS

Devida aos anos é ela, mas não como pensas... Os anos a têm exacerbado. Deus o sabe como!

ROSINHA

Mas os médicos...

MARCOS

Que pode a medicina em moléstia como a minha? Aos médicos não torno a culpa, que fazem eles o que aprenderam, e o que podem. A ciência é muitas vezes ineficaz.

MIGUEL

Se meu pai consultasse a outro médico...

MARCOS

A outro? Que mais queres que eu faça? São poucos os que aqui têm vindo? O meu médico assistente, o Dr. Cautério, é homem de reputação bem adquirida.

MIGUEL

Não contesto. Antigo, rotineiro e feliz muitas vezes, mas se meu pai não tem colhido vantagem com seu tratamento, para que não chama, por exemplo, um médico homeopata?

ROSINHA

Assim é.

MARCOS

Não creio na homeopatia.

MIGUEL

Se a não conhece! Peço-lhe um favor: um de meus verdadeiros amigos é o Dr. Miléssimo. Há pouco que chegou de Paris, onde estudou com muita aplicação a homeopatia. Permita que venha ele fazer-lhe uma visita.

MARCOS

Debalde! Nada espero...

MIGUEL

O que lhe custa? Deixe-o vir; talvez tire-se proveito.

ROSINHA

Eu estou persuadida que ele será capaz de o pôr bom.

MARCOS

Pois bem, que venha. Não quero que se queixem de mim. Ouvi-lo-ei; pouco me custa.

ROSINHA

Já eu creio vê-lo restabelecido e passeando alegre por esta sala.

MARCOS

Alegre!... (*levanta-se*) Escuta, Rosinha, falemos
de ti, que és moça e que ainda podes viver longos
anos – que isto por cá está velho e muito desarranja-
do. Quando eu morrer...

ROSINHA

Meu pai!

MIGUEL

Senhor!

MARCOS

Quando eu morrer, ficareis desamparados...

MIGUEL

Oh, enquanto eu viver, minha irmã...

MARCOS

És oficial de marinha; hoje estás aqui, amanhã
ali... Precária proteção! De um marido precisa tua
irmã – e este já escolhi.

MIGUEL

Quem é?

MARCOS

O meu amigo Lino das Mercês.

ROSINHA

Meu Deus!

MIGUEL

Ele?

MARCOS

É homem probo e honrado; tem a alma de um anjo. Far-te-á feliz. Isto posso eu dizer porque o conheço há muito tempo. Tenho lhe estudado o caráter; andamos juntos na escola e desde esse tempo dura a nossa amizade.

MIGUEL

Marido tão velho!

ROSINHA

(*à parte*)

Andaram juntos na escola! ...

MARCOS

És um rapazola, Miguel, e só aos da tua idade julgas capazes de tudo. Tu, minha Rosinha, tens mais juízo. Isto é um louco. Meu amigo Lino far-te-á feliz.

ROSINHA

Mas, meu pai, não desejo casar-me, e se...

MARCOS

Crê, filha, que à borda da sepultura ponho todo desvelo em fazer-te ditosa... Casar-te-ás com ele, e em breve, que assim te pede teu pai...

ROSINHA

(*à parte*)

Não é possível, meu Deus!

MIGUEL
(*à parte*)
Veremos como isto será…

Cena II

Entra LINO.

LINO
(*entrando*)
Bom dia, amigo Marcos.

MARCOS
Oh, a propósito vens. (*Lino cumprimenta a Rosinha e a Miguel*)

LINO
Como se acha? Melhor? Vejo-o mais forte…

MARCOS
Aparências, amigo… Isto caminha mal. Rosinha, Miguel, deixem-me com o meu amigo Lino.

MIGUEL
(*à parte, para Marcos*)
Meu pai, pense bem no que vai fazer.

MARCOS
Tenho resolvido.

Cena III

MARCOS *e* LINO

LINO

O que queres de mim?

MARCOS

Já lá se vão trinta anos que nos conhecemos! Amigos velhos! Não te bastava esse título, queres estreitá-lo mais.

LINO

Oh, tua filha é um anjinho. Faz-me muito feliz. E consente ela?

MARCOS

Consentirá, porque ama-me e respeita.

LINO

Oh, que contentamento! Que linda esposinha!

MARCOS

E é preciso apressarmos este negócio.

LINO

Quanto antes! Oh, que dia será para mim!

MARCOS

Quero deixar-lhe um amparo neste mundo que cedo deixarei...

LINO

Ora, deixa-te disso! Ainda viverás, e muito, para veres os teus netinhos correrem por esta sala.

MARCOS

Conheço o meu estado...

LINO

História…

MARCOS

Sabes tu, Lino, o que é para o homem um temor contínuo, que por toda a parte o persegue, que à noite o faz despertar banhado em suores frios, que no meio de parentes e amigos o traz sempre assustado e receoso e que o ameaça com a desonra?

LINO

Pois que vai?

MARCOS

Escuta-me amigo, devo descobrir-te um segredo e patentear-te assim a causa deste meu mal. Há mais de quarenta anos que nos conhecemos; foste testemunha de minha louca e esperdiçada mocidade… Rico e sem parentes que me guiassem, vi-me cercado de amigos. Amigos!…

LINO

Tratantes…

MARCOS

Que pagavam-me com perniciosos exemplos e conselhos a fortuna que ajudavam a desperdiçar.

LINO

Quimistas!

MARCOS

Tu eras a única exceção.

LINO

E por isso brigavas sempre comigo...

MARCOS

Mocidade!... Amei! Uma moça acendeu no meu peito violenta paixão. Não conhecia obstáculos aos meus desejos, e dirigi-me à casa do pai, a fim de pedir-lhe a mão daquela que me fazia louco. Foi-me negada. A minha má reputação era conhecida; assim devia ser. Voltei para casa desatinado, revolvendo no pensamento milhares de projetos. Para desabafar-me, escrevi uma carta a Maurício, àquele que se dizia meu melhor e sincero amigo.

LINO

Oh, que grande patife!

MARCOS

Então não o conhecia eu... Foram estas as palavras da carta: "Meu amigo, ele negou-me a mão de Serafina, e suas desabridas palavras deixaram-me a cruel certeza que eu nunca a gozarei. Daria metade de minha fortuna para que este homem não existisse." – Carta fatal! Criminoso pensamento!

LINO

Com efeito, não é dos mais cristãos.

MARCOS

Oito dias depois o pai de Serafina, quando entrava na porta de sua chácara, foi assassinado.

LINO

Bem me recordo! Mas ainda não se soube por quem.

MARCOS

Não adivinhas agora?

LINO

Maurício?

MARCOS

Sim, esse monstro!

LINO

Eu bem te dizia que esse tratante tinha nascido para forca!

MARCOS

Interpretou as palavras que eu escrevi no delírio da paixão; realizou o pensamento que apenas vislumbrava na minha delirante imaginação... Amigo cruel!

LINO

Boa laia de amigo!

MARCOS

Baldadas foram as pesquisas da polícia.

LINO

Andou tudo em pandareco... Que de conjeturas se fizeram!

MARCOS

E eu tive a criminosa fraqueza de aproveitar-me deste crime tão atroz. Um ano depois eu estava casado com Serafina.

LINO

Lá disso não te culpo eu, porque enfim não foste tu que mataste o velho.

MARCOS

Três anos depois de casado morreu minha mulher, deixando-me dois filhos.

LINO

Coitadinha, tão boa senhora que era!

MARCOS

E que vida tem sido a minha, desde então! Perseguido por esse homem infernal, que de amigo que se dizia tornou perseguidor, não encontro descanso. Senhor da carta que lhe eu escrevi, não cessa de ameaçar-me com a sua publicação, se de pronto eu não satisfizer os seus imoderados desejos. Metade de minha fortuna dizia eu que daria para que o pai de Serafina não existisse; mais da metade tenho dado a Maurício para que me entregue a carta fatal, mas o pérfido zomba de mim, e novas exigências acompanham novas promessas. O que será de mim, se ele a publicar?

LINO

Não tenhas medo... Em primeiro lugar, porque ele não quererá também denunciar-te; em segundo, por ainda teres fortuna para lhe pagares a discrição. O tratante achou em ti uma mina de caroço...

MARCOS

E quando eu tiver dado o último real, serei levado ao tribunal e arrastado à escada da forca, e meus filhos ficarão no mundo pobres e infamados! Eis o que me mata! Ainda dirás que me posso curar? O mal está aqui... (*aponta para o coração*)

LINO

Isto é apreensão demais... O homem não é capaz de denunciar-te.

MARCOS

Tu não o conheces! Amigo, apressemos esse casamento, porque eu devo morrer quanto antes para salvar meus filhos.

LINO

Isto é mais nervos que outra coisa! Eu já pedi ao meu médico que viesse hoje ver-te. É hidropata; talvez te cure.

MARCOS

Que me importam médicos homeopatas ou hidropatas! Não te vás embora, passa o dia conosco. Tenho ainda que falar-te. Rosinha? Vou descansar um pouco, sinto-me muito fraco.

LINO

Não queres o braço?

MARCOS

Não, obrigado, aí vem a menina. (*entra Rosinha*) Ajuda-me. (*apoiado no ombro de Rosinha sai*)

Cena IV

LINO
(*só*)

LINO

Não deixa de ter razão, mas o caso não é para tanto abatimento. Talvez que o meu doutor o ponha bom. Eu tenho cá para mim que o seu médico assistente, o Dr. Cautério, é um charlatão, aprendeu no tempo antigo. Pobre velho! Estou que não caibo na pele... De hoje a oito dias estarei casadinho!

Cena V

CAUTÉRIO *e* LINO

CAUTÉRIO

Licença...

LINO

Oh, o Dr. Cautério! Como vai?

CAUTÉRIO

Como passa o nosso doente?

LINO

Anda muito apreensivo.

CAUTÉRIO

Mau é isso. Com o moral não podemos nós. Com licença. (*assenta-se*) Estou cansadíssimo! Má vida, Sr. Lino, má vida é a do médico!

LINO

O doutor zomba; dizem que é das melhores...

CAUTÉRIO

Experimentem-na.

LINO

Nenhum capital e avultados lucros...

CAUTÉRIO

Sempre esta questão de dinheiro... Questão eterna!

LINO

E vital!

CAUTÉRIO

Não contam os incômodos, os dissabores e os desgostos por que passamos. E os calotes... Somos como criados do povo. Julgam-se todos com direito ao nosso saber, tão arduamente adquirido e tão pouco reconhecido! Não temos hora, dia nem descanso... Salva-se o doente, agradece-se à natureza; morre o doente, culpa-se o médico. Que recompensa a noites de estudos e de insônia! Em nossos braços morrem a esposa, o amigo, os filhos, sem que lhes possamos valer. A nossos pés se arrasta a deplorada família pedindo a vida para o seu pai, cabeça e arrimo, que todos os esforços da arte não puderam salvar. E essas cenas de angústia se reproduzem diariamente. Que vida! E invejam-na!...

LINO

Esse é o único lado mau. E o bom?

CAUTÉRIO

(*levantando-se*)

O único? E essa súcia de inovadores, magnetizadores, hidropatas e homeopatas com que lutamos todos os dias? (*tira um* Jornal do Comércio *da algibeira*) Aqui estão nestas colunas as mais nojentas diatribes, os mais asquerosos insultos que esses charlatães cospem contra a nossa face.

LINO

Nunca gostei destas descomposturas...

CAUTÉRIO

E que homem sisudo pode gostar? Discuta-se, argumente-se e apresentem-se razões, e sobretudo fatos; seja a contenda científica, que será proveitoso; mas assim como ela apareceu e aparecerá ainda entre nós é pernicioso. Essas personalidades infames indispõem os homens e não esclarecem os médicos.

LINO

Mas doutor, o senhor e os seus também têm culpa nisso!

CAUTÉRIO

Fomos os agredidos! Assim devia ser... Quando se não tem razão, responde-se com insultos. E onde iriam buscar os homeopatas razões convincentes para oporem às nossas? Onde? Há sistema mais absurdo e ridículo do que a homeopatia? Onde as bases em que se firmar – *similia similibus curantur*? Absurdo! *Contraria contrariis curantur* – eis a verdade! Há nada mais natural e simples do que tratar o calor pelo frio, o seco pelo úmido, os humores pelos laxantes, a sua acridade pelo álcalis, etc., etc.? O contrário disto não tem o senso comum. A alopatia é o grande e verdadeiro sistema e... Mas, ai, que eu estou aqui a questionar e o doente está a minha espera! Com licença. (*sai pela direita*)

Cena VI

LINO

Estes médicos são todos mais ou menos intolerantes. Cada um quer matar lá a seu modo, e brigam por isso como endemoninhados... Safa! De medicina só a hidropata; ao menos leva-se tudo à água fria, que se não faz bem, também não faz mal. (*batem palmas à escada*) Quem é?

AQUOSO
(*dentro*)

Dá licença?

LINO

Oh, é o meu Dr. Aquoso! Pode entrar.

Cena VII

AQUOSO *e* LINO. *Aparece à porta* AQUOSO.

LINO

Sem cerimônia... (*Aquoso entra*) Já pedi ao amigo Marcos que o consultasse; está disposto a isto.

AQUOSO

Hei de pô-lo bom!

LINO

Homem, isso agora é presunção demais! Pois se ainda não sabe que moléstia ele tem?

AQUOSO

Tenha o que tiver, a hidropatia faz milagres!

LINO

(*à parte*)

Aí temos outro!

AQUOSO

Meu caro, Deus não criou tanta água no mundo debalde. Água fria e mais água fria é a grande panacéia universal. Água para tudo, em tudo, com tudo e por tudo – água por todas as partes... E salve-se a humanidade!

LINO

(*rindo*)

Ah, ah, ah! Ó doutor, você devia trazer atrás de si uns poucos de ilhéus com carroças de água...

AQUOSO

Deixemos de zombaria. Onde está o doente? Quero arrancá-lo das garras da morte, isto é, das mãos de meus ignorantes colegas.

LINO

Espere, tenho de consultar-lhe sobre um negócio. Tenho um conselho que lhe pedir.

AQUOSO

Muito me lisonjeia.

LINO

Mas há de prometer-me falar com sinceridade.

AQUOSO

Com toda a sinceridade.

LINO

Dar-me-á o seu parecer nu e cru, sem temor de ofender-me?

AQUOSO

Eu o prometo.

LINO

Quero saber se faço bem em casar-me.

AQUOSO

Quem, vós?

LINO

Sim, eu mesmo em pessoa. Que pensa?

AQUOSO

Diga-me primeiro uma coisa…

LINO

O quê?

AQUOSO

Que idade tem?

LINO

Eu?

AQUOSO

Sim.

LINO

Não estou certo.

AQUOSO

O senhor tem pelo menos sessenta e oito anos.

LINO

Não há tal... E que os tenha? Os anos não valem nada. Ainda estou forte e bem conservado; não me troco por muitos moços.

AQUOSO

Meu amigo, falar-lhe-ei com franqueza, que assim exigiu de mim. Não se case. O homem de sua idade não deve fazer essa loucura; os inconvenientes são inumeráveis. Deixe-se disso, não se case...

LINO

Hei de me casar! E ninguém será capaz de persuadir-me do contrário. Por que não me hei de casar? Essa é boa! Estou resolvido e muito resolvido.

AQUOSO

Isto agora é outro caso... Case-se, amigo.

LINO

Já pedi a moça.

AQUOSO

Case-se, meu amigo; faz muito bem.

LINO

Ainda estou bem disposto.

AQUOSO

Pois não, case-se.

LINO

Tenho uma saúde robustíssima. Que importa a idade? Ainda tenho todos os meus dentes. (*mostra os dentes*) O peito está perfeitíssimo… (*tosse*) Que lhe parece? As pernas vigorosas; sou capaz de dançar a polca. (*dança*) Se é loucura, estou resolvido a praticá-la.

AQUOSO

E terá muito juízo…

LINO

Então acha que eu faço bem?

AQUOSO

Oh, muito bem! Pois não, case-se, e quanto antes.

LINO

Um abraço! Muito me alegra que me dê esse conselho e que o meu amigo seja da minha opinião.

AQUOSO

Que idade tem a noiva?

LINO

Quinze anos!

AQUOSO

Ela tem quinze e o senhor sessen... Com a fortuna!

LINO

O que é?

AQUOSO

Nada, case-se, case-se. (*sai pela direita, rindo-se*)

Cena VIII

LINO, *só, e depois* MIGUEL

LINO

Esta minha união há de ser muito feliz. Todos riem-se quando eu falo nela; estou contentíssimo!

MIGUEL
[*entrando*]

Meu pai o chama. (*Lino sai*)

Cena IX

MIGUEL, *só, e depois* MILÉSSIMO

MIGUEL

Queres casar com minha irmã, gebo? Eu te mostrarei como isto há de ser...

MILÉSSIMO
(*entrando*)

Miguel?

MIGUEL

Oh, por que não vieste mais cedo? Há uma hora que te espero.

MILÉSSIMO

Estive ocupado no Instituto Homeopático.

MIGUEL

Deixa-te de Instituto e dize...

MILÉSSIMO

Que eu deixe do Instituto! Meu amigo, a ciência homeopática marcha com passos de Briareu; Hahnemann triunfa e Broussais leva o diabo.

MIGUEL

Tu principias...

MILÉSSIMO

(*com entusiasmo*)

Os estúpidos e ignorantes alopatas já vão reconhecendo a nossa supremacia. Médicos carrascos, rotineiros, asnos enfim, que experimentam no mísero doente os seus infernais medicamentos, que misturam de um modo horroroso milhares de nojentas drogas em uma só receita; que furam, atassalham, queimam, martirizam o desgraçado paciente. Pobres doentes! Forte canalha! A homeopatia triunfa por toda a parte. Os esclarecidos soberanos a acolhem em seu Estado com os braços abertos.

MIGUEL

Dá-me atenção!

MILÉSSIMO

Hamburgo, Frankfurt, Magdeburgo, Varsóvia, Moscou, Petersburgo, Kronstadt, Mannheim, Estrasburgo, Nápoles, Roma, Gênova, Londres e Paris, etc., etc., ufanam-se de seguir os seus ditames. A homeopatia é o único e verdadeiro sistema médico. O próprio Hipócrates disse: "*Vomitus vomitu curantur*". O que é isto, senão homeopatia? O vitalismo é a base das melhores doutrinas médicas. Bichat, Andral, Boerhaave, Paracelso, Cooper, Astley, Chaussier, Thomassine, Dupuytren, o próprio Broussais foram homeopatas sem o saberem! (*tira o lenço e enxuga o rosto*)

MIGUEL

Acabaste?

MILÉSSIMO
(*continua com mais calor*)
Só foi dado a um homem, ao sublime Hahnemann, esclarecer o mundo!

MIGUEL
Ouve-me, com todos os diabos!

MILÉSSIMO
(*continuando*)
Broussaisistas e broussaisistas levantam-se contra nós. Que importa?

MIGUEL
Ah, espera que te curo! (*falam ambos ao mesmo tempo*)

MILÉSSIMO

Não admiram-me esses ataques. Quando nova doutrina aparece no mundo médico, os mais virulentos críticos a perseguem; mas a verdade segue avante.

MIGUEL

É realmente uma desgraça! Estes velhos são teimosos... E que remédio, senão fazer-lhes a vontade? Mas custa! Casar-se a minha pobre irmã, a minha querida Rosinha!

MILÉSSIMO

(deixando repentinamente de falar e dirigindo-se para Miguel)
Rosinha? O que há de novo?

MIGUEL

(continua, sem dar atenção a Miléssimo)
Que casamento tão desproporcionado! Com um velho!

MILÉSSIMO

Falas de tua irmã?

MIGUEL

(no mesmo)
Mas enfim, quando um pai exige, que remédio!

MILÉSSIMO

Responde-me, com os diabos!

MIGUEL

(*no mesmo*)

Os filhos devem obediência ao pai. Quando manda, cumpre-se. De hoje a oito dias está casada.

MILÉSSIMO

(*sacudindo-o pelo braço*)

O que é isso de oito dias? Não me responderá?

MIGUEL

Oh, falava comigo? Não sabia.

MILÉSSIMO

Que casamento é esse? Com quem? Quando? Como se resolveu? Depressa!

MIGUEL

Oh, já me dás atenção?

MILÉSSIMO

Olha que te esgano! (*quer lhe agarrar no pescoço*)

MIGUEL

Chega-te para lá! Desde que entraste, esforço-me para te participar esta repentina resolução de meu pai, e tu a quebrares-me a cabeça com a maldita homeopatia.

MILÉSSIMO

Maldita?

MIGUEL

Ai, pior! Se continuas a atrapalhar-me, largo tudo de mão e deixo-te entregue a ti mesmo! E a mana Rosinha casar-se-á com o velho Lino.

MILÉSSIMO

Com o Lino?

MIGUEL

Meu pai assim o quer; mas eu digo-te que ela se
há de casar contigo. Sou teu amigo, e os amigos co-
nhecem-se nas ocasiões. O meu plano está traçado;
Rosinha já está dele informada. A ti nada digo, porque botarias tudo a perder com a tua homeopatia.
Basta que estejas informado do ocorrido. Já falei a
meu pai para te ouvir sobre a sua moléstia. Ganha a
sua confiança. Receita, dá-lhe glóbulos e tinturas, mas
não o mates.

MILÉSSIMO

A homeopatia não mata, a homeopatia…

MIGUEL

És incorrigível! Adeus, que vou ao quartel. Podes
entrar quando quiseres. Até já. Atenção! (*sai*)

Cena X

MILÉSSIMO *e depois* ROSINHA

MILÉSSIMO

(*só*)

Isto está mau! Se o velho ateimar, por mais que o
Miguel faça, nada conseguirá. Maldito Lino! Agora é
que eu desejava ser médico alopata, para te mandar
desta para melhor vida! Entremos. (*vai a entrar e aparece Rosinha*) Rosinha, estou desesperado!

Rosinha

Já sabe?

Miléssimo

Teu mano tudo contou-me.

Rosinha

Não desanime ainda!

Miléssimo

Eu temo…

Rosinha

O mano Miguel já combinou comigo.

Miléssimo

E que pretendem vocês fazerem? (*aqui aparece à porta Lino*)

Lino
(*à parte*)

Olá! (*pára, a fim de observar. Rosinha, que o vê, continua a falar com Miléssimo como se estivessem sós*)

Rosinha
(*à parte*)

Beije a minha mão.

Miléssimo

Eu?

Rosinha
(*à parte*)

Beije minha mão, depressa! (*Miléssimo beija a mão de Rosinha. Lino dá um pulo de surpresa*)

LINO
(*à parte*)
Hum! (*arrepelando-se*)

ROSINHA
(*à parte, para Miléssimo*)
Ajoelhe-se… (*Miléssimo ajoelha-se*) Beije… Mais…
(*Miléssimo beija-lhe a mão*)

LINO
(*à parte*)
Hum!

ROSINHA
(*alto, para que Lino a ouça*)
Bem sabes quanto te amei e ainda te amo, mas
devo obedecer a meu pai. Sou filha obediente, casar-me-ei com o senhor Lino.

MILÉSSIMO
Pois isso é deveras?

ROSINHA
Mas que importa que eu dê a minha mão a esse
homem?

MILÉSSIMO
(*sempre de joelhos*)
O que importa?…

ROSINHA
Que o acompanhe ao altar? Serei sua mulher,
preencherei os deveres de esposa fiel, mas o meu
coração será sempre teu.

LINO
(*à parte*)
Hum!

MILÉSSIMO
Mas isto não me basta!

ROSINHA
(*continuando*)
E demais, conto com a sua avançada idade. Ele é velho, pouco pode viver. Ao depois nos uniremos.

MILÉSSIMO
Não é isto o que me prometeste?

LINO
Hum! (*batendo com os pés*)

ROSINHA
(*fingindo que vê Lino pela primeira vez*)
Ah, está aí meu futuro... (*Miléssimo levanta-se*)

LINO
(*à parte*)
Futuro espantalho...

ROSINHA
Chegue-se para cá.

MILÉSSIMO
(*à parte, para Rosinha*)
O que quer isto dizer?

ROSINHA

(*para Lino*)

Quero-lhe apresentar aqui este senhor.

LINO

Tenho muito prazer em o conhecer. (*cumprimentam-se ambos*)

ROSINHA

Foi o meu primeiro amante…

LINO

Ah, é o seu primeiro amante? Tenho muito prazer em o conhecer. (*cumprimentam-se. À parte, arrepelando-se*) Hum!

MILÉSSIMO

(*à parte, para Rosinha*)

Então, o que é isto?

ROSINHA

(*para Lino*)

As primeiras impressões são eternas, mas este senhor não abusará do amor que ainda lhe consagro; é uma pessoa muito capaz.

LINO

(*cumprimentando*)

Muito capaz… Tenho muito prazer! (*à parte*) E então?

MILÉSSIMO

(*à parte, para Rosinha*)

Zomba!

ROSINHA

Tenho a satisfação de apresentar-lhe o Sr. Lino das Mercês, meu futuro esposo.

MILÉSSIMO

Oh, senhor, tenho muito prazer em o conhecer... (*cumprimentam-se. À parte, para Rosinha*) Mas...

ROSINHA

É pessoa muito de bem e condescendente: conhece a pureza de nosso amor e não estranhará que continuemos a amarmo-nos.

MILÉSSIMO

Oh, senhor, tanta bondade! (*cumprimentam-se. Lino já não pode dar palavra, surpreendido pelo que ouve, e só se lhe nota no semblante extrema surpresa. Miléssimo, tomando Rosinha à parte*) Acabemos com isto, senão desproposito!

ROSINHA

Se despropositas, tudo se perde.

MILÉSSIMO

Então casas-te com ele?

ROSINHA

Não.

MILÉSSIMO

Mas que...

ROSINHA

É o plano combinado com o mano Miguel.

MILÉSSIMO

Ah, por que não me preveniste? (*rindo-se*) Ah, ah, ah! Meu amigo, (*encaminha-se para Lino, que recua*) aperte-me esta mão. (*segue a Lino até junto do bastidor, toma-lhe a mão e sacode com força*) Sejamos amigos! (*trazendo para o meio da cena*) Sua futura é uma pérola... Dê-me um abraço! (*abraça-o com força*) Que ventura, ter tão amável mulher e tão verdadeiro amigo! Outro abraço! (*abraça-o*) Somos ambos felizes, muito felizes! (*chega-se para Rosinha, ajoelha-se*) Permita que eu toque com os meus lábios esta nevada mão! (*beija-lhe a mão e levanta-se*) Adeus, meu caro e íntimo amigo, vou ver o doente. (*sai pela direita. Lino vê tudo, estupefacto*)

Cena XI

ROSINHA *e* LINO

ROSINHA

A severidade de meu pai tem-me trazido em abominável sujeição. Há muito tempo que me desespera a pouca liberdade que tenho, e mil vezes tenho desejado casar-me para fazer a minha vontade. Graças a Deus, felizmente apareceste, e eu vou recobrar o tempo perdido! Seremos ditosos! Em bailes, partidas, teatros, jantares esplêndidos, passeios campestres passaremos a vida. Ainda não gozei do mundo – sempre em casa, fechada com meu pai! Venha agora a desforra! A teu lado serei a mais feliz das mulheres. Daremos uma partida todas as semanas, convidaremos os nossos amigos, teremos carruagem, carrinhos e caleças para passearmos, chácaras para passarmos os domingos, camarotes para ambas as companhias – Italiana e Dramática –, criados, damas de companhia, esplêndidos aparelhos, casa suntuosa – enfim, passaremos vida de bem-aventurados! Estarás sempre a meu lado, e quando os teus achaques – perdoe-me, se já te falo com esta familiaridade –, quando os teus achaques da velhice te prenderem em casa, aí está o teu novo amigo para acompanhar-me ao passeio e ao teatro; para fazer as tuas vezes nos jantares que dermos... Tu o receberás com candura... Em nossa mesa haverá sempre um talher posto para ele. Que ventura a minha! Como tarda o dia da nossa feliz união! Adeus, esposo, até logo. (*sai pela direita. Lino fica por alguns instantes sem dar palavra, olhando para a porta por onde saiu Rosinha*)

Lino

E então? (*momento de silêncio*) Já não me quero casar. Estou muito velho, não posso com isso. Vou desmanchá-lo. Mas como? E o meu amigo? E minha palavra? Em boa estou metido! Oh, que menina, oh, que pérola! Nada, nada, estas coisas não são para mim... Não posso, estou muito velho... Vou-me aconselhar com o Dr. Aquoso, ele aí vem!

Cena XII

Entra o Dr. Aquoso, *desesperado, sem ver* Lino.

AQUOSO

São uns ignorantes, ignorantíssimos, corja de coveiros!

LINO
(*à parte*)

Que diabo tem ele?

AQUOSO
(*no mesmo*)

Sustentarei até o último alento que não há no mundo bestas mais bestas do que vós, meus caríssimos colegas!

LINO
(*à parte*)

Ai, que brigaram!

AQUOSO
(*no mesmo*)

Querem curar assim? Babau! Assassinos de profissão, de borla e capelo... Desgraçados dos que se entregam em suas mãos! Receitem, matem, que darão contas a Deus.

LINO

O homem está bravo! Doutor?

AQUOSO
(*no mesmo*)

Que absurdos, que burrices!

LINO

Doutor, ouça-me... (*tomando-o pelo braço*)

AQUOSO

Oh, o que quer?

LINO

Queria que me desse um parecer...

AQUOSO
(*voltando-se para a porta por onde saiu*)
Estais em vosso juízo? Sabeis bem o que fazeis?

LINO

Eu vos...

AQUOSO

E que responsabilidade pesa sobre vós?

LINO

Faça-me o obséquio...

AQUOSO

Assim se mata um homem, de sangue frio...

LINO

Não me deixará falar, homem?

AQUOSO

E abusa-se da ciência?

LINO
(*tomando-o pelo braço*)
O que é isto doutor, ofenderam-no?

Aquoso

Oh, de uma maneira horrorosa! Ousarem argumentar comigo e sustentarem que a água fria não é remédio eficaz para curar todas as moléstias!

Lino

Isto é uma blasfêmia!

Aquoso

Blasfêmia horrível! Quero ver o que fazem os cáusticos, as bichas, as ventosas e todo esse aparelho infernal...

Lino
(*à parte*)
É preciso ir com ele... (*alto*) É verdade, quero ver o que fazem.

Aquoso

Ou essas tinturas e ninharias homeopáticas!

Lino
(*voltando-se para a porta*)
Ignorantes!

Aquoso
(*voltando-se para a porta*)
Burros!

Lino
(*no mesmo, enquanto Aquoso passeia pela sala*)
Sois muito atrevidos em quererem argumentar com um homem como o doutor, de tão abalizados

conhecimentos! É imprudência e desaforo. Deveríeis ouvir contritos as suas opiniões e segui-las à risca, mas o orgulho vos perde e a ignorância vos susten- ta. (*aqui Aquoso sai sem que Lino dê fé*) Longa expe- riência tem-lhe demonstrado que a água fria é o re- médio universal – o mais é absurdo e ridículo. Só a estupidez pode seguir outro trilho, loucos, malva- dos, assassinos! Doutor, estais vingado! (*voltando-se para a cena*) Agora, ouça-me. Que é dele? Foi-se! E esta! E eu a esgoelar-me... Isto hoje vai bem! E a me- nina e a sua arenga, que não me saem da cabeça... Ao amigo Marcos não ouso dizer nada. Boa lem- brança, vou empenhar-me com o Dr. Cautério a ver se ele desmancha honradamente este casamento que já se me atravessou na garganta. Vamos, falemos ao doutor. (*vai a sair pela direita e é abalroado pelo Dr. Cautério, que entra com impetuosidade*) Doutor? (*Cautério, sem dizer palavra, endireita-se para a porta do fundo*) Doutor? Doutor? (*Cautério sai*) Lá vai outro com o diabo nas tripas. Desta salva-se, ou morre o doente... E eu sem decidir coisa nenhuma. O remédio é entender-me com o meu novo e since- ro amigo... Safa com tal sinceridade! Que pérola!... (*vai para sair*)

Cena XIII

MILÉSSIMO *entra arrebatadamente.*

MILÉSSIMO

Seria esquecer-me de todos os preceitos de hu- manidade, se o deixasse entregue a esses algozes.

LINO

Doutor, faz o obséquio...

MILÉSSIMO

Ver assim assassinar a um homem! Que assassinado morrerá ele, se isto continua.

LINO

Parece que se ajustaram!

MILÉSSIMO

Onde está o senso comum desta gente? Que fazem da inteligência? Inteligência? Essa não a têm eles, que se a tivesse abandonariam a horrível prática que seguem. (*aqui entra pelo fundo um pajem com uma carta na mão e sai pela direita*)

LINO
(*à parte*)
Este também está doido... Não arranjo nada. (*vai a sair pela direita; Miléssimo, trava-lhe do braço*)

MILÉSSIMO

Diga-me, meu caro, o senhor é amigo verdadeiro do dono desta casa?

LINO

Prezo-me de o ser.

MILÉSSIMO

Pois previno-o que ele vai ser vítima do mais horríssono atentado.

LINO

Um atentado? Explique-se…

MILÉSSIMO

Matam-no hoje mesmo.

LINO

Matam-no? E quem?

MILÉSSIMO

O Dr. Cautério, esse infernal alopata, esse…

LINO
(*rindo-se*)

Ah, ah, ah!

MILÉSSIMO

O senhor ri-se? O caso é de morte!

LINO

Doutor, nós os conhecemos e muito bem avaliamos a amizade que há entre os senhores médicos.

MILÉSSIMO

Engana-se! Não fala em mim o espírito de sistema. À cabeceira do doente, só trato de salvá-lo. Abandono controvérsia e animosidade. Por isso digo-lhe com íntima convicção que o Sr. Marcos pode-se contar como defunto, se continuar a tratar-se, como acaba de assegurar-me, com o Dr. Cautério, com esse estúpido e ignorantíssimo alveitar. Meu amigo, peço-lhe um favor. Eu vou a casa buscar a minha botica homeopática, quero preparar aqui mesmo uma tintura para o nosso amigo e doente. No entretanto, resolva-o a abandonar o seu assassino.

LINO

Mas...

MILÉSSIMO

Resolva-o, meu amigo, resolva-o, que eu já volto. Asnos, estúpidos! (*sai*)

Cena XIV

LINO, *só, e depois* MARCOS

LINO

E que tal? Não sei se os doutores homeopáticos são alguma coisa em medicina, mas em descompostura posso afiançar que são insignes. Que gente! E atrapalharam... E o diabo da menina não me sai da cabeça! Nada, o melhor é decidir a falar ao amigo Marcos... Coragem! (*vai a entrar e entra Marcos como alucinado. Traz uma carta na mão*)

MARCOS
(*entrando*)
Estou perdido, perdido!

LINO
(*à parte*)
Também ele...

MARCOS
Desgraçado de mim!

LINO
(*seguindo*)
O que é? O que aconteceu?

MARCOS
Que farei?

LINO
Mas o que foi?

MARCOS
Lê esta carta; desse maldito homem que será a causa de minha perdição. (*dá-lhe a carta*)

LINO
(*lendo*)
"Caríssimo amigo, não sei como isto acontece. O dinheiro em minha mão voa, e cada vez tenho mais necessidade dele... Manda-me dinheiro – bastam-me dois contos. Senão... Entendes-me?"

MARCOS
Desgraçadamente... Continua...

LINO
(*continuando a ler*)
"Esquecia-me dizer-te uma coisa. Antes de ontem vi tua filha à janela. Gostei dela e quero que seja minha mulher. Arranja isto de modo que dentro de oito dias esteja tudo concluído; ando incomodado e não quero morrer sem mulher. Trata do dote, mas vê lá o que fazes – quero que seja avultado. Só assim te entregarei aquela cartinha que me escreveste há dezes-

seis anos... Bem sabes, se tiveres a petulância de negares o que eu peço, vai tudo com os diabos, e terei a satisfação de te ver dançar na forca a meu lado. Adeus. Medita e responde. Teu do coração, Maurício."

MARCOS
Quem me salva, quem me salva?

LINO
Prudência, e pensemos.

MARCOS
Meu Deus!

LINO
Lamentações para o lado, e vejamos o meio de remediar isto.

MARCOS
Não há meios que valham!

LINO
Manda-lhe o dinheiro...

MARCOS
E mais exigirá, e mais, e sempre mais, e por fim minha filha!

LINO
Vou falar-lhe...

MARCOS
Nada conseguirás.

LINO

O caso é de atrapalhar...

MARCOS

Desgraçado! Meus queridos filhos! Que eu viva assim!...

LINO

Ocorre-me uma idéia. Já viste representar-se *Catarina Howard*?

MARCOS

A ocasião é boa para zombares!

LINO

Quem zomba? Já viste também *Julieta e Romeu*?

MARCOS

Lino!

LINO

Escuta. Catarina vê-se atrapalhada pelo rei, finge-se morta; Julieta, embaraçada com o pai que a quer obrigar a casar contra sua vontade, também finge-se morta... Faze tu outro tanto.

MARCOS

Mas quem...

LINO

Vai para dentro, comunica a tua filha este nosso plano, veste o teu hábito de irmão terceiro e deita-te na cama, e morre.

MARCOS

Morre!...

LINO

Faze de conta. Logo que fores defunto, principiará em casa a choradeira e lamentações. Chamam-se os armadores para armar a porta da rua; a notícia espalha-se pela cidade e no entretanto eu corro à casa do tal patife, que já informado de tua morte – as más notícias voam – se acomodará mediante alguma pequena vantagem. Que te parece a lembrança?

MARCOS

E julgas que assim ele se acomodará?

LINO

E que remédio terá ele? De que valor lhe ficará sendo a tua cartinha, logo que estejas morto? E sobre o temor que tens da morte é que ele especula.

MARCOS

E o que é preciso fazer?

LINO

O que eu já te disse. (*empurrando para dentro*) Vai para dentro, vai, veste o hábito e deita-te... E morre... Anda, vai morrer. (*Marcos sai*) Se eu não fosse seu verdadeiro amigo, deixava-o entregue a si mesmo e descartava-me assim da filha, mas isto seria infame. Veremos o efeito que faz a sua morte. No que dará tudo isto? O dia hoje vai bem. Excelente, pois não?

Cena XV

Entra o Dr. Aquoso, *seguido de dois pretos com barris de água à cabeça.*

Lino

Quem vem? Ah!

Aquoso

Vê estes dois negros e os barris de água da Carioca que trazem à cabeça?

Lino

Seria difícil não vê-los...

Aquoso

Pois com eles salvo o gênero humano.

Lino

Com os negros?

Aquoso

Não, com a água. Banhos, clisteres, emplastros, tisanas, xaropes, pedilúvios de água fria, e só de água fria, sem mais ingredientes! – há de chuchar o doente hoje, e assim se salvará. (*faz semblante de sair. Diz para os pretos*) Acompanhem-me.

Lino
(*retendo-o*)
Espera! Não sabe o que lhe aconteceu?

AQUOSO

Acontecesse o que lhe acontecesse, hei de salvá-lo! (*aqui entra o Dr. Miléssimo, trazendo debaixo do braço uma botica homeopática*)

MILÉSSIMO

Eu que hei de salvá-lo!

AQUOSO

Quem? O senhor?

MILÉSSIMO

Eu sim? Eu mesmo, com uns glóbulos que vou administrar-lhe.

AQUOSO

Desta me rio eu! Ah, ah, ah!

MILÉSSIMO

De que se ri?

LINO

Senhores, muito me penaliza participar-lhes que o meu amigo Marcos...

MILÉSSIMO

Espera, isto ao depois! Quero primeiro que o senhor doutor Aquário diga-me por que se ri dos meus glóbulos!

AQUOSO
(*rindo-se*)

Tratar um doente com glóbulos... Ah, ah!

MILÉSSIMO

Doutor!

LINO

Senhores, eu...

MILÉSSIMO

(*vendo os negros de barris, desata a rir*)
Ah, ah! Aquilo é água fria?

AQUOSO

É!

MILÉSSIMO

Tratar um doente com água fria! Ah, ah!

LINO

Um só momento de atenção, quero participar-
lhes...

MILÉSSIMO

(*rindo-se*)
Logo dois barris! O doente pegou fogo? Ah, ah,
ah! (*os dois riem-se, dizendo, um* – Glóbulo! – *e outro* – Água fria!)

LINO

(*enquanto os dois riem-se*)
E então? Quando os médicos se ajuntam, ou brigam ou escarnecem-se. (*aqui entra o Dr. Cautério,
seguido de um moço que traz um grande vidro com
bichas*)

459

CAUTÉRIO
(*entrando*)

Já aqui estão?

LINO

Doutor? (*vai para junto dele, ficando Lino e Cautério ao fundo, e Miléssimo e Aquoso à frente, rindo-se sempre*)

CAUTÉRIO
(*para Lino*)

De que se riem?

LINO

Asneira!

CAUTÉRIO

Deixá-los! Vou aplicar estas bichas.

MILÉSSIMO

Bichas? (*voltando-se e vendo o Dr. Cautério*) Oh, por cá? O que é isto de bichas? Quem falou em bichas?

CAUTÉRIO

Eu!

MILÉSSIMO

Bichas!

CAUTÉRIO

Tirar sangue.

LINO
(à parte)

Temos bulha!

CAUTÉRIO

Senhores! Curem os médicos, qualquer que seja o sistema que julgarem conveniente.

MILÉSSIMO

Curem, sim, mas não matem...

CAUTÉRIO

E quem são os que matam?

OS TRÊS
(ao mesmo tempo, apontando cada um para os outros dois)

Os senhores!

LINO

Olá!

OS TRÊS
(no mesmo)

Os senhores insultam-me!

LINO

Basta! Toda esta contenda se acabará quando souberem que o doente...

MILÉSSIMO

Há de ser curado por mim! *(pega na botica que deixou sobre a mesa)*

AQUOSO

Há de ser por mim! (*para os negros*) Tragam a água. (*encaminha-se para a porta da direita*)

CAUTÉRIO

Há de ser por mim! (*para o moço*) Traz as bichas. (*Os três médicos chegam ao mesmo tempo à porta da direita. Nesse momento entra Rosinha, chorando*)

Cena XVI

ROSINHA
(*entrando*)
Que desgraça, que desgraça!

CAUTÉRIO
O que aconteceu?

MILÉSSIMO
O que foi?

ROSINHA
Que infortúnio é o meu! (*assenta-se junto à mesa*)

AQUOSO
Seu pai?

ROSINHA
Expirou neste momento.

TODOS
Morreu!

LINO
(*com exclamação*)
Meu amigo! Meu amigo! (*sai pela direita*)

AQUOSO
Assim devia ser...

MILÉSSIMO
Se foi tratado pelo Sr. Dr. Cautério!... (*Cautério está como penalizado pela notícia*)

AQUOSO
Sangue e mais sangue tirado!...

MILÉSSIMO
Cáusticos e mais cáusticos!...

AQUOSO
À extrema fraqueza segue-se a morte...

MILÉSSIMO
Após o martírio vem a morte...

AQUOSO
(*para Cautério*)
Colega, mataste o doente!

MILÉSSIMO
Colega, assassinaste ao homem!

CAUTÉRIO
Deixem-me!

AQUOSO

Não lhe dizia que o tratamento seguido daria com ele a na tumba? Aí está!

MILÉSSIMO

E que as infernais drogas o enviariam *ad patres?...*

AQUOSO

Não quis ouvir-me...

MILÉSSIMO

Ateimou em suas aplicações...

CAUTÉRIO

Ai, que se vão-me as orelhas esquentando!

ROSINHA

Meu infeliz pai!

Cena XVII

Entra LINO.

LINO
(*entrando*)

Já está frio

CAUTÉRIO

Vou vê-lo.

LINO
(*retendo-o*)

Aonde vais? Já não o pode valer.

MILÉSSIMO

Não lhe valeu em vida; agora, depois de morto, é que quer curá-lo. Para que o matou?

ROSINHA

Meu pai! (*Lino chega-se para ela, como consolando-a*)

CAUTÉRIO

(*chega-se para Miléssimo e Aquoso, arrebatado*)

Os senhores terão a bondade de não me darem nem mais uma palavra!

MILÉSSIMO

E se eu der?

AQUOSO

E se eu me não calar?

CAUTÉRIO

Previno-os que a paciência tem limites...

MILÉSSIMO

O assassinato também tem limites, e no entanto todo dia assassinam-se homens com a maldita alopatia.

CAUTÉRIO

Senhor!

AQUOSO

Se só usassem de água fria...

MILÉSSIMO

Vá-se você também ao diabo com a sua água fria!

AQUOSO

Vá ele, não seja tolo! (*aqui entra Miguel. Lino, vendo-o entrar, dirige-se para ele; falam em segredo. Lino, surpreso pelo que lhe diz Miguel, chega-se para Rosinha, fala com ela e saem todos os três apressados pela direita. Os três médicos ficam em cena questionando, sem verem os que saem*)

MILÉSSIMO

Tolo?

CAUTÉRIO

Mais do que tolo é ele: é atrevido!

MILÉSSIMO

Atrevido?

AQUOSO

E ignorante... Com os seus glóbulos!...

CAUTÉRIO

E charlatão!

MILÉSSIMO

E tu, com os teus cáusticos e bichas, e tu, com a tua água fria? Burros.

AQUOSO

Burro é ele, que mata os doentes a coices.

CAUTÉRIO

Se o doente estivesse nas tuas mãos, já há muito que tinha espichado a canela.

MILÉSSIMO

Havia salvá-lo! Tu é que o mataste, carrasco e esfola-burros!

CAUTÉRIO

Patife!

MILÉSSIMO
(*segurando Cautério pela casaca*)
Quem é patife? Tratante!

CAUTÉRIO

Tire as mãos, sô alveitar!

AQUOSO

Largue o outro e fale comigo, sô beladona!

MILÉSSIMO

Hei de te ensinar a ti e a este toleirão!

AQUOSO
(*segurando Miléssimo pela casaca*)
Quem é toleirão?

MILÉSSIMO

Tu! (*Miléssimo dá uma bofetada em Aquoso; Cautério dá outra em Miléssimo. Principia entre os três uma luta de pancadas e descomposturas* ad libitum)

Cena XVIII

MARCOS, *vestido de hábito de terceiro de Santo Antônio, aparece à porta, seguido de* LINO, MIGUEL *e* ROSINHA.

MARCOS
(*entrando*)
Estou salvo! (*os três médicos espantam-se, vendo Marcos*)

OS TRÊS
O defunto! (*recuam espavoridos para a extremidade esquerda do teatro. Os dois negros e o moço das bichas deitam a correr pela porta afora*)

MARCOS
Estou salvo!

OS TRÊS
Ressuscitou!

MARCOS
(*para os médicos*)
Meus amigos, alegrem-se comigo.

OS TRÊS
Não fui eu que o matei, foi aqui o meu colega. (*empurram um para diante o outro*)

MARCOS
(*chegando-se para eles*)
Que temor é esse?

Os três

Ai!

Lino

Doutores, olhem que o homem está vivo.

Os três

Vivo?

Marcos

E bom de todo.

Aquoso

Pois não morreu?

Marcos

Não me vê?

Cautério

(*para Lino*)

Que gracejo foi este, senhor?

Marcos

Doutor, não se altere. Uma causa moral trazia-me acabrunhado e em breve me levaria à sepultura. Um homem existia cuja vida era o meu tormento; mas graças a Deus essa causa moral desvaneceu-se e esse homem deixou de existir. O senhor Maurício morreu, e eu estou salvo!

Miléssimo

O senhor Maurício morreu?

MIGUEL

Há uma hora.

MILÉSSIMO

Morreu? Não é possível!

CAUTÉRIO
(*rindo*)

Ah, ah, ah!

MARCOS

De que se ri?

CAUTÉRIO

O médico do senhor Maurício, aquele que o tratava nessa pequena indisposição de que morreu, é ali o Sr. Dr. Miléssimo...

MARCOS
(*corre para Miléssimo e o abraça*)

Meu amigo, quanto lhe devo!

CAUTÉRIO

Tratou-o homeopaticamente... Ah, ah, ah!

MARCOS

O senhor foi quem o matou?

MILÉSSIMO

Quem o matou?

CAUTÉRIO

Foi ele, sim. Ah, ah!

AQUOSO

Foram os seus glóbulos... Ah, ah!

MARCOS

Meu salvador, exigi de mim o que quiserdes. Tudo vos darei.

MILÉSSIMO

Senhor...

MARCOS

Como vos hei de eu recompensar este tão insigne serviço, como agradecer-vos?

LINO

Só de um modo...

MARCOS

E qual é ele?

LINO

O senhor doutor Miléssimo, matando o senhor Maurício, salvou-te a vida; e este serviço não há ouro que pague. Assim, dá-lhe a mão de tua filha.

MILÉSSIMO

Oh!

MARCOS

A mão de minha filha?

LINO

Só assim te desobrigarás. (*à parte*) ... E eu me verei livre dela.

MILÉSSIMO

Assim também penso eu…

MARCOS

(*para Lino*)

Mas tu desistes?

LINO

Sacrifico-me à amizade e à gratidão.

MARCOS

E tu, filha?

ROSINHA

O que posso eu hoje negar a meu pai?

MARCOS

Vem cá. (*para Miléssimo*) Aqui está minha filha.
É a maior recompensa que lhe posso dar. Sou grato;
só uma coisa lhe peço, e é que não há de curar em
minha casa. O Doutor (*volta-se para Cautério*) conti-
nuará a ser o meu médico; com ele me entendo eu.
Está por isso?

MILÉSSIMO

O que não farei eu para agradá-lo?

MARCOS

Excelentemente. Amigo, Miguel, um abraço. (*abraçam-se, formando um grupo*)

CAUTÉRIO
(*para Miléssimo*)
Colega, de hoje em diante acreditarei no vosso sistema, porque já vi um homeopata ressuscitar a um morto fazendo uma morte... Ah, ah, ah!

AQUOSO
Ah, ah, ah!

MILÉSSIMO
Colegas, toda a cura é boa, quando a paga é igual a esta. (*mostra Rosinha*)

LINO
(*para Aquoso*)
Doutor, preciso de meia dúzia de clisteres de água fria para não me meter em outra...

MILÉSSIMO
Feliz de mim! E viva a homeopatia!

TODOS
(*rindo-se*)
Viva a homeopatia! (*cai o pano*)

FIM